JN237833

日米「振り込め詐欺」大恐慌

Revelation of the U.S.-Japan Con-men Scheme

私たちの年金・保険は
3分の1に削られる

副島《そえじま》隆彦《たかひこ》

徳間書店
Tokuma Shoten

まえがき

ロンドンでのG20《ジートゥエンティ》金融サミット（2009年4月2日）が終わった。各国協調での無理やり談合の景気押し上げ（株高、債券高、円安）が続いている。これは見せかけの粉飾決算（ドレッシング）である。景気はどうせまた、崩れる。次は、株崩れ、ドル（為替）崩れの他に国債崩れ（金利の急騰）が起きる。それでめでたく世界恐慌突入である。

世界の〝金融システムの底〟が抜けて金融ドシャ降りが今もずっと続いている。次から次に事件（金融・経済と政治の両方）が起きるものだから私自身が収拾がとれなくなって、それでこの本の完成が遅れた。読者の皆様、お待たせして申し訳ありません。

この本は、アメリカの、日本に対する「振〜り込め〜、振〜り込め〜」の巨大詐欺の大きな構造《ストラクチャー》を暴き立てる。このことに絞って書かれている。「日米（政府）振り込め詐欺構造」について書いた本である。今からもっとアメリカによる日本国民の金融資産奪い取りは激しくなる。

私たちは、そのうち年金を3分の1に減らされ、若い世代は全くもらえなくなるだろう。日本国民の大切な資金がアメリカで強制的に運用され、そして吹き飛んでいるからだ。今もアメリカが日本の官僚たちを脅して、毎年20兆円を貢がせるからである。前著で書いたとおり「日米抱きつかれ心中」である。追いすがるアメリカの手を振りほどいてなんとか逃げられないものかと、私は切歯扼腕《せっしやくわん》している。いい策はないか。

〝アメリカ発の世界恐慌（へ）〟で世界の金融・経済の変動は、ますます激しくなっている。金融大爆発を起こした責任はすべてニューヨークの金融業界（国際金融資本《インターナショナル・ファイナンシャル・キャピタル》）にある。彼らは自分たちでデリヴァティブ（derivatives　証券化商品）という巨大な金融バクチをやり、そして大失敗したのだ。それなのに今の今でも彼らは自分たちの責任を認めようとしない。何の反省の表明もない。超大国だからと居直っている。

　この半年で進行した金融・経済の事態は、私がこれまでの本で書いてきた予測よりも、もっとヒドイものであった。日本で一番厳しいことを書いてきた私が、一番驚いている。企業経営者たちが、「このまま不況が続くとウチ（の会社）も危ない。来年が限界だ。もしかしたら潰《つぶ》れる」と公言するようになった。元凶を作ったアメリカ帝国は破綻、衰退に向かっている。2年前まで世界最大企業だったシティグループ（シティバンク）とGM《ジーエム》が潰れかかっている。この初源の大きな事実抜きで、あれこれ瑣末《さまつ》な現状分析や経済分析を行っても仕方がない。

この人が
ジェイ・ロックフェラー

（BBCテレビより）

オバマの宣誓を見守る〝ジェイ〟・ロックフェラー上院議員（71歳）

周りは同僚で仲の良い上院議員たち。2009年1月20日、ワシントン・キャピトルヒル。大統領就任式。

私の本を猿真似した「大恐慌本」が書店にズラリと並んだ。私はこの間ずっと不愉快であった。長年、アメリカの手先をやり、アメリカ様《さま》に追随することを自らの堅い信念と信条にして来た者たちが豹変した。従来の自分の経済分析を放り投げて、何の節操もなく大恐慌を煽《あお》り出した。困った人たちだ。この変節漢たちに教えておく。〝アメリカ発の世界恐慌へ〟は、経済《エコノミックス》（学）の領域《カテゴリー》ではなく、実は歴史《ヒストリー》（学）の領域である。経済学などよりももっと大きくて長い時間での考えだ。醜態を晒《さら》すアメリカの動きに釣られて日本の金融・経済の動きも波間にただよう木の葉のようだ。中小企業どころか、大企業の幹部（役員）たちまでが「わが社（ウチ）も来年までもつか分からない」と言いだしている。

だが、皆さん。日本は大丈夫である。敢《あ》えて踏ん張って私は言います。

〝アメリカ発の金融恐慌〟に世界はこれから突入しようとしている。まだまだ序の口だ。これからの4年間、２０１２年までがドン底である。それでも、人間（人類）は生きてゆく。皆、生き延びてゆくのである。みんなでしきりに怖がっているうちに、やがて次の時代がやってくる。資金繰りで血相を変えている経営者たちも、なんとかなっていく。あの２００５、６年に「景気は回復した。今だ」の音頭に乗せられて、過剰な設備投資（工場建設や新規事業拡大）をした経営者たちは今痛い目にあっている。それでも人間は強い。金融恐慌ぐらいでうろたえる必要はない。倒産や失業（失職）の恐怖は常につきまとうが、必死でもがき苦しんでいると活路が開ける。「苦しいときは経営者は松下幸之助に学べ」というのは本当だろう。

大銀行、証券が、またぞろ変な仕組み債（個人向け劣後社債投信《サブオーディネット・ボンド・ファンド》）を売り出している。「ハメ込み」営業で自分たちの優良顧客たちに〝最後の大損〟をさせる気だ。まさしく「振り込め詐欺」である。この世には、本当に鬼《おに》がいて、人の財産を奪い取りにくる。騙されないように気をつけて下さい。

昨年（2008年）の「9・15のリーマン（破綻）ショック」を事前に言い当てた予言者《プレディクター》として私の評判は高まった。ありがたいことである。私が前作、前々作の本で書いた予測（予言）どおりになっている。私の先読みを信頼してくれる人々の期待を私は裏切らない。私の書いた本を読み直して検証してほしい。

日米「振り込め詐欺」大恐慌——私たちの年金・保険は3分の1に削られる◉目次

第1章 「アメリカ発の世界恐慌」がこれから始まる

第2章 「日米振り込め詐欺構造」で日本が潰される

第3章 アメリカ処分案がこれから実行される

第4章 日本はアメリカ帝国の洗脳から脱却せよ

装幀——上田晃郷

第1章

「アメリカ発の世界恐慌」がこれから始まる

アメリカに洗脳されたままなら、アメリカと一緒に崖から落ちて行くだけだ

シティグループ（シティバンク）の破綻がいよいよ始まった。株価は今や1ドル02セント（3月5日）をつけて、一時は1ドルを切って97セントであった。その後少し戻している。日本の株式の「50円額面割れ」と同じで、1ドルを割ったら昔なら「整理ポスト」行きであろう。そこで2月27日に、アメリカ政府による「破綻前処理《はたんまえしょり》」が行われた。日本のりそな銀行の救済と同じ手法である。シティの発行株式の36％を米政府が保有する政府管理銀行になった。新聞記事は後の方に載せる。株価が1ドル以下まで下がって、かつての世界最大銀行が生き残っている。おかしな現象である。つい2年前まで世界最大企業であった。世の中は、こういう予測もしないようなことが起きる。だから「寄らば大樹（＝アメリカ）の蔭《かげ》」とか「長いもの（＝アメリカ様《さま》）には巻かれろ」の人々も、そろそろ自分の頭（考え）を変えなければいけない。**私たち日本人は、少しアメリカから離れよう。そのように考えを変えよう。**

そうしないなら、このまま自己資産を減らしさらに大損をして、行き着くところまで行ってしまう。長年のアメリカの手先の皆さんは全員、金融面からアメリカと一緒に崖から落ちて行

シティグループの株価推移

ニューヨーク証券取引所(NYSE)での価格
出所:Bloomberg

平均株価の動き

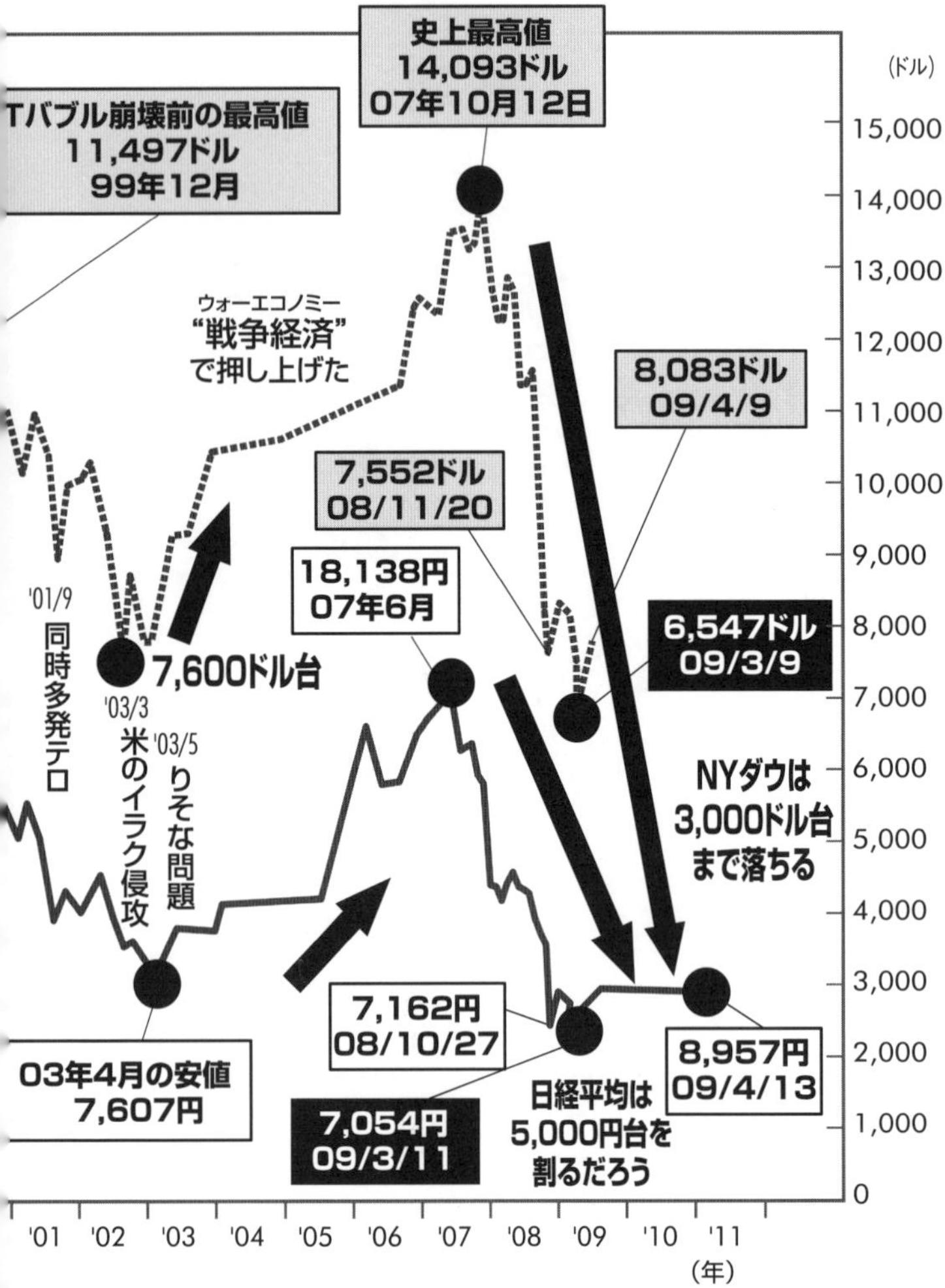

ンズ・インデックス（終値ベース）より副島が作成。
3000ドル台を目指して大きく下落していく。

日経平均株価とNY ダウ工業

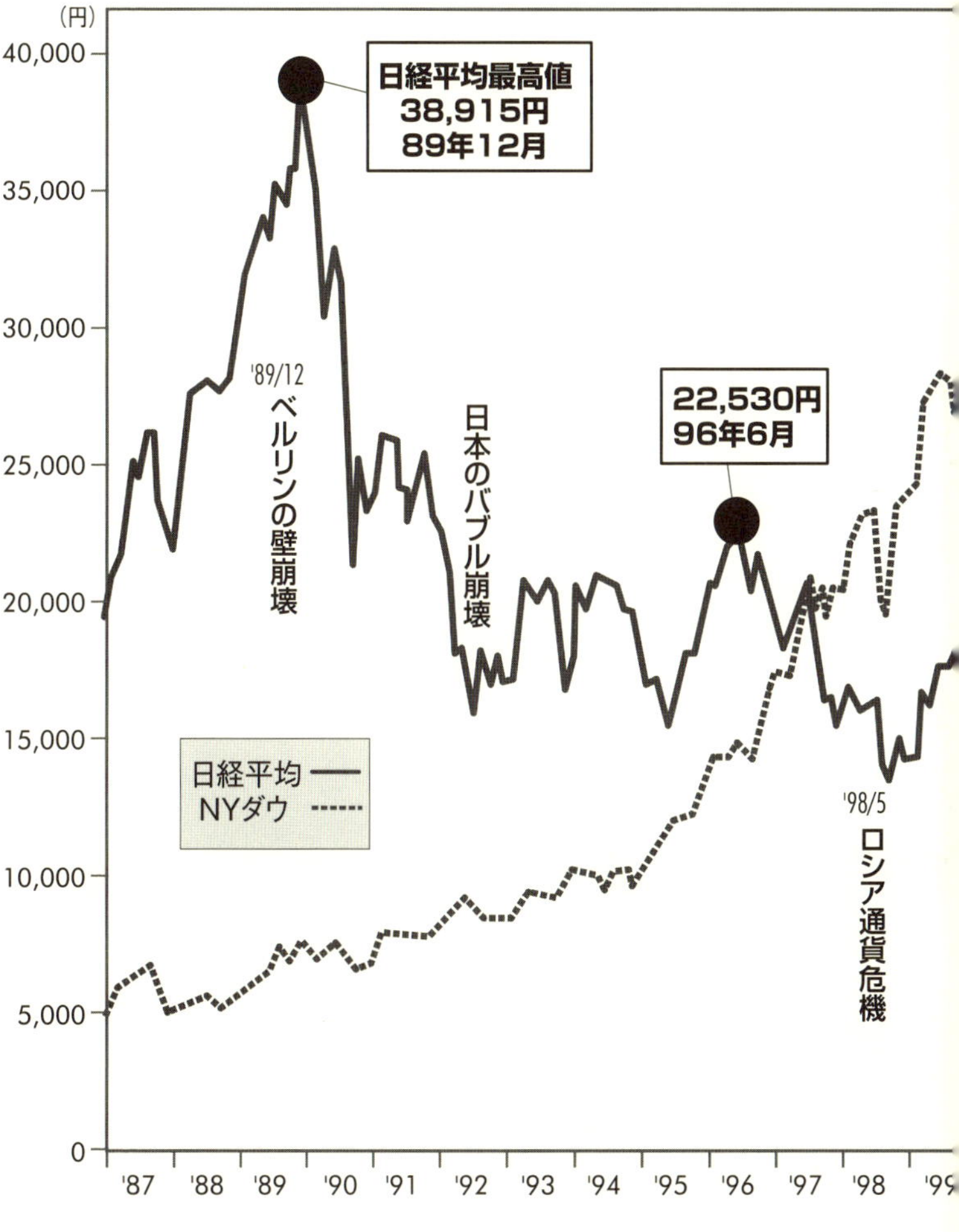

出所:日本経済新聞社・日経平均プロフィル、ダウジョー

ニューヨークの株式は、1990年代につけていた

って下さい。それが次の時代の日本国にとっていいことだ。私は冷ややかに笑いながら事態を見守っている。

この本もこれまで同様に、私の金融・経済の本だから新聞記事などを使いながら、個別具体的に、

1　金利（お金の値段のこと）
2　為替（ドル円相場）の動き
3　通貨の量（マネーサプライ）
4　株式の動き
5　債券（国債）の市場の動き
6　金《きん》（ゴールド）と石油と不動産などの実物資産《タンジブル・アセット》

の動きの6項目について説明していく。

さらに世界の直近の現状を説明しながら、これから日本国がどのように生き延びていくべきかを、私なりに指し示したい。日本では私が、〝アメリカ発の世界恐慌へ〟という枠組みを提起し唱導してきたのである。他の言論人、経済学者たちは私の亜流である。みっともないもの

真似たちである。

バラク・オバマは2年で大統領を辞任し、ヒラリー大統領が登場する

急にアメリカの政治（政界）の話をするが、**バラク・オバマ米大統領はあと2年で辞任するだろう。これは私の予言（予測）である。**オバマが昨年11月4日に大統領に当選した直後から私はこの予言を言い出した。その理由と根拠は、後ろの方で縷《る》縷《る》書く。私はオバマの当選を3年前から予言して当ててきた。私は今度は急にこういうことを言い出す。「米大統領の任期は4年ある。それを2年で放り投げることなんてできるのか？」と疑問に思う人がたくさんいるだろう。それはそれでいい。私の先読みはこのあと説明する。日本ではころころと1年ごとに次々と首相が変わっているのだから、ありうることだ。

２００９年2月16日に、ヒラリー・クリントンが来日した。彼女はオバマ政権の国務長官に無理やり就任した。中国を始めとするアジア歴訪（他に、インドネシアと韓国）の旅のいちばん最初に日本に来た。だが**ヒラリーのこの2日間の日本訪問の任務は、日本からの資金強奪である。さらに60兆円のお金を日本からふんだくるという仕事である。**まずは2兆円をヒラリー個人の手腕として捲《ま》き上げようというものだった。

これに対して、2月17日の夜9時に、会いたくもないのに無理やりヒラリーに会わされた民主党代表・小沢一郎は「(旅の疲れで)さぞお疲れでしょう」と強烈な嫌みを言った。

アメリカが日本から新たに捲き上げた2兆円は、「米海兵隊(師団)が沖縄からグアムに移転する費用」分であった。これと、例の「定額給付金」(日本国民への一人1万2000円、65歳以上および18歳以下は2万円のプレゼント、景気刺激策)が見返り(駆け引き)の関係になっていた。麻生太郎首相と中川昭一《しょういち》財務・金融担当大臣(3月17日に無念の辞任)は、この2兆円をアメリカに差し出すのを拒否していた。この分の国家資金は日本国民に直接与えるということを大義名分にした。二人の抵抗は偉かったが、結局は、持っていかれた。

まず、**ヒラリーがなぜ国務長官になったのか、に私たちは驚かなければいけない**。なぜ、この女が政権に入ったのか。あれほどバラク・オバマと激しい〝ドロ仕合〟をやって大統領指名選を戦った相手が、昨年12月1日に、コロリと国務長官になって入閣してしまった。まずこのことをおかしいと思わなければ、政治評論など口にすべきでない。いくら偉そうにアメリカ政治のことを書いてみても、こういう素朴で大きな疑問を抱かないのなら、世界政治や外交というもののプロを自称すべきでない。

オバマ政権はできた途端に厳しい窮地に立たされている。オバマは黒人ではあるが、優秀な頭脳を持った冷静沈着な人物である。彼の横にいる実に立派な奥さまであるミシェルと二人で

（ロイター＝共同）

アジア歴訪のいちばん最初に日本に来て（２月16日）２兆円のお金をせびり取ったヒラリー・クリントン国務長官。２年後には、オバマを追い落として大統領になるだろう。すると世界は残酷な金融、経済の統制体制（コントロールド・エコノミー）に入ってゆく。

すでに大きく孤立を始めている。**オバマ政権はやがて失敗して、退陣せざるを得ない運命にある。それは2年後（2011年）のことだ。そして次にヒラリーの政権ができる。そのあとの次の4年間もヒラリーがやる。**そして〝ヒラリー・ファシズム〟と呼ばれる統制体制を敷く。そのように私は冷酷に予言する。

オバマの奥さんのミシェルは、非常に立派な女性で、「ヒラリーを絶対に政権に入れたらだめよ」としつこく頑張った。それが、昨年11月4日に大統領に当選したオバマ夫妻が、自分たちを抜擢したデイヴィッド・ロックフェラーとの激しい闘いの始まりである。今も〝実質の世界皇帝〟であるデイヴィッド・ロックフェラー（この6月で94歳）が、バラク・オバマを米大統領に初めから選んだのである。その〝恩義ある人〟と黒人オバマ大統領の死闘が始まった。

私は２００８年の10月に、この情報をアメリカの深部から得た。オバマ政権はだから就任後2年しかもたないだろう。２０１１年ごろまでにはヒラリーに取って代わられる。私はこのように予言を始めた。

オバマはやがて金融・経済政策に失敗する。国民の不評をかって〝I resign.〟「アイ・リザイン（私は辞任する）」と言って、健康上の理由を挙げながら辞任していくだろう。副大統領のジョー・バイデンは初めから実力がない人だ。だから彼も同時に辞める。ジョー・バイデンは、電車通勤で議会に通うような気さくな民主党（民主党というのは、もともとはそういう庶

立派で勇敢な〝猛女〟ミシェル

(Getty Images／アフロ)

ミシェル夫人はリベラル派の活動家の父フレーザー・ロビンソン氏の影響を強く受けている。シカゴの水道局に勤めていた地区の民主党支部長だ。オバマ夫妻は政権内部でデイヴィッド・ロックフェラーが抜擢した金融閣僚たちとの激しい闘いを繰り広げている。いつまでもつか心配だ。

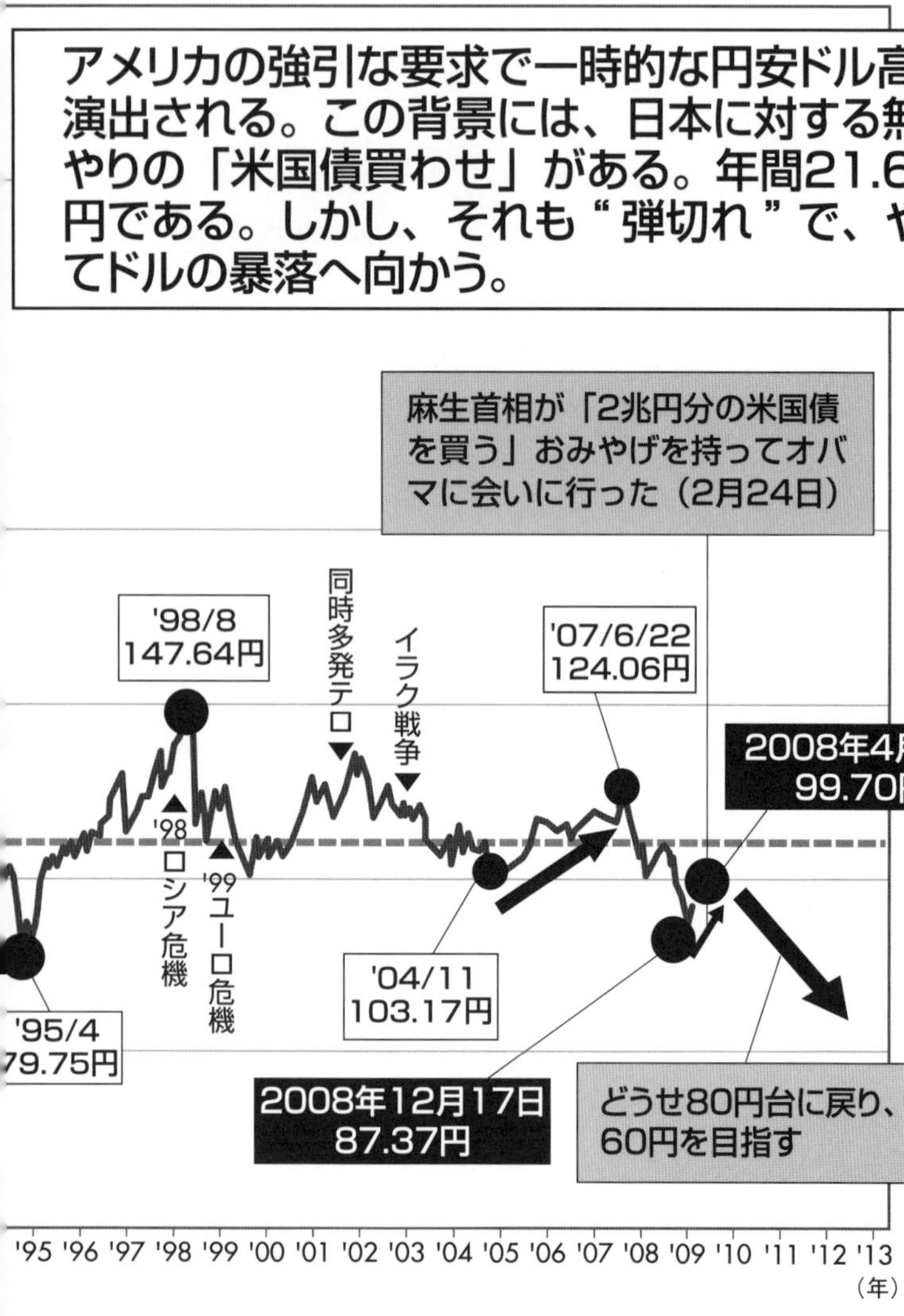
アメリカの強引な要求で一時的な円安ドル高が演出される。この背景には、日本に対する無理やりの「米国債買わせ」がある。年間21.6兆円である。しかし、それも“弾切れ”で、やがてドルの暴落へ向かう。
麻生首相が「2兆円分の米国債を買う」おみやげを持ってオバマに会いに行った（2月24日）
'98/8
147.64円
同時多発テロ
イラク戦争
'07/6/22
124.06円
2008年4月9日
99.70円
'98ロシア危機
'99ユーロ危機
'95/4
79.75円
'04/11
103.17円
2008年12月17日
87.37円
どうせ80円台に戻り、60円を目指す
'95 '96 '97 '98 '99 '00 '01 '02 '03 '04 '05 '06 '07 '08 '09 '10 '11 '12 '13
（年）

円ドル相場の推移

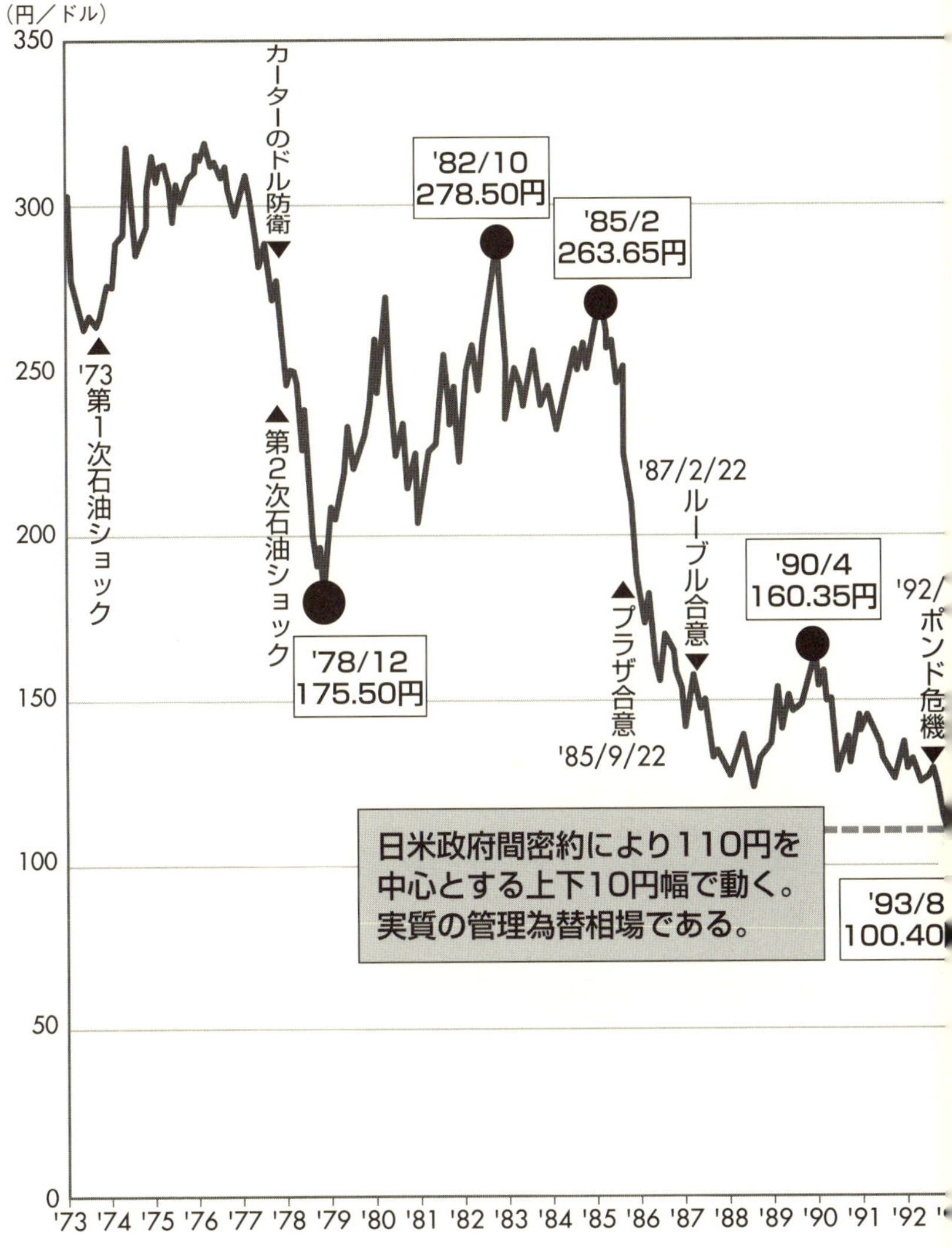

出所：日本銀行・外国為替相場より副島隆彦が作成

民と労働者の党なのだ）の上院議員だった。バイデンはネオコン派と対立するＣＦＲ《シーエフアール》（外交問題評議会。アメリカの経団連のような財界団体）系の人物である。

したがって、なぜかちゃっかり国務長官に納まってしまったヒラリーが次の大統領になる。そして、彼女が残りの１年大統領の任期をやった後、その次の４年間もヒラリーがやる。

オバマ政権の内部で激しい闘いが繰り広げられている

私たちはズビグニュー・ブレジンスキー（Zbigniew Brezinski）という男に注目すべきである。**オバマを若い頃（ＮＹのコロンビア大学の学生だった）から注目して、目をかけて遠くから育てて大統領にすると６年前から決めて〝皇帝デイヴィッド〟に強く推薦（推奨）していたのは、このズビグニュー・ブレジンスキーである。**彼は、世界戦略家（ワールド・ストラテジスト）である。ピーナツ農園主だったカーターを大統領にしたのもブレジンスキーである。ブレジンスキーはカーター政権の安全保障（軍事）担当の大統領補佐官になった。実質のお守り役だった。Ｚ・ブレジンスキーはＴＣ《ティーシー》（トライラテラル・コミッション。「米欧日三極委員会」）という、現在もある世界を支配・管理する超財界人会議をつくった男でもある。

１９７１年にドル危機が起きて、この構想をニクソン・ショック（ドル・ショック）が起きた年に皇帝デイヴィッドに進言（提言）して受け容れられた。

この米欧日三極会議は１９７２年から始まった。ブレジンスキーはこのアイデアの提案者であるから、世界皇帝デイヴィッド・ロックフェラーと共同議長《コウ・チェアマン》を長く務めている。この三極会議から「G《ジー》５」（すぐにG７《ジーセブン》になる）が生まれた。そしてサミット（主要国首脳会議）も生まれたのである。

このあとブレジンスキーは１９７９年の第一次アフガン戦争を起こさせた。ソビエト軍を、アフガニスタンに進出、侵略させるように計画的に仕組んだ。これも戦略家ブレジンスキーの大きな世界政治規模の功績であった。彼は、「アフガニスタンをソビエト・ロシアにとっての〝ベトナム〟にしてやる」と宣言し、実際に実現した恐ろしい男である。そんなことができるのか、と庶民である私たちはいぶかしく思うが、世界の頂点にいる権力者たちというのはそういうことをする。この第一次アフガン戦争からムジャヒディーン（イスラム戦

（時事）
ズビグニュー・ブレジンスキー

士）やアルカイーダが生まれた。だからロシアのプーチンとメドヴェージェフが一番恐れているのも、ブレジンスキーという男の頭脳だ。本物のワールド・ストラテジストとはそういうものなのだ。ところが、どうも今度ばかりはブレジンスキー戦略がうまくいくとは私は思わない。

彼がオバマを皇帝デイヴィッドに推薦し、「アメリカに黒人の大統領が誕生していい頃だ」と説得し、この計画も実現してしまった。ところが、当選直後からオバマとミシェルがどうしてもデイヴィッドの言うことをすんなり聞かなくなった。予定どおり自分たち超金融財界人の言うことをよく聞くロボットの操《あやつ》られ大統領にするつもりだったのに、オバマ夫妻は親友たちと団結して、デイヴィッドに逆《さから》い始めたのである。

黒人には黒人の激しい意地がある。だから、当選した途端に激しい暗闘がアメリカ政界で起きてしまっている。前年の「２００７年8月17日」に勃発してしまったサブプライム危機で株式《ストック》と債券《ボンド》と為替《かわせ》（ドル相場）の大暴落が起きた。しかしニューヨークの超財界人たちが決めた黒人を当選させるプラン（plot　しかけ）を、変更することはできなくなっていた。

オバマの親友で商務長官《コマース・セクレタリー》に指名されたニューメキシコ州知事のビル・リチャードソンは、無理やり辞退させられた。その次の、商務長官に指名された共和党穏健派のジャド・グレッグ（ニューハンプシャー州知事）も指名を辞退した。一体どういう圧力が彼らにかかったのか。かつて民主党上院議員の大物で、前の上院院内総務《マジョリティ・リーダー》（日本の党幹事長のような立場）だったト

（AFP＝時事）

2009年１月12日、米中国交樹立30周年記念行事に出席するため北京を訪れたヘンリー・キッシンジャー元国務長官(左)と〝世界戦略家《ワールド・ストラテジスト》〟ズビグニュー・ブレジンスキー元国務長官(中央)。この二人の外交戦略家は、“Ｇ２《ジー　トゥー》”(２つのガヴァメント)という概念を引っさげて、「アメリカ合衆国と中国の二大国で今後は世界を管理・運営してゆこうよ」と中国をたらし込みに出たのである。すなわち、ロシアと中国を分断して、中国をアメリカ側に引き込もうというのである。しかしこの「三匹目の柳の下のドジョウ」は失敗する。もはや中国もロシアもそれほどの馬鹿ではない。

ム・ダシェルは厚生長官に任命されたのに、納税申告漏れのスキャンダルが出て、同じく辞退した。また、オバマが頼りにしていた財政のプロで「財政の規律を監視する委員会」（チーフ・バジェット・オフィサー）の、女性O・キルファーも首を切られた。こうして計4人が首を切られた。彼らはオバマにとって最も頼りになる忠実な仲間たちだ。彼らがいきなり辞めさせられた。

だからオバマ政権は最初から両手をもがれて弱体化させられている。主要な金融関係の閣僚はすべてオバマの意思を無視して任命された。オバマが会ったこともない人々だ。ヒラリー・クリントン派が政権内で多数を占めている。その細かい動きについても、このあとで説明する。

だからオバマ政権は長もちしないのである。一番の理由は、オバマが冷静で能力のある人物だからだ。この先、強権発動の、国民の諸人権《ヒューマン・ライツ》を踏みにじる統制経済《コントロールド・エコノミー》体制に突入していくことをオバマはどうしても認めないだろう。1930年代（戦争と恐慌の時代）に、フランクリン・デラノ・ルーズベルト大統領がやったのが「ニューディール政策」である。ニューディールというのは、バラ色の政策ではない。1929年大恐慌突入のあと戦時体制《ウォー・タイム・エコノミー》になり強引に産業の各部門を国有化して、企業家たちの財産権を否定した厳しい国家統制となった。あの**ニューディール政策の時と同じく、これから表面上は社会主義的な（貧しい者たちへの福祉重視の）、しかし強権発動のおかしな国にアメリカはなりつつある。**それに引きずられてヨーロ

（Getty Images／アフロ）

この実質〝世界皇帝〟デイヴィッド・ロックフェラー（やがて94歳）がオバマ政権の背後にいて、ヒラリーやガイトナー財務長官たちを使って動かしている。彼がオーナーであるシティグループ（シティバンク）はもはや風前の灯《ともしび》。２月27日に政府管理銀行（実質国有化）となった。

ッパもそして日本も、統制国家になりつつある。私はこのことが一番恐ろしい。各省の官僚たちが暴走して、「暴走する国家」（佐藤優《さとうまさる》氏が唱導する）になりつつある。オバマはそういう強権発動を実行したくない。オバマは法律家（弁護士）あがりである。国民の自由を侵害したくない。だから、彼は大統領を辞めるし、辞めさせられるのである。

２０１０年からいよいよ米国債が暴落していく

アメリカはいよいよこのあと金融、経済面で追いつめられていく。来年、２０１０年からは激しいインフレが襲いかかってくる。アメリカは大借金国家《だいしゃっきんこっか》（対外債務が正味《ネット》で10兆ドルを超えている）である。**今のところは高い信用を維持している米国債が、来年から崩れ始める。**そうしたらあらゆる金利が暴騰を始める。これは２００７年８月17日の「サブプライム・ローン崩れ」から始まった「アメリカ発の世界恐慌へ」の道の続きである。この道を転げ落ちてゆくからアメリカ合衆国はどんな立て直し策を採っても無理だ。そしてやがて中国が耐えきれずに米国債を売却し始める。

だからアメリカ政府は、必ず統制経済（コントロールド・エコノミー）の政策体系を導入する。これをネオ・コーポラティズム（neo-corporatism）とも言う。労働組合や貧しい層を巻

世界恐慌と相関しているNYダウ平均株価

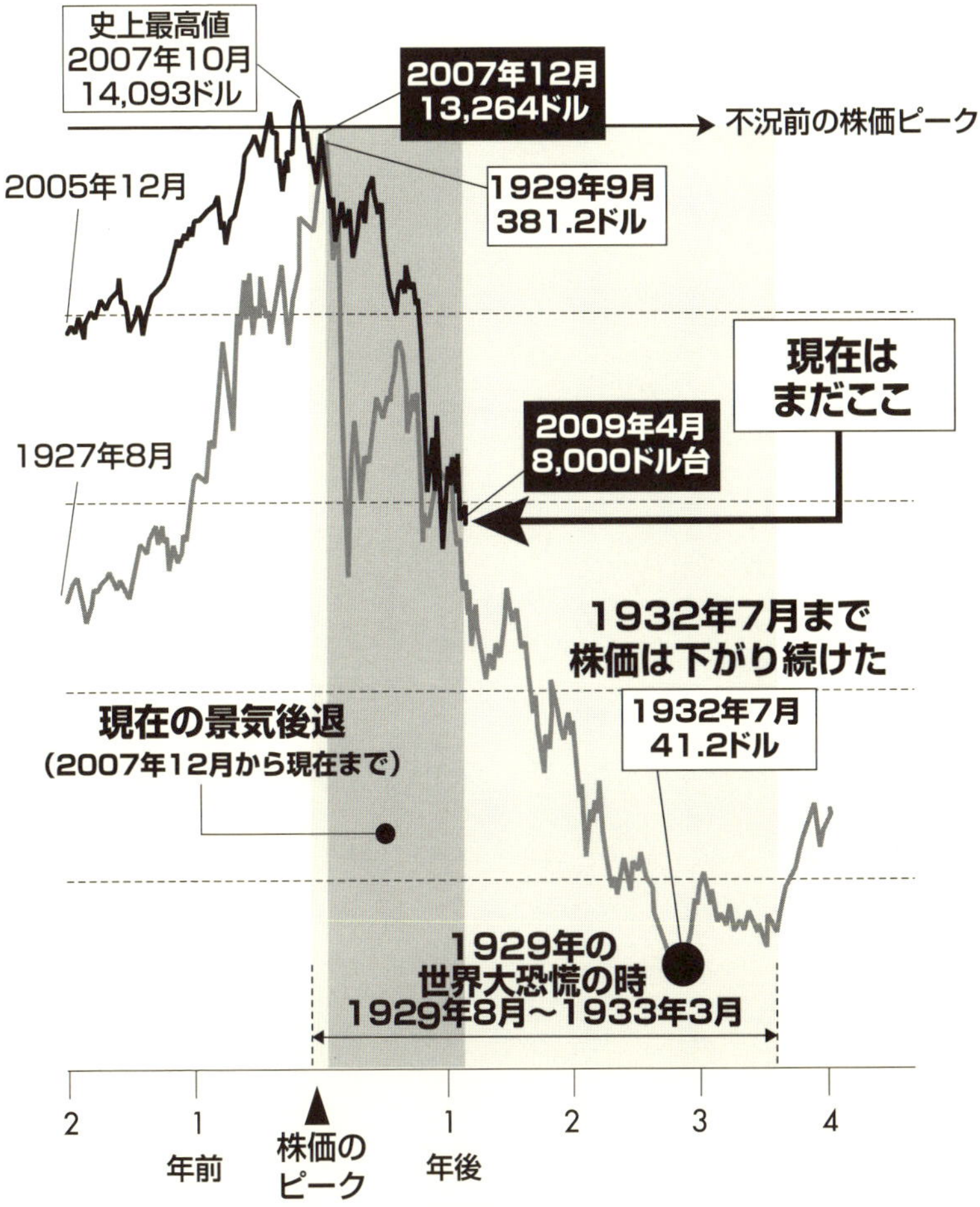

NYダウ平均は、1929年恐慌で381ドルから41ドルまで下げた。これと同じことが起きる。

出所:Dow Jones Histrical data

き込んで「なんとか食わせてやるから現体制を支持しろ」という政治体制である。金融の統制政策に突入していく。資産家（金持ち）や企業経営者層は厳しく財産管理されるようになる。**日本もアメリカからの追い打ちを受けて、同様の緊急の金融統制体制（すなわち「預金封鎖《よきんふうさ》」の体制）に追い込まれていく。**このような事態に世界が突入していくことを私は冷酷に予言し、同時に危惧《きぐ》している。

アメリカは〝ヒラリー・ファシズム〟の国になる

オバマと違ってヒラリーなら強引に非情にこの強権発動型の統制をするだろう。ヒラリーは惨酷な女である。〝皇帝〟デイヴィッド・ロックフェラーの言うことをなんでも聞く。旦那のビル・クリントンも婦唱夫随でヒラリーに従う。これを〝ヒラリー・ファシズム〟と呼んでもいい。いや既にアメリカ国内ではそのようにささやかれ始めている。デイヴィッドもヒラリーも、自分たちの忠実な家来（主要な属国）のひとつである日本を、自分たちの思いどおりに動かせるとまだ思っている。小泉純一郎と竹中平蔵という自分に忠実な子分を育てて使って、日本国民いじめの恐ろしい諸政策を2001年（4月、小泉政権誕生）から実行した。そして郵政民営化法を4年前の「2005年9月11日」に衆議院を通過させた。10月に法律となった。

この大統領補佐官が恐ろしい

(EPA=時事)

オバマが大統領選で勝利した直後に主席補佐官《チーフ・オブ・スタッフ》に指名された、ラーム・エマニュエル。この補佐官の前を通らないと大統領執務室に行けない。あのヒラリーでも彼の前を避けて通ると言われる。

日本国民の大切な郵貯・簡保300兆円をアメリカに全額差し出せという政策だった。この大間違いを、今日本人が真面目に再議論している。それなのに、まだ日本に対して強圧的な上からの管理と、アメリカへの資金流出を続けさせている。アメリカは、日本政府に毎月1・8兆円ずつ流れ出させている。**毎月1・8兆円分の米国債を買うように、日本は強要されている。1年間で21・6兆円である。**日本はこれだけの「貢ぎもの」を毎年アメリカに対してしている。だから、日本国内で景気対策の公共事業に振り向ける分の資金がない。アメリカに持ち去られるから、一年間に30兆円ぐらいの緊急の公共投資（道路の修理や国民医療の補助）をしなければいけないのに、それができないでいる。貧しい層の国民が飢え始めている。

アメリカの忠実な手先になったままの財務官僚たちは、国内投資（インフラ整備）に回すべき資金をどんどんアメリカに貢いでいる。きっと彼らはひとりひとりが脅されているのだろう。小泉と竹中の力は急激に落ちた。アメリカ様《さま》が見捨てたからだ。この3月から風向きと潮《しお》の流れが変わった。その原因はすべてアメリカ帝国の没落と衰退が避けられないからだ。この一点の大きな真実から眼をそらして、あれこれの政策論議や経済分析を行う者たちは、愚かである。彼らはすべて日本国民への目くらまし用の人材である。アメリカは小泉・竹中を捨てたが、日本の財務省・総務省（郵貯と電波）・厚労省（年金）の官僚たちを直接、指揮している。

日本の金融資産

	資　産	負　債	残高（正味）
個　人 （家計）	1401兆円	380兆円	1020兆円
法　人 （金融を除く）	864兆円	1141兆円	▼277兆円
政　府	491兆円	973兆円	▼482兆円
金融法人 （郵貯を含む）	2794兆円	2766兆円	28兆円
海　外	298兆円	617兆円	▼320兆円
計	5847兆円	5878兆円	▼31兆円

※▼はマイナスを示す

ここに含まれる

国民の最後の虎の子〞 財投の資金

郵　貯	204兆円
簡　保	168兆円
主に厚生年金	161兆円（※）
計	533兆円

※この他に公務員たちの年金200兆円がある

出所：日銀の資金循環表による（2007年3月末）

日本の金融資産の円建ての正味《ネット》の残高は800兆円だろう。700兆円はアメリカに流出している。

アメリカのネズミ講で日本のお金700兆円が消えた

私たちの国民生活は官僚（高級公務員）機能によってこれからもっと厳しく規制され、統制されていくのである。その端的な証拠は銀行のATMでは10万円の送金しかできなくなったことに表われている。そして一回に50万円しか引き出せなくした。以前は何百万円でも自由に下ろせて送金できた。自分のお金を自分でどのように使おうと自分（国民）の勝手だ。それをなぜ、国家が陰湿に統制しようとするのか。おかしいだろう。

さらには200万円以上の商品は、「高額商品の売買は本人確認と届けが必要」となった。マネーロンダリングやテロ資金供与の防止のためというういかがわしい名目で、2007年4月1日に**「犯罪による収益の移転防止に関する法律」**が施行されたからだ。警察がお達しを貼り出している。彼らはまるで江戸時代のお奉行様のようだ。

私たちはこれらのことを本当におかしいと思わなければならない。誰かが裁判所に訴えて、行政訴訟をやらなければいけない。国民生活の自由がじわじわと侵害されている。「振り込め詐欺に用心しましょう」と、日本の警察がコンビニのATMの前にまで立っている。テレビ局の番組まで動員して「振~り込め~、振~り込め~」「オレは振~り込め詐欺犯人だぞー」と官製の奇怪で気持ち悪い歌まで作って、振り込め詐欺を煽りまくっている。

その実態は、わずか全国で数十件のそれらしい事件を警察が故意に作って仕立てて騒いでいるだけだ。誰もそのような事件そのものを新聞記事以外で近くで経験したことがない。奇妙に作られた報道番組ばかりである。**「振り込め詐欺キャンペーン」というのは国民の金銭活動の自由を国が脅して、抑制しようとする策動である。**真実は別のところにある。**日本国民に対して振り込め詐欺をやっているのはアメリカそのものなのである。**日本の大切な資金、日本国民の大切なお金をもう700兆円もアメリカに振り込ませた。そして、アメリカはもうそれらのお金を私たちに返さないだろう。返す気は全くない。これは〝ネズミ講〟（ポンツィ・スキーム）とも同じことだ。この話もあとで書く。

メディアもグルで「年金テロ」を封殺し、本当の真実を隠蔽した

もう一つ、日本の政治問題で大きいのは、2008年の11月18日、19日に発生した「年金テロ」事件である。2人の元厚生事務次官（官僚のトップ）の家が襲撃され、元厚生事務次官の山口剛彦《やまぐちたけひこ》氏（66歳）とその奥さんが刺殺された。修練を積んだ殺人のプロの手口による刃物での惨殺である。そしてそのあと同じく元厚生事務次官だった吉原健二《よしわらけんじ》氏の奥さんも重傷を負っ

た。両人は小泉純一郎元首相が厚生相だった当時の〝年金局長〟〝年金次官〟だったことが知られている。官僚のトップで年金問題の最高責任者だ。おそらく、事件の背後には厚生官僚を中心に、各種の公的年金の運用に関わっている者たちの内部抗争がある。これに財務省官僚も金融庁も深く関わっている。彼らの天下り組織の中で年金運用のトラブルが起きていて大きな内紛が起こっている。

元厚生次官は口封じで殺されたのだ。米国に持ち出されて外資（アメリカのメガ銀行・証券）10社による年金運用の大失敗（毀損《きそん》とも言う）の損失をめぐる責任の〝擦《なす》り付け合い〟が起こっている。そこには激しい憎悪が生まれていて、これが行くところまで行けば、殺し合いになる。金《かね》をめぐる人間の妄執はものすごいものだ。金のトラブルで衝突してしまい、〝血が噴き出す〟ということは人間世界を貫《つらぬ》く大法則である。たとえば中小企業でも、財テク（資産運用）で失敗して、数億円単位の損失を出してしまうと、オーナー社長の一族の中で、たとえ親子や血縁者の間であっても激しい責任の擦り付け合いが起こる。

今度の「年金テロ」はこれと同じものが国家レベル（次元）で噴出したものだと私たちは見なければならない。公的年金の運用団体に巣食っている天下り官僚たちが、外資系証券会社に運用を委託して、資金はニューヨークに流れ出している。それらのメガ証券会社（投資銀行）は既に大損を出して破綻して実体がなくなった。以下は「年金テロ」を伝える新聞記事である。

封殺された「年金テロ」報道

殺された山口剛彦《たけひこ》
元厚生次官

（時事）

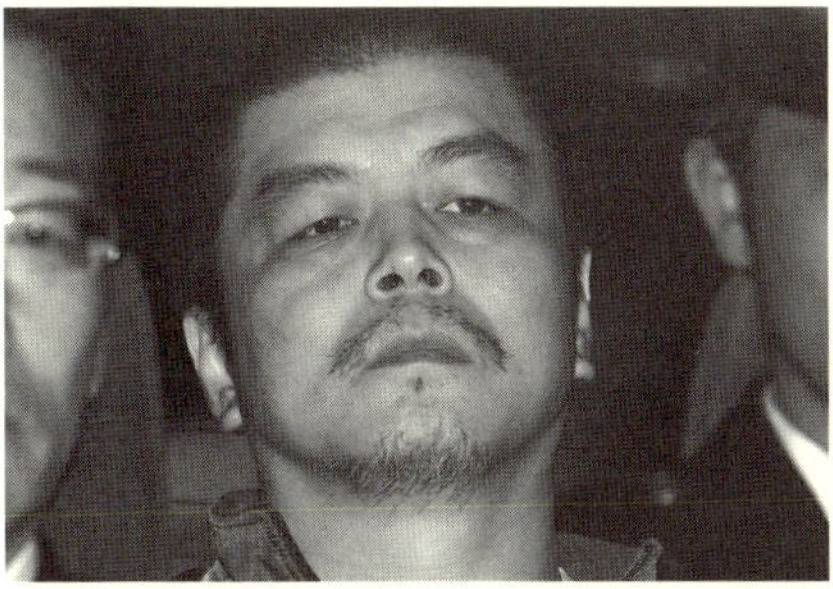

「昔（32年前に）、保健所にペットを殺された腹いせだ」と自首してきた小泉毅《こいずみたけし》容疑者

（時事）

山口元厚生次官は、口封じにあって殺害されたのだろう。私たち国民は、今後も〝年金テロ〟と言い続け、真相究明を求め続けなければならない。年金財政の裏側はもうグチャグチャのはずなのだ。「日米振り込め詐欺構造」が裏にある。

「年金テロを否定　出頭2時間前、HP書き込み」

捜査本部によると、自首して逮捕された小泉毅《こいずみたけし》容疑者が、出頭する約2時間前に、TBSや日本テレビなど複数局のホームページ（HP）に「今回の決起は年金テロではない」「今から自首する」と書き込んでいたという。捜査本部は11月23日の家宅捜索で、小泉の自宅からパソコンを押収して分析を進めている。

書き込んだ時間は、22日午後7時すぎ。日本テレビによると、年金テロを否定し、「保健所に家族を殺された仇《あだ》討ち」と記し、ペットが処分されていることを「ムダな殺生」と批判し「自分に返ってくると思え」と書いている。

さらに、矛先を日本警察の捜査能力に向け、さいたま市と東京中野区の事件で同じ包丁を使用したことや、さいたまの事件では、「最初に出てきたのは（山口）剛彦である」などと書き、「私は左利き」「靴ひもタイプではない」など、報道された内容を否定している。最後に、「最初から逃げる気は無いので今から自首する」と終えている。

（２００８年11月24日　毎日新聞）

こんなおかしな新聞記事を私たちに信じろというのか。明らかに実行犯の真犯人とは別の身替わり出頭したこの変な男が、テレビ局のホームページの投稿欄に犯行前に、「これは年金テロではない。今から自首する」と書き込んだというのだ。これは「年金テロ」という言葉を、メディア（テレビ・新聞）は以後は使うな、という警察からの脅しである。警察発表をそのまま各新聞・テレビはタレ流しで記事にし報道している。「裏を取る」とか「調査報道をする」ということをする気配が全く感じられない。よほど大きな圧力がメディア全体にかかっている。

警察・検察は、時としてこのような犯罪への加担（真実封じ込め）に自ら手を染める。まともな人間が、こういう警察発表を真実だと信じると思うのか。国民をナメるのもいい加減にしろ。警察も国家官僚組織の一部であるから、上層部がただちに連絡を受けて、厚生官僚たちの内紛を、表沙汰にしないために信じられないようなウソの状況証拠をたくさん捏造《ねつぞう》して、この事件を闇に葬ることに決めた。それも大慌てでやったものだから、無理なこじつけの発表が相次いだ。警察・検察と国税庁（税務署）は本当は公設《こうせつ》暴力団だ。それぞれ部隊を持っている。だからいざとなったら何をやりだすか分からない。

事件発生の当初は「年金テロ」という言葉がテレビ、新聞で踊った。ところが3日後には小《こ》泉《いずみ》毅《たけし》なる変な男が警視庁に自首して出て、「オレがやった」となった。以降は前記の記事どおり、「年金テロではない」となり、「年金テロ」という言葉はいっさい使われなくなった。日本のメディア（テレビ、新聞）は、申し合わせたように、一瞬で押し黙った。勇敢であるべき雑誌やタブロイド（夕刊）紙までがピタリと「年金テロ」報道をやめた。「年金テロ」という言葉がこの時から消えてしまったのである。日本の政府や警察の圧力で、「年金テロ」という言葉は日本のテレビ、新聞、雑誌で使わなくなってしまったのである。

恐ろしい動きが背景にある。殺された山口剛彦次官よりも10年先輩で、仲の良い上司と部下の関係であった吉原元次官は健在だ。奥さんは重傷を負ったが、吉原健二元次官本人（76歳）は元気なはずである。ところが、この人はいっさい口をつぐんで表に出て来もしない。テレビ、新聞はピタリと動きを止めた。吉原氏は政府高官だったのだから、出て来て釈明すべきである。それともどこかに身体（身柄《みがら》）ごと隠されてしまったのか。

32年前に自分の飼い犬のチロが保健所で殺された復讐のために（上部組織である）厚生省の官僚を殺害したなどと犯行の動機を証言した、と警察は発表した。こんな人を馬鹿にした理由で、こんな大事件を本当に警察・検察・裁判所は処理し続けるつもりか。これがまともな大人《おとな》のやることとか。司法官僚というのも、本当は法務省という裁判利権官僚組織だ。その末端の現場の公務員たちに過ぎない。小泉被告は、「保健所は厚生労働省の下部機関ではないですよ」と教えられた時に、「えっ」と驚いたという報道があった。現場の靴跡のサイズも違う。「中国はいまだに裁判官と検察官が分離していない野蛮な国だ」と日本人は嘲笑しているが、一体、日本はどうなのだ。本当に法の支配（rule of law ルール・オブ・ラー）があるのか。

三権《さんけん》は分立《ぶんりゅう》している、というのは本当か。私たちはあまりキレイごとで、頭から自分の国を誉めそやすのをやめた方がいい。日本が一等国で、完全な近代《モダン》国家であるというのは嘘だ。こんな陰惨な茶番劇を見せられて、文句も言えない国なら、日本はとっくに官僚ファシズム国家だ。こんな馬鹿みたいな男を犯人に仕立てて自首させることであっさりと事件の幕引きをしてしまった。警察組織自体が国家暴力団だ。事件の真実を隠してしまうことが、これまでもたびたび見られた。とくに政治問題（政界がらみ）のことになると隠されてしまう。「誰が年金テロ事件と呼んだのか」という風にメディアに圧力をかけた。年金テロだという国民の間に自然に起こった風評を必死に否定にかかった。

それでもまだ少しは自由な言論が残っているインターネット上でたくさんの書き込み（投稿文）がなされてワーワーと騒がれた。ところがここにも、自民党と政治警察とアメリカ政権の対日本情報部による圧殺の動きがある。彼らに雇われた情報攪乱《かくらん》用の専門会社が５つあって、盛んに真実を攪乱する汚い文章を大量にのせるので、ネット上の無制限の自由（匿名での投稿）の意見交換の場はすっかり汚れてしまっている。そして世論操作に主要なメディア機関まで恒常的に使われるようになっている。恐ろしい全体主義《トータリテリアニズム》 totaliterianism の統制社会になりつつあるのだ。

3年後の2012年にアメリカの世界覇権は終焉する

アメリカの力（世界を支配する力）はこのあと、どんどん落ちていって、アメリカ帝国は衰退してゆく。これは１２０年間の周期で動いてゆく〝世界覇権サイクル〟（帝国の興亡の歴史）の法則に従っての動きである。私はこの考え（人類の歴史への理解）をずっとこの10年間説いて（書いて）来た。だから、この〝世界覇権《ヘジエモニック・パワー》サイクル〟の波（波動《はどう》）の理論に従うならば次のことが分かる。

アメリカ合衆国は１８７０年代から隆盛を開始し、１９１４年（米中央銀行のＦＲＢ《エフアールビー》が出来た翌年。かつ第一次世界大戦の勃発の年）から、大英帝国《ザ・ブリテイッシュ・コモンウエルス》（ロスチャイルド家の金融支配）から覇権《ヘジエモニー》を奪って、自らが世界帝国（ロックフェラー家の帝国）になっていった。このアメリカ帝国の繁栄が１２０年間続いた。そして衰退（フォールダウン）が起きた。１９７１年のオイル・ショック（ニクソン・ショック）をピークにして下降線に入った。帝国の衰亡のトレンドがはっきりして、今から3年後の２０１２年に決定的に、世界覇権（世界支配力）を失うだろう。従って２０１２年が、世界覇権サイクルの移動の年となるだろう。

それでは一体、どの国に次の世界支配力（ワールド・コントローリング・パワー）が移行するのか。中国にか。ロシアにか。それなりのゆるやかな団結を維持する「キリスト教圏」としてのEU《イーユー》（ヨーロピアン・ユニオン）という名の上品なヨーロッパ帝国にか。それはまだ分からない。しかし恐らく中国であろう。中国に世界覇権はいやがおうでも徐々に移ってゆく。ただし、それにはあと最低でも10年はかかる。もしかしたら、20年かかるかもしれない。

中国の国内はまだまだ貧しい。貧富の差ものすごい。社会のインフラ基盤も整備されていない。内陸部と東北（旧満州）の開発と発展も進まない。確かに中国は、劣等な政治体制（共産主義独裁。確かにそう）で、人権思想すら十分でない。周辺地域（台湾、チベット、ウイグル）を侵略していると非難を浴びたままである。こんな国が帝国（世界覇権国《ヘジエモニック・ステイト》）になれるのか、と疑問に思う人はたくさんいる。確かにそのとおりである。それでも世界覇権は、まずBRICs《ブリックス》の新興国4大国の世界共同運営に移る。主導権が欧米からロシア〈G8〉、中国〈G9〉、インド〈G10〉、ブラジル〈G11〉に徐々に移る。この時期を経て中国による覇権の時代に20年ぐらいかけて移行してゆく。4月2日のロンドンG20《ジートウエンティ》金融サミットでも新興国が前面に出た。この際に、中国がどうしても必要なのは、欧州（ドイツ、フランス、イギリス）から学ぶ近代文明だけでは足りないので、日本から学ばなければ済まない。日本の先端技術・文化・教養・上品さである。

日米の株価は今後も数年間は低落傾向を示す。P17の株式のグラフを見て下さい。きれいに

12月末	退任するポールソン財務長官に批判集中
2009年	
1月7日	かんぽの宿一括売却で鳩山邦夫総務大臣がオリックスへの譲渡に疑義を投げかけて問題化
1月20日	オバマ大統領就任。閣僚人事で辞退者続出
1月22日	ガイトナー新財務長官が人民元の為替操作を批判し、中国が反発
1月26～30日	ダボス会議に出席した温家宝首相が、米国債買い控え発言。ところが中国は逆に米国債購入に動く
2月13日	7870億ドルの景気対策法案が可決
2月14日	ローマでG7開催。中川昭一財務・金融担当大臣がもうろうとした状態で記者会見
2月16日	ヒラリー国務長官来日
2月17日	中川昭一財務・金融大臣が辞任
2月19日	日銀が社債1兆円買い取りを決定
2月23日	麻生首相とオバマ大統領が初の日米首脳会談
2月24日	北朝鮮によるミサイル発射の報道始まる
2月27日	米政府がシティグループの優先株を普通株に転換し36%の株式を保有すると発表。シティは実質的国有化に
3月3日	小沢一郎民主党党首の秘書を東京地検特捜部が政治資金規正法違反の容疑で事務所を強制捜査
3月5日	米政府による国有化の報道などでシティグループの株価が一時97セントに下落

この半年で起きた出来事

2008年	
7月11日	石油価格147ドルの最高値
9月15日	リーマンブラザーズ破綻
9月16日	AIG救済。FRB米政府が850億ドルを融資
9月29日	金融安定化法案が下院で否決される ダウ平均777ドルの史上最大幅の下落
10月3日	金融安定化法案可決。TARPを介して金融機関に資金注入。「授権法」
11月4日	アメリカ大統領選でオバマ当選
11月18日	年金テロ。元厚生事務次官の山口剛彦夫妻が殺され、翌19日、同じく元厚生事務次官の吉原健二氏の奥さんが重傷を負う
11月23日	シティの不良資産3060億ドルに対し連邦政府が保証。290億ドルまではシティが自ら処理。財務省から200億ドルの追加資本注入
12月1日	ヒラリー・クリントンが国務長官に指名される
12月13日	フランスのサルコジ大統領が、「米ドルはもはや唯一の基軸通貨ではない」と発言
12月16日	FRBがFFレートを 0.00%～0.25%に変更。事実上のゼロ金利政策
12月17日	円ドル相場87.37円の円高に
12月19日	GMとクライスラーに対し米政府が総額174億ドルを融資と発表
12月24日	GMの金融子会社GMACの銀行持ち株会社への移行をFRBが承認

そびえる姿をしている富士山や、キリマンジャロの峰が示す、なだらかな稜線は右側にすべり落ちてゆく。この流れは止まらない。アメリカ帝国の没落の決定的な始まりは、2007年8月17日のサブプライム・ローン崩れであった。あれはアメリカにとって致命的だった。その翌年の2008年「9・15」の「リーマン（破綻）ショック」からではない。だから逆に、この2007年から、世界帝国の交替の波の幅である120年を引くと1887年となる。確かに、この頃アメリカの新興財閥であるロックフェラー石油財閥は、バクー（カスピ海沿岸）やイラン（湾岸《ザ・ガルフ》）やサウジアラビア（ベクテル社の鉄の輸送管《パイプライン》が出来た）でも石油を盛んに掘り出した。これで「木炭・ろうそくから石油（ランプ）へのエネルギー革命」の巨大なトレンドが起きていたのである。

私たち日本人は、〝エネルギー革命〟というコトバは慣れ親しんでいてよく使うが、この石油（原油）という新しいエネルギー源の力で世界を支配するようになったロックフェラー新興財閥のことを、ほとんど誰からも教えられていない。今の今でも、イギリスのロスチャイルド家ユダヤ人たちが世界の裏側を操っていて巨万の富を握りしめている、と書き散らすおかしな三流言論人が後を絶たない。これらのロスチャイルド嫌いの人々は、あえて言えば、大きくは、米ロックフェラー家からそれとなく援助を受けて、欧州の宮廷ユダヤ人の伝統を引くロスチャイルド財閥（確かに19世紀大英帝国を裏から金融の力で動かした）の悪い所業を書き立てるように、特別に育てられた人々であろう。私は、彼らとは違って、冷静に客観的に、世界の動きを観察している。

いまはＮＹダウは８０００ドル台に人工的に無理やり回復している（４月９日で８０８３ドルである）。２００９年３月までは７０００ドル台をウロウロしていた。円ドル為替相場も去年の２００８年12月17日には１ドル87円まで下落し、いまは90円台でうろうろしている。Ｐ25の表を参照。

今年後半は再び１ドル80円台に戻るだろう。来年は70円台に下落し、60円台にまで落ちる。そこでオバマ大統領は来年か再来年にドルの切り下げ宣言をやって、半値になることを許容し、１ドル30円台が出現すると私は予測している。そして、オバマはこのドル切り下げ宣言のあと辞任し、その後はヒラリーに大統領職を取って代わられるという流れになる。

アメリカ経済のもう一つの特長は、金利が非常に安く安定していることである。２００８年12月16日に、アメリカは、ついに短期金利のＦＦ《エフエフ》レート（政策誘導金利）を０・０％～０・25％にした。こんな「ＦＦレート０・０％～０・25％」などというおかしな数値に決めたのである。文字通りのゼロ金利である。この０・25％分は売買手数料である。**アメリカ帝国は遂に前代未聞のゼロ金利に本当に突入したのである。**なぜ金利ゼロというとんでもないことになったかと言うと、アメリカは明らかにデフレでさらに恐慌化しつつある。インフレよりもデフレ

政策金利の推移(短期金利)

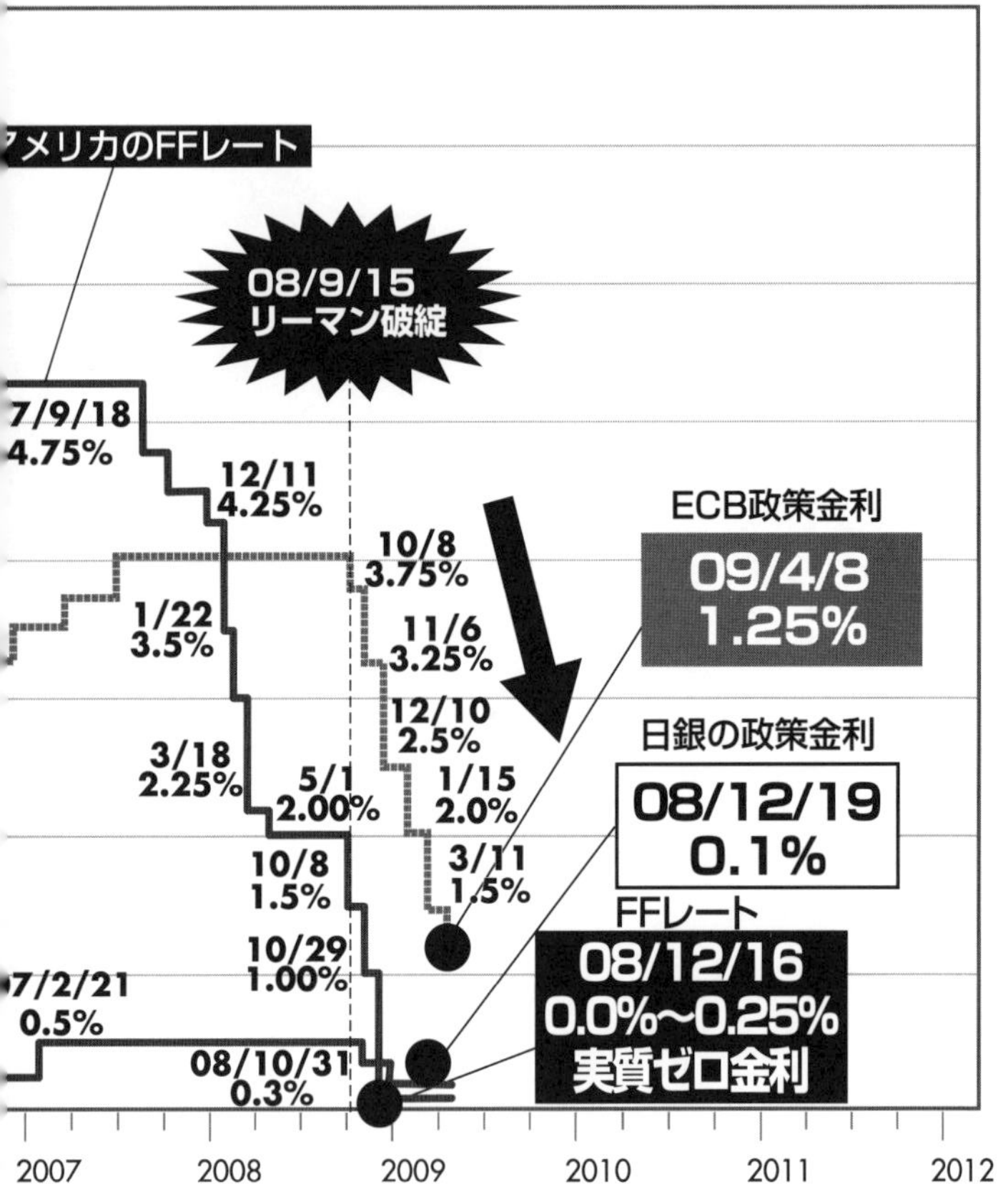

やり35℃の低体温(ゼロ金利)にしているような

アメリカのFFレートと日銀の

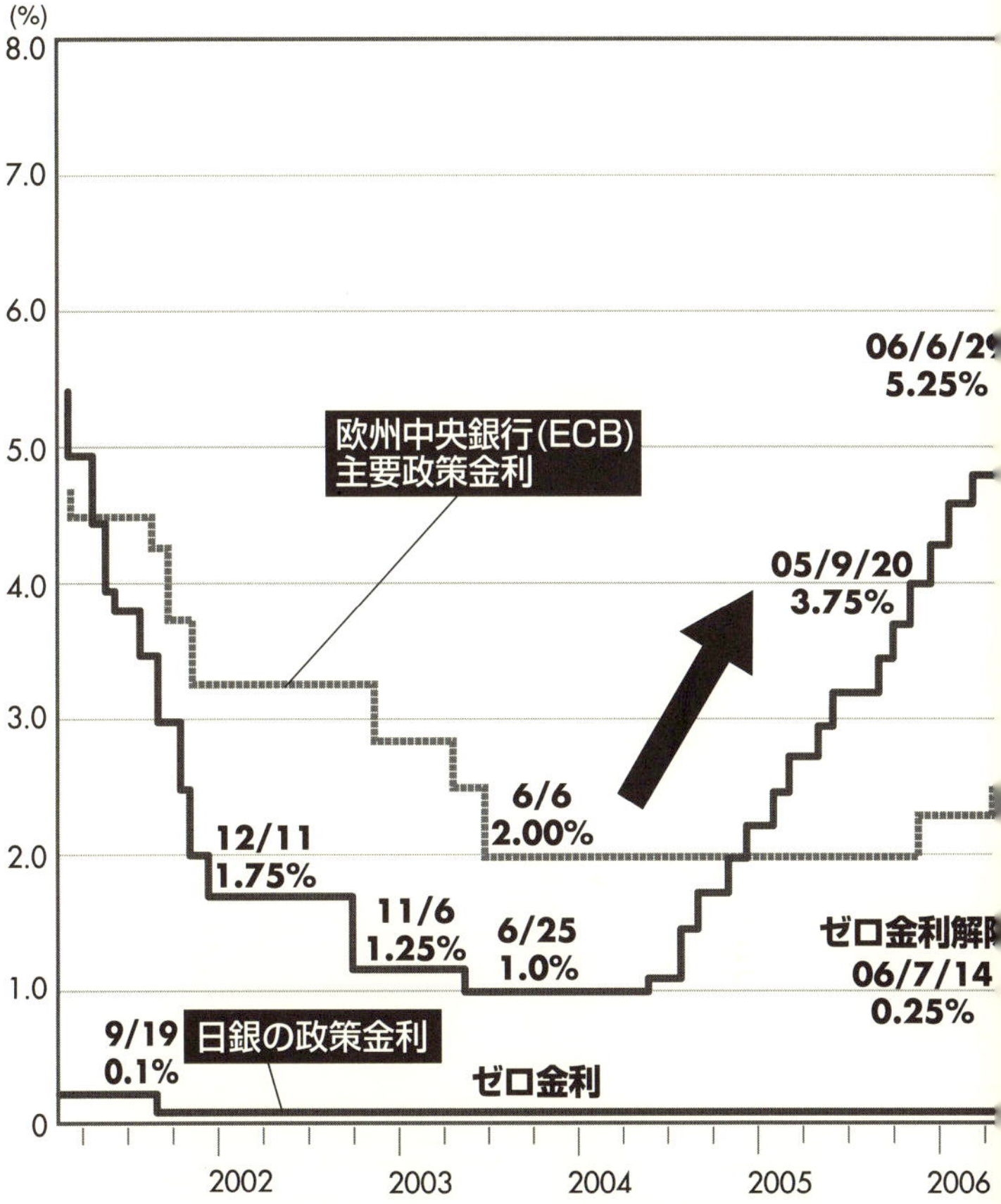

本当は41℃の高熱なのに、今は解熱剤で無理
ものだ。これが〝既にぶっ壊れた〟金利政策だ。
出所：FRB、ECB、日本銀行より

（大不況突入）が恐いからだ。アメリカのゼロ金利によって16年ぶりに日米の金利（日銀の政策金利０・１％）が逆転することになった。

アメリカは日本以上に巨額の財政赤字を抱えている。後述するが４０００兆円（40兆ドル）以上の財政赤字を抱えている。日本の財政赤字は１３００兆円ぐらいである。これは中央政府と、すべての県と大きな市が抱えている累積の財政赤字の合計である。単年度ではない。この日本の財政赤字の３倍をアメリカは抱えているから、４０００兆円から５０００兆円の財政赤字を抱えている。

この赤字分の利払いがものすごい額に及ぶので、ゼロ金利にしてしまっている。ゼロ金利ならば、少なくとも政府部門の利払いは無しですむ。だから、ゼロ金利なのだ。しかし、これは短期金利（１年以内）の話である。長期金利は短期金利とは別である。短期金利はＦＲＢが人為的に決めて実行に移せる。しかし長期金利は10年物の米国債の値段で決まる。ＦＲＢが人為的に動かすことはできない。住宅ローンは長期金利に連動している。

今は世界中が、恐慌（デフレ）入りを恐れて無理やり金利をゼロ近くに下げている。**株と為替の下落に続いて国債が暴落（金利は暴騰）し始めたら、めでたく世界恐慌突入である。**ところが、今はまだこの３つのうちの金利だけが非常に安い。人工的にゼロ金利状態に無理やり押し込めている。

低金利にするということは、人間で言えば熱さましである。高熱が出ているのを無理やり解《げ》熱剤《ねつざい》でゼロ金利で低体温にしているようなものだ。インフルエンザにかかって41度の熱が出て苦しんでいる重症の患者を、ゼロ金利で無理やり体温35度ぐらいの低さに冷やして落としているようなものだ。そうやって健康体のふりをさせているのである。株式・債券の暴落とドル（為替）の暴落のあと、米国債まで暴落すると三拍子そろって三大暴落で、アメリカはめでたく大恐慌突入である。米国債の暴落とは、長期金利の急上昇のことを意味する。長期金利の上昇（今の年率2・5%が、4、5、6%と上がって10%になること）を阻止するために、短期金利を極端にゼロ（FFレートを0・0%〜0・25%）にまで下げているのである。

それでもやがてアメリカは重病状態にあることが露見して、高熱体に戻る。真実が露呈する。それが長期金利の暴騰である。すなわち米国債の大下落である。米国債は世界中から信用されなくなる。誰も買わなくなる。米国債は売れなくなる。日本国債も、あまりにアメリカに引きずられる（「日米抱きつき心中」）と同じく暴落する。やがてアメリカ国内でさえ米国債を買う金融機関や機関投資家もいなくなる。そういう状態になりつつあるのだ。世界中が米国債を売ると言い出す。こうやって国債の世界的暴落の事態が予測される。それが来年（2010年）の秋ごろ来るだろう。中国がたまりかねて保有している米国債を売り始める。現在2兆ドル（200兆円）も中国は外貨準備《フォーリン・リザーブ》を保有している。このうちの過半が米国債である。もっとあちこちに隠し持っているだろう。

中国が金《きん》（ゴールド）の保有と引き替えに米国債を買わされている

アメリカは日本だけではなく、サウジアラビアと中国からもたくさんのお金を引っ張り出して、アメリカ国内に吸収して、返さない構造でできている。日本（極東《ファーイースト》）とサウジアラビア（中東《ミドルイースト》）がアメリカの財布（あるいは貯金箱）である。「米国債を売りたい」と発言した属国の首脳は必ず失脚させられる。今は中国もサウジアラビアも日本も無理やり米国債を買わされている。中国が一番多くの米国債を保有している。

その中国が米国債を売り払うという話は2008年末から真実味をおびるようになった。2009年1月29日のダボス会議の演説で、温家宝《ウエン・ジアボウ》首相（国務院総理）が「米国債を売るという中国の一致した政府の意見」を伝えた。ところがこの直後の2月に入ると、途端に中国は米国債をまた新たに買い増し始めた。そうしないと、アメリカに報復で人民元を暴騰させられて中国は輸出促進をできなくされるからである。米中は盛んにかけ引きをしている。次の新聞記事がこのあたりのことをそれとなく書いている。

「米国債購入中国やや慎重に」

英国を訪問している中国の温家宝首相は、米国債について「今後も買い続けるかどうかは、中国の需要と外貨の安全性、価値を保つ必要性を判断して決める」と述べた。米国債を大量に買い続けて米国を支えてきたこれまでの方針と比べ、やや慎重な姿勢を見せた。2日付の香港各紙が報じた。

ロンドンの青年団体代表らが1月31日、「さらに米国債を買い続けるのか」と単刀直入に質問。温首相は「中国の外貨準備高はここ数年すごい早さで積み上がった。米国債の購入がその重要な一部分を担っている」とするにとどめた。今後も買い続けるか、どれくらい買うかは状況次第との見方を示した。

中国は昨年9月末、米国債の保有高が5850億ドル（約60兆円）と、日本を抜いて世界一となり、中国が米経済を支える構図が明確になっている。

香港の中国系紙文匯報によると、温首相は29日のダボス会議の演説でも「いくつかの国の不適切な経済政策と、低い貯蓄と野放しの消費という持続不可能な発展モデルが（危機を）もたらした」と米国への不満もにじませた。

（2009年2月3日　朝日新聞、傍点は引用者）

中国は、国内の輸出産業を何としても守りたい。中国は輸出が打撃を受けてかなりこたえている。これまでも人民元を徹底的に外国通貨との関係で「元安《げんやす》」にすることで、世界中に中国製品の激しい輸出ラッシュを起こしてきた。だからアメリカの圧力で、人民元を切り上げられることを恐れている。1米ドルは、昨年まで8・2元だったのが7元台になり、今は1ドル＝6・8人民元になっている。徐々に「元高ドル安」に向かっている。このトレンドは変わらない。アメリカ民主党としては、1ドル＝3・5元にまで人民元を高くして、中国の輸出力をそぎ落としたいと考えている。中国は、今はまだ米国債を買い支えている。しかし、中国にも我慢の限度というものがある。これ以上多くの米国債を保有し、それが暴落した時の損失のことを心配している。それぐらいなら、今のうちから少しずつ売ってしまいたいと考えるのは当然だ。

中国は、昨年（2008年）9月末には日本を抜いて世界最大の米国債（外貨準備）保有国になった。さらに2008年10月末には日本の米国債保有はほとんど増えていないにもかかわらず、一段と保有額を増大させている。米国の世界覇権が動揺している現在、〝次の覇権国〟である中国の動きは、金融の場面だけでなく、長期的な歴史的な視点からも非常に重要である。

前の記事にあるとおり、中国は「米国債を売り払いたいという欲求」にかられている。そして、外国に持つ中国の資産が目減りするのをできる限り回避しようと思っている。だが、

中国の次の最高指導者の座を争う二人

(AFP＝時事)

習《しゅう》 近《きん》平《ぺい》

江沢民の系統。石油党、太子党《たいしとう》の利益を代表する。ヘンリー・ポールソン前財務長官（その前はゴールドマン・サックスの会長だった）が精華《チンホア》大学で講師として教えて育てた。

(AFP＝時事)

李《り》 克《こつ》強《きよう》

鄧《とう》小平、胡錦濤が育てた。北京大学卒。まじめで優秀で立派な人物。しかし、ワルでないので習近平に競争で負けてしまうかもしれない。

１９７８年に始まった鄧小平《デンシヤオピン》の改革・開放政策によって現在までの30年で、急激に豊かになった中国は、「まさしく米ドルと米国債によって」豊かさの基本、土台を作ってきた。だから、どうしてもこれまでどおりアメリカの強引な要求に屈服せざるを得ない面がある。

それでも中国は近い将来のある時期に、恐らく来年の秋から米国債を売り始めるであろう。米ドルがこれ以上、為替相場で暴落（人民元は高騰）していくことに耐えられなくなることも理由である。中国は外貨準備から公然と米国債を売却し始める。それに対するアメリカ側からのなだめすかしがヒラリー派の動きである。４月２日のＧ20の直前に、中国人民銀行（中国の中央銀行）の周小川《しゅうしょうせん》総裁が「米ドルが基軸通貨《キー・カレンシー》であることをやめて、かわりにＩＭＦのＳ《エス》ＤＲ《ディーアール》（特別引出権）を準備通貨《リザーブ・カレンシー》にすべきだ」という論文を発表した。若造のティモシー・ガイトナー米財務長官はどぎまぎして「傾聴に値する」という卑屈な態度に出た。

ロシアも石油（原油）を暴落させられて非常に厳しい状況に追い込まれている。だから、一《いっ》旦《たん》はグルジア紛争のあとですべて売り払ったはずの米国債を、また買わなければ済まないような感じになっている。大産油国であるロシアとイランとベネズエラの〝３大反米国家〟を痛めつけるために、アメリカ政府は、２００８年７月から急に原油の値段を下落させ始めた。１バレル１４７ドルまで暴騰させてゴールドマンサックスや石油元売り《メジャーズ》は暴利をむさぼったのに、そのあと急落させて、たったの半年で32ドルにまで下落させた。Ｐ67の表を参照のこと。

2008年5月頃から、世界の株式市場は暴落した。その後、少し回復

ダウ欧州50種株価指数

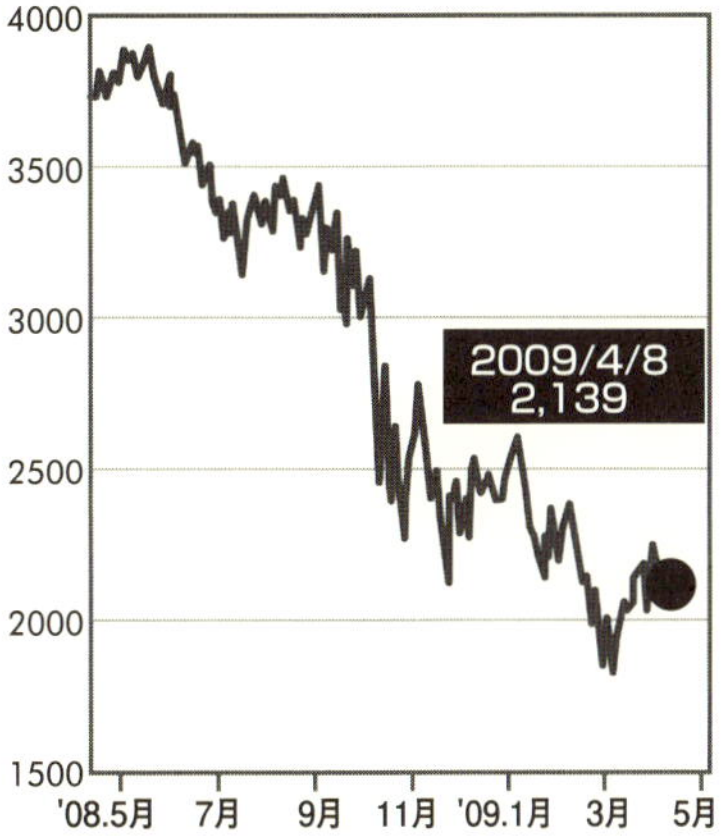

ブラジルボベスパ指数

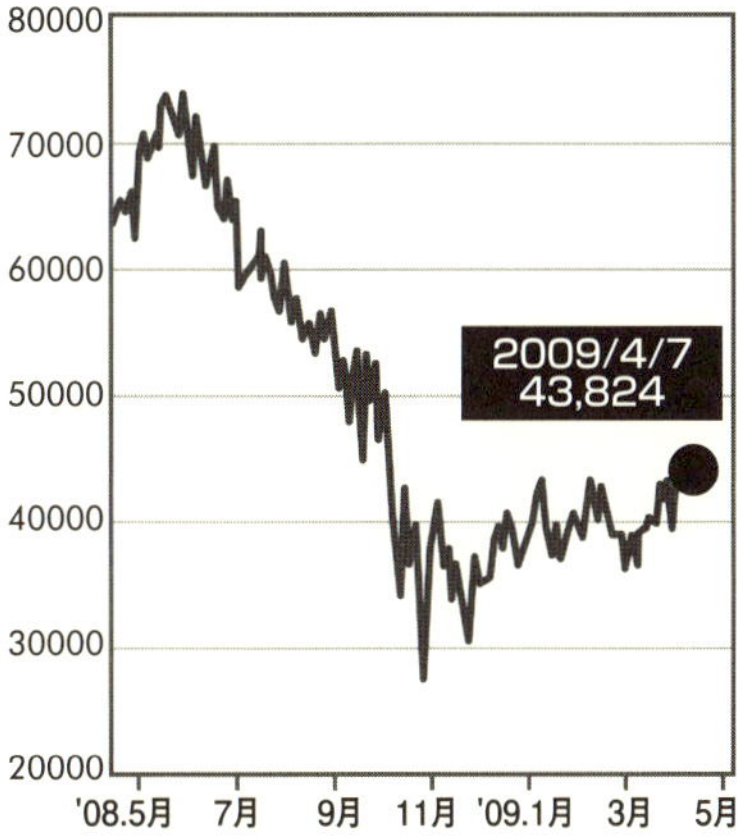

インドNIFTY指数

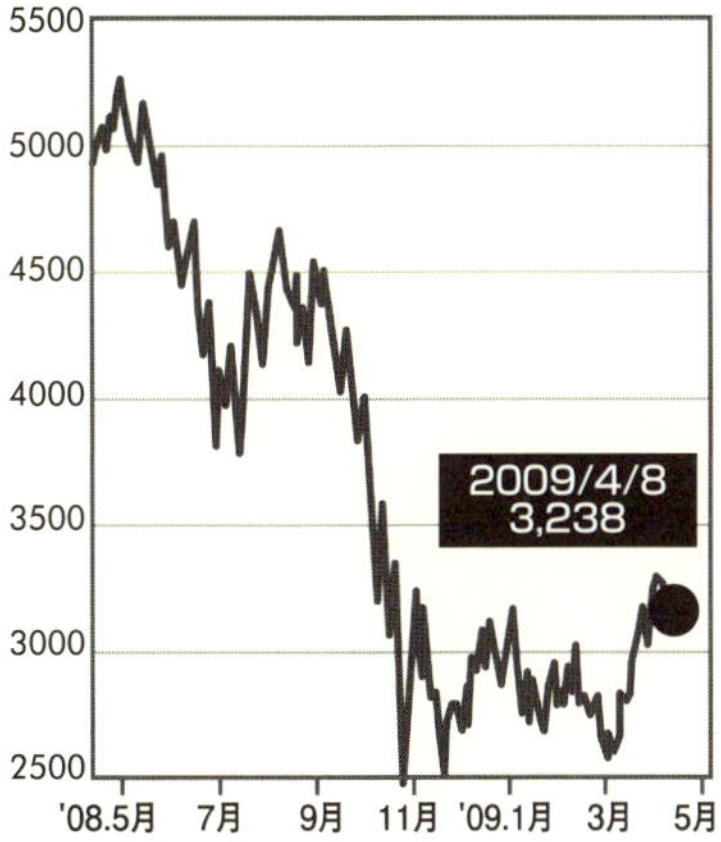

ロシアMICEX10指数

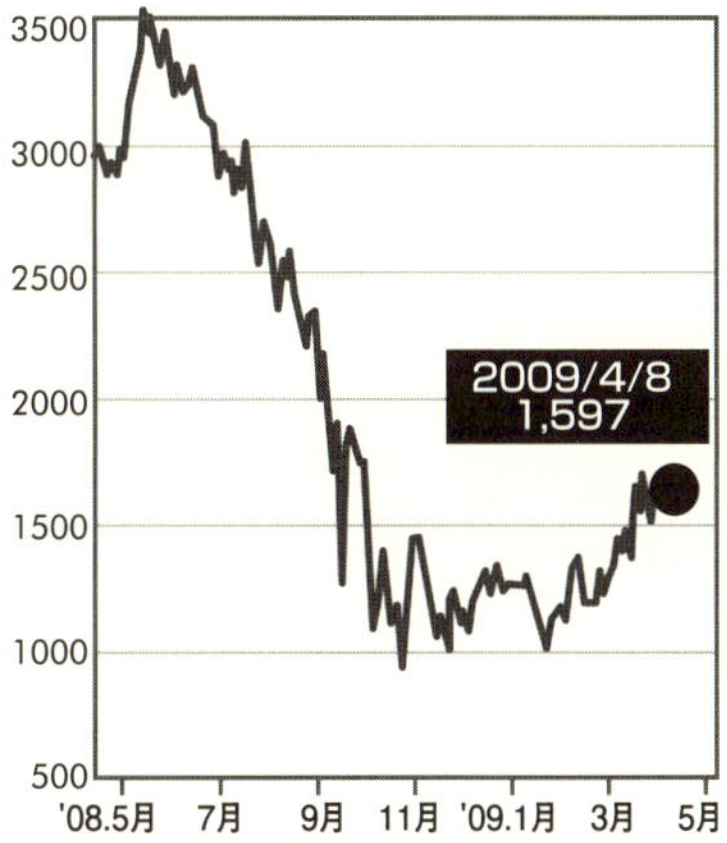

出所:Bloomberg

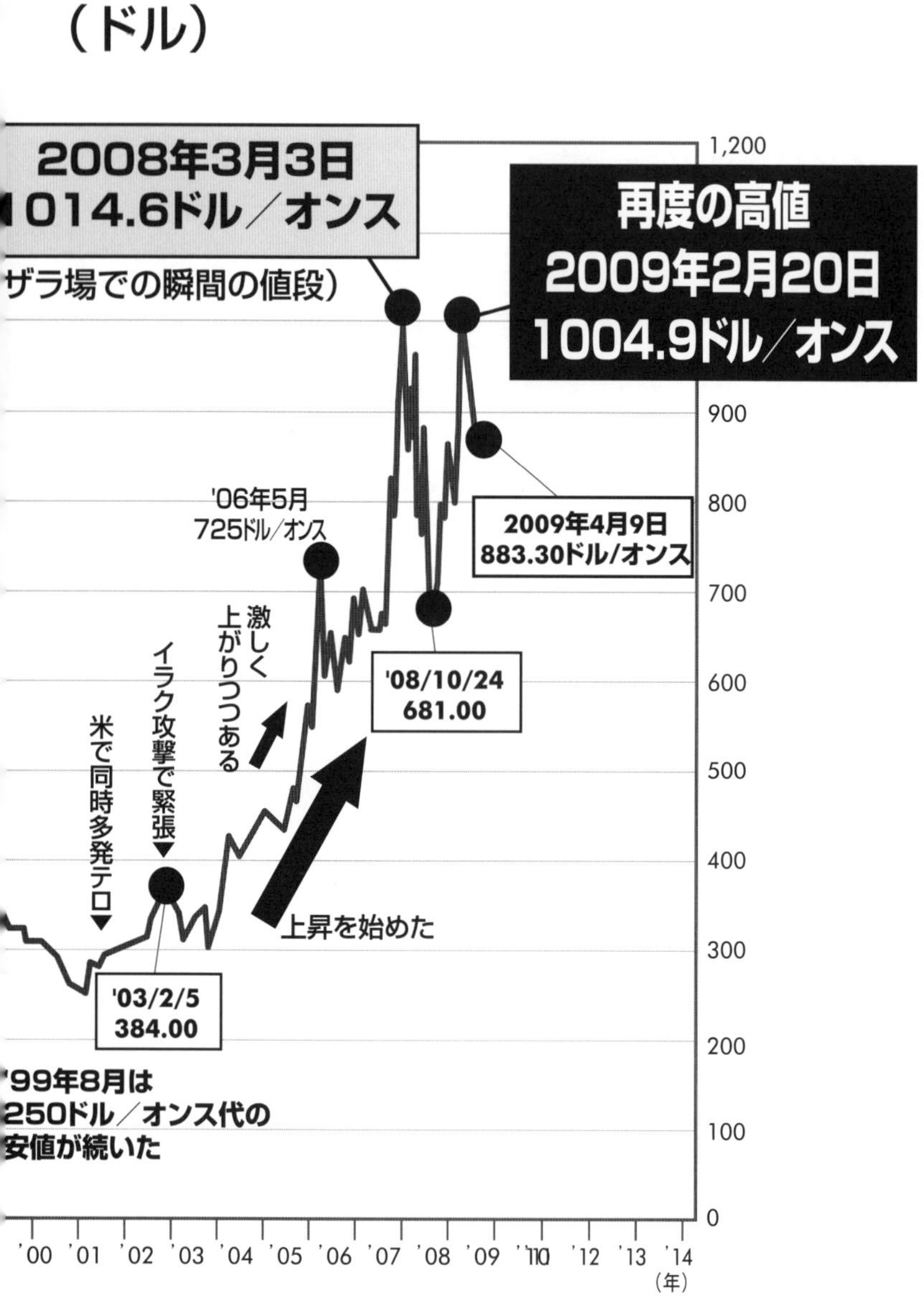

した。これらの数値はザラ場(プロの取引員たちしか参加
段)とは少しずれる。2008年3月3日の田中貴金属(金ス

1トロイオンスあたりの国際金《きん》価格

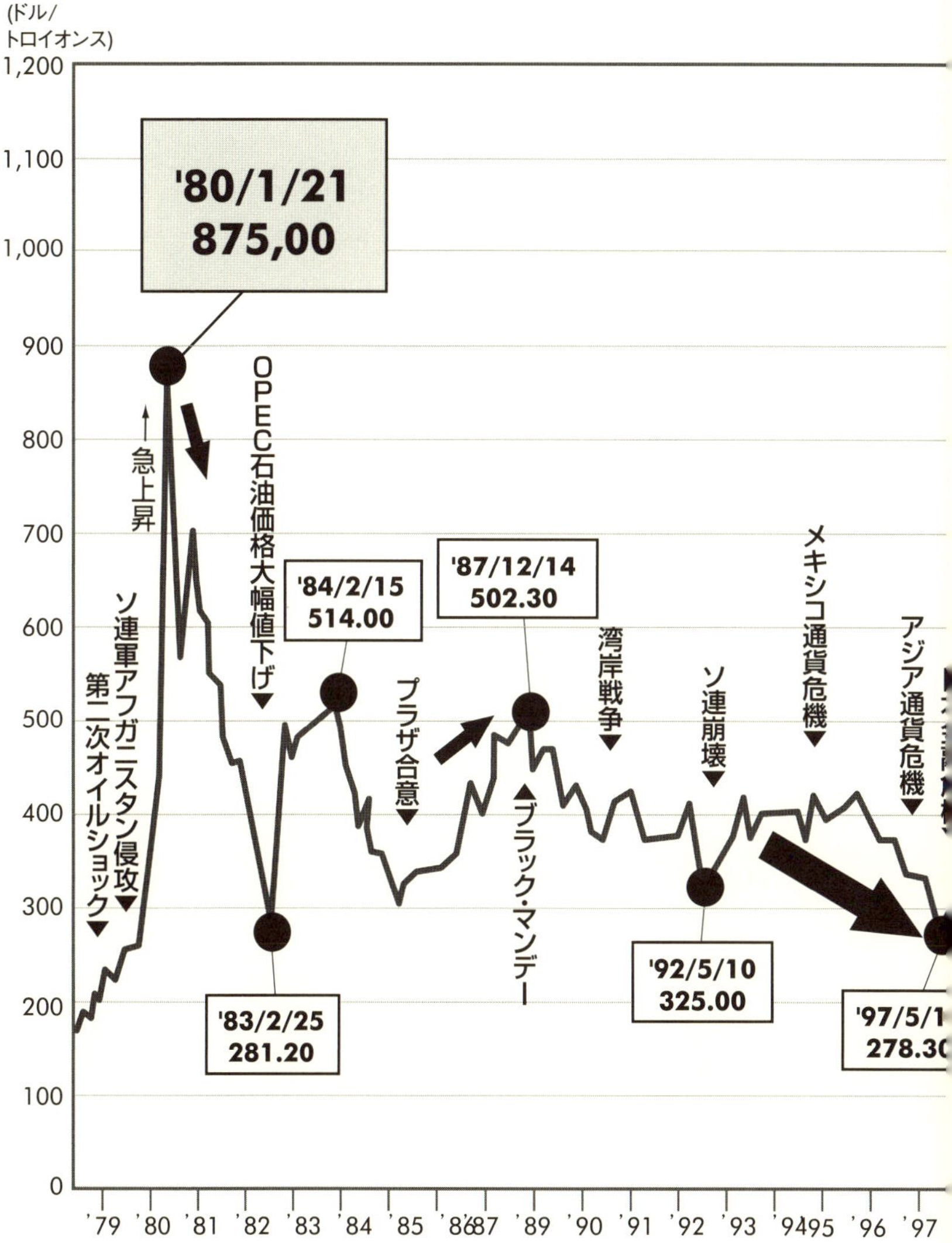

出所:ニューヨーク金期近値から作成。それを副島が加工
できない)での値段であるから、図表の線(月中平均の値
ワップ)の小売り価格は、3,431円/グラムの高値であった。

現在は、52ドルだからロシア経済は青息吐息である。一時期の羽振りの良さが衰えて、さすがの強気のプーチン＝メドヴェージェフ政権も、対アメリカでやや弱腰になっている。

NYMEX《ナイメックス》（ニューヨークの石油の先物市場）というニューヨークの商品先物市場で、世界の石油先物の値段は決まる。ここを支配しているのが、レオ・メラメッドCME《シーエムイー》（シカゴ・マーカンタイル取引所）名誉会長である。彼らが原油市場も操縦して、いいように値決めするのだから手も足も出ない。〝腐っても鯛《たい》〟でアメリカはまだ強い。これらの最後の担保は軍事力である。

昨年の8月8日にグルジア紛争が起きた。ロシア軍の戦車部隊（機甲師団）があっけなくグルジアに侵攻した。この前後にロシア政府は米国債と、ファニーメイ、フレディマック債、リーマン・ブラザーズ債といったアメリカの公債を全部売り払ったと高らかに宣言した。これに対してアメリカは激しい反撃に出て、このことがきっかけとなって、ロシアのモスクワの株式市場も高値から9割、暴落させられた。ここで激しい金融戦争が起きたのだ。だから、予言者・副島隆彦が今だから言えるのだが、「9・15のリーマンショック」の本当の直接の原因は、ロシアによるリーマン債その他の一拠的な売却、NYの債券市場での売り払いだっただろう。

アメリカはNIMEX《ナイメックス》を使って、石油価格を暴落させている。意図的、計画的に大暴落させて、1バーレル33ドルにまで落とした。これほどの値段まで下げられると、産油国であるロシ

シカゴ・マーカンタイル取引所（CME）のレオ・メラメッド名誉会長（写真右）

（AP Images）

彼が、2007年７月までに香港やシンガポールの先物市場も傘下に収めた。ニューヨークの２大商品先物市場で、金《きん》を扱うCOMEX（コメックス）も、原油を扱うNYMEX（ナイメックス）も経営統合した。日本の大証《だいしょう》（大阪証券取引所。「日経225」などの株先物指標取引で生き残りを図る）もレオ・メラメッドが資本支配した。途端に「8・17」のサブプライム崩れが起きた。「勝った、勝った。世界はオレのものだ」と思った途端に巨大な敗北が彼を襲ったのである。人生とはそういうものだ。これが人類の歴史の醍醐味である。

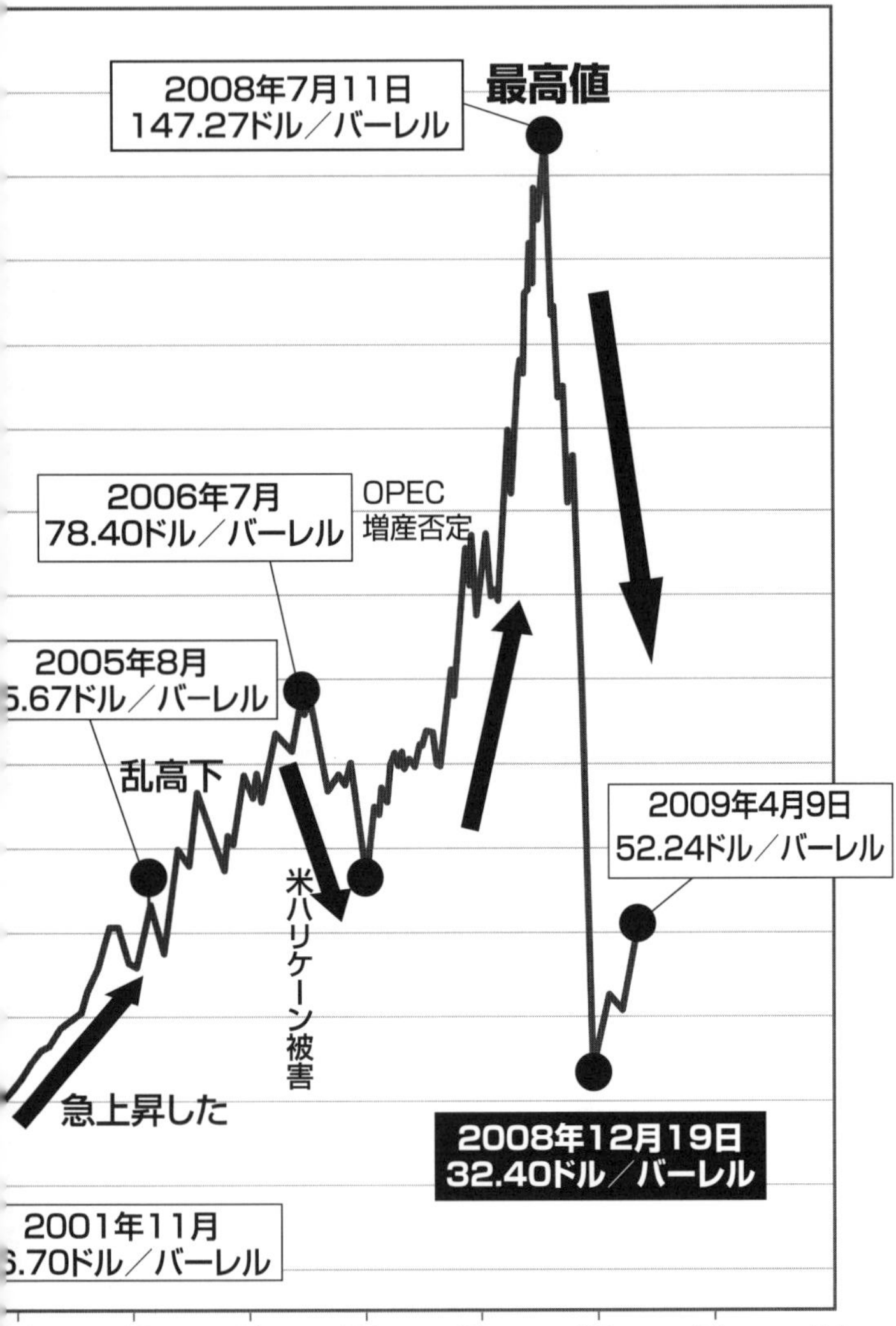

2008年7月11日
147.27ドル／バーレル
最高値
2006年7月
78.40ドル／バーレル
OPEC
増産否定
2005年8月
5.67ドル／バーレル
乱高下
米ハリケーン被害
2009年4月9日
52.24ドル／バーレル
急上昇した
2008年12月19日
32.40ドル／バーレル
2001年11月
3.70ドル／バーレル
'04
'05
'06
'07
'08
'09
'10
'11
（年）

原油価格の推移

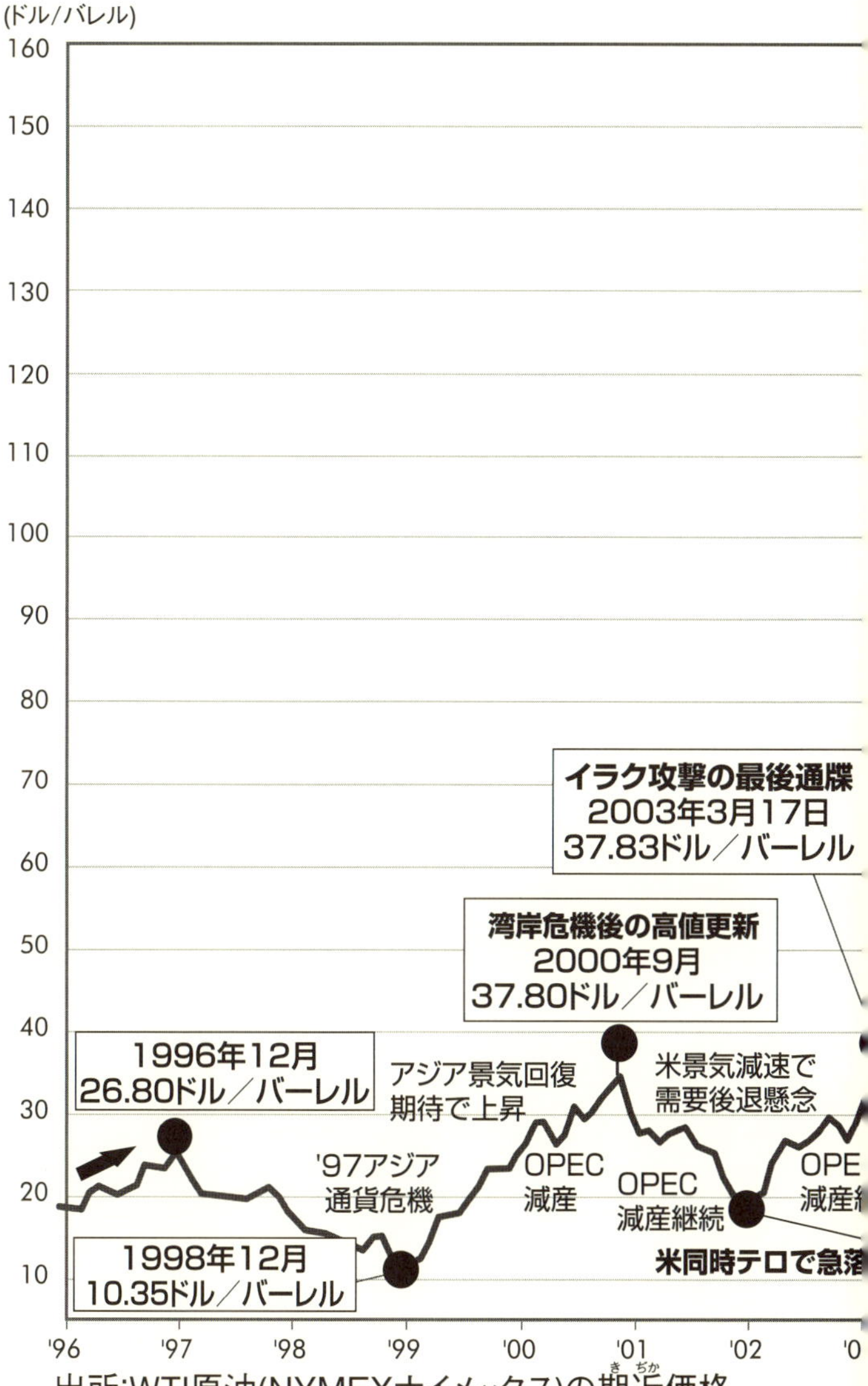

出所:WTI原油(NYMEXナイメックス)の期近《きぢか》価格

アとベネズエラとイランが困ってしまう。と同時に大産油国サウジアラビアも困ってしまう。サウジアラビアはアメリカの金庫である。日本と並んでアメリカにとっての大切な財布だ。ここが石油下落でいじめ抜かれているので、アメリカも困る。だから石油の値段も上がり出すだろう。1バレル60ドルから70ドルまで上がらないと、産油国の採算分岐点《ブレイク・イーブン・ポイント》を超えない。産油国が石油のダブつきで損失を積み重ねている。

締め上げられたロシアは、プーチン首相とメドヴェージェフ大統領の二人だけは今も意気軒昂だが、財政部門がもたない。だから、仕方なく日本を仲介して、ロシアは日本に資金援助を頼み込んできている。ロシアを助けることを条件に米国債を買い直せということになった。その仲介役になったのが小泉元首相である。2月14日から小泉元首相がモスクワを訪問した真の理由はこれだ。

今もアメリカの忠実な手先である小泉純一郎は、この日、麻生首相が「自分は郵政民営化（のうちの4分社化）には反対だった」と発言したことに対して「（怒るというよりは）笑っちゃうしかない」と発言して、麻生政権打倒ののろしを上げた。ところが、小泉の育てた子分たちである〝小泉チルドレン80人〟のほとんどさえが小泉に従わなかった。小泉と竹中平蔵の力は、国会議員たちの間では決定的に落ちている。だから、アメリカとしては、日本を直接コントロールする道具としては、各省官僚たちとメディア（新聞・テレビ）の二つだけだ。そして、この二つの道具たちが暴走して仕方がない。このことを私は本書の冒頭から、ずっと書いて説明したのである。

アメリカは、ロシアを抑え込む一方で中国への懐柔策（なだめすかし）に出た。アメリカは日本に対しては実に横柄な家来《けらい》扱いだが、中国にはバカ丁寧である。

中国に対しては「金《きん》（ゴールド）を買うことは許すが、米国債を売ることは許さない」という方針で動いた。それで中国をなんとか押さえ込んでいる。だから金地金《きんじかね》の値段が少しずつ上がり出した。1オンス（31・1035グラム）1000ドルを超した。3月3日に金地金は、1トロイオンス1014ドルの高値をつけた。P63の表を参照のこと。このあと883ドル（4月9日）まで再び下げている。**金は一旦下げたあと再び上がってゆくだろう。**

金《きん》が、2008年8月12日から計画的に暴落（1オンス700ドルを割った）させられたのは、ニューヨークのCOMEX《コメックス》という商品先物市場で行われている、人為的な金《きん》価格の操作によるものである。これにはニューヨーク連銀が仕組んで、ゴールドマン・サックスやシティバンクに金地金を無料で貸し付けて「金キャリー・トレイド」をやらせたからだ。100倍ぐらいの高いレバレッジをかけて、金の先物市場で大きく売り続けているからである。

実勢の金の価格と先物での値段が大きく食い違ったままの状態が、今も続いている。世界中の人々は金《きん》のコイン（1オンス＝31・1035グラム）を1200～1300ドルで買っているのだ。しかし、やがてこの直先《じきさき》スプレッドの歪みも是正されて、自然な値段になる。つまり、金は歴史的に暴騰していく。それは金のもつ歴史的な宿命である。それでも当面はまだドルの暴落を阻止するために、アメリカ政府は金の値段を激しく人為的に抑えつけるのである。

今やすべての主要な先物の市場を握っているのは、シカゴ・マーカンタイル取引所（CME）のレオ・メラメッドである（P65に写真あり）。**レオ・メラメッドCME名誉会長たちが、市場での公正な取引のふりをして、商品《コモディティ》（基本物資）だけでなくあらゆる種類の金融商品を先物市場《フューチャーマーケット》という道具を使って人為的に操作している。**

CME《シーエムイー》は、石油や金などの鉱物資源と農作物（穀物）の先物市場の他に、株や金利のスワップも、為替（通貨）のスワップ取引もするし、オプション取引もある。すべての穀物と、石油、天然ガスのエネルギー市場も操《あやつ》っている。地球上のすべての商品（基本物資）に先物市場を作って、それらを人為的に操り続けている。空気（二酸化炭素CO_2）にまで値段をつけて「温暖化ガス排出権取引市場」を作ったが失敗しそうである。市場原理や自由市場や自由競争社会が聞いてあきれる。神をも恐れぬ、傲慢な態度である。特定の人間たちが市場を操《あやつ》るというのは許すべからざることである。

だから、こんなことはいつまでもできることではない。やがてそのうちシカゴ・マーカンタイル取引所のレオ・メラメッドたちに天罰が落ちる。巨額の「幻想のお金」を作っては取引しているこの者たちに当然の報いが来る。レオ・メラメッドが〝市場からの復讐〟を受けて撃滅される日は近い。人為的に操作されるように作りあげられたアメリカの金融の取引所そのものが機能麻痺を起こして動けなくなるだろう。それが天罰が落ちるときである。その時期を私たちはじっと見守らなければいけない。

アメリカ帝国は歴史的な流れとして衰退を始めている。先述したとおりである。この流れを変える力は、アメリカの支配者たちにさえもう無いのである。彼らは**米ドル紙幣と米国債を刷り散らして撒き散らす**しか他に自分たちの目の前の、惨憺たる経済状態に対処することはできない。それ以外には手（対策）がないのである。だからまだ今も市場を操作し、株式を始めとする金融市場を八百長でドレッシング（粉飾）するしかない。

ＮＹダウの平均株価は３０００ドル台までどうせ下落する。だがその前にフレーム・アップ（詐欺行為）で、この下落がないことに数値を変造するという手口までアメリカ政府は使うだろう。しかし、それも世界中の人々に見透かされてバレてしまう。自然の大きな流れと勢いを私たちは見きわめて、賢く行動すべきである。

そのうち金《きん》（ゴールド）も買えなくなるから、今のうちに買うべき

アメリカには、来年2010年から激しいインフレが襲いかかる。なぜならアメリカは大借金国家だからだ。財政赤字（国内経済）と経常《けいじょう》赤字（貿易赤字、対外経済）の二つともがものすごい。単年度だけでも、それぞれ年額60兆円（6000億ドル）くらいある。どうやら2009年度の米財政赤字は200兆円（2兆ドル）を超えたようだ。さらに累積の赤字がこのあと膨大な額に積み上がる。

それに対して日本はまだこのあと2年は、デフレ経済のままで推移するだろう。日本は現金に力がある。日本の円（一万円紙幣）は強い。だから日本の賢い老人たちは人生経験が長いから、1000万円くらいのお金をどんどん銀行から下ろして手元で握りしめている。いつ「預金封鎖」が起こるかわからないからだ。今はまだ現金に力がある。これから日本もアメリカについで金融統制体制に入っていく。だから老人たちは身構えている。年長者たちの知恵である。だから私は、今のうちに何でもいいから実物資産に換えろとずっと書いてきた。

数年後には日本円の下落も起きる。お札《さつ》の物品購買力が落ちてゆく。デフレ（不況）なのにインフレ（物価高）という時代が来る。だから、できれば金《きん》（ゴールド）の地金を買って、銀

行の貸金庫などには預けないで（税務署に監視されている）、金庫を買って手元で保有するべきだ。自分の信頼できる大切な人二人だけにその隠し場所を教えて、家の床下にでも埋めておけばいい。それでも泥棒にあったらそれは仕方がない。それ以外に自分の資産を保全していく道はない。

私が、「日本人は現金や金《きん》を手元で自分で保有せよ。それが政府に自己資金を奪われない一番素朴で堅実なやり方だ」と書くものだから、金融官僚たち（政府）が反撃に出て、「現金は危ない、金《きん》も盗まれるから買うな」というキャンペーンを始めている。

「金《きん》を売る時に政府が利益分に80％の税金をかけることになると言っていますが、先生、本当ですか」と私に質問してくるご婦人方が多くなった。そんなことは断じてできない。そんな法律が作られる時代になったらファシズムや共産主義体制よりも恐ろしい恐怖政治の国になってしまう。いくら悪辣な官僚たちでもそこまではできない。彼らにできるのは、近い将来、経済をハイパーインフレーションにして預金や国債などのペーパーマネーを実質的に紙キレにしてしまうことだけだ。現物《げんぶつ》の実物資産を手元に置いておくかぎり、それを奪い取りに来ることはいくら政府（金融官僚）でもできない。憲法違反である。

そして、この1月28日に妙なニュースが流れて広がった。佐賀県で80歳代の老人が、自宅の庭に埋めていた現金3億6０００万円を盗まれていた、という事件だ。このあとこの老人はショックが大きくて死んだ、とテレビのワイドショーで流された。このようなニューズ報道を流すことで、日本国民が現金（札束）や金《きん》を自宅で保有するな、というキャンペーンを行っているのである。このニュースが真実かさえ怪しいのである。そんなバカが本当にいるのか。

政府は、どんどん勝手に法律を作って国民の自由を浸食して奪い取っている。私たちはいよいよ注意深くなって身構えて自分の財産を自分で守る算段を真剣に考えなければならない。もう時間的な余裕がなくなりつつある。繰り返し書くが、日本は前述したとおり、**あと2年間はデフレ経済（不況）が続くから現金に力がある。しかしそのあとは、大不況（恐慌）のままインフレが襲ってくる。その時にはお札をたくさん貯め込んでいたら大損する。インフレでお札の力（価値）が減ってゆくからだ。その時のために今のうちからモノ（実物資産）に換える準備を怠りなくしておくべきだ。**私は『副島隆彦のいまこそ金《きん》を買う』（祥伝社刊）という本も書いた。

日本は世界一、金《きん》（ゴールド）の地金を安く買える国である。三菱マテリアルや住友金属鉱山がまだまだ金《きん》を売っている。しかし、**やがてこの金《きん》（ゴールド）も買えなくなるだろう。政府が法律を改正して、金《きん》（ゴールド）を持っているのは非国民だと言わんばかりに金《きん》（ゴールド）を買わせなくするだろう。**ドル暴落が紙幣（お札）の信用を低下させるから、国民が金《きん》の方を信用するようになる。政府はそのことを嫌う。だから**今のうちに私たちは金《きん》（ゴールド）**

国際金《きん》価格の推移

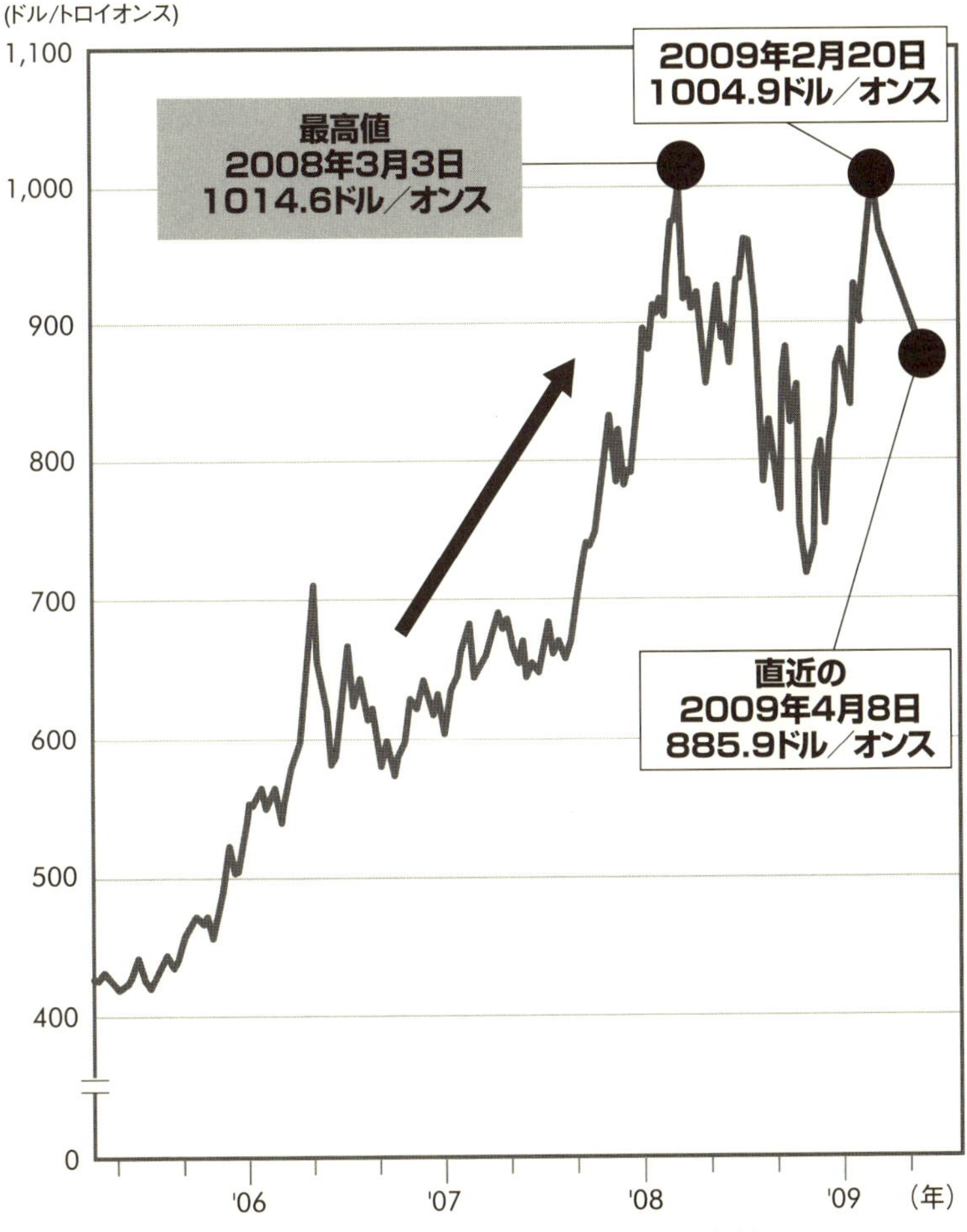

出所：ニューヨーク金市場（NYMEX《ナイメックス》）の期近値《きじか》から作成。
それを副島が加工した。

を買っておいたほうがいいのである。

金《きん》（ゴールド）は、証明書とか、書類とかがなくても必ず売れる。金《きん》（ゴールド）は物質の価値そのものが値段だからである。金《きん》は決して貨幣《マネー》ではない。ただの鉱物資源である。銅やアルミや鉛の塊を持っているのと同じだ。檜《ひのき》300本を倉庫に持っているのと同じことである。だから国家が統制できるはずはない。大きく下落して紙キレになるのは「個人向け国債」とかの国家借金証書のほうだ。買った国民が騙《だま》される。今では個人向け国債は証券（紙キレ）さえ発行しなくて、ただの数字である。通帳の中に並んでいる数字だ。ただのデジタルマネーだ。日本にもハイパーインフレが襲いかかって来たらその価値の7、8割は消えてなくなる。預金その他もいざとなったら封鎖される。「1カ月に一人500万円しか生活費として下ろさせません」というようなことになる。

私が「今こそ日本国民は金《きん》を買え」という本を書くものだから、財務省や国税庁・税務署の方が神経質になっている。官僚たちは国民が現金（お札）と金《きん》を手元に置いて、直《じか》に自分で保有することが嫌いなのである。現物《げんぶつ》の保有は、政府が合法的に取り上げることができないからだ。だから遂に最近、金融庁や税務署は、金融商品取引法（略称、金商法《きんしょうほう》）の解釈を勝手に変えて、「金《きん》（地金）は貨幣《マネー》の一種であり、金融商品です。規制の対象です」と恐ろしいことを言い出している。警察は金《きん》の取引を「高額商品の取引に関する法律」で規制して、売買の際に「本人確認」（身分証の提示）を要求し始めた。まさしく統制経済《コントロールド・エコノミー》（「預金封鎖」）に向かいつつある明白な徴候である。

重要なことなのでしつこく繰り返すが、その端的な例が、ＡＴＭで10万円しか送金できなくなったことだ。現金の引き落としは50万円までとかになりつつある。なぜ、こんな強制を国民に強いるのだ。ＡＴＭで昔はいくらでも引き下ろせた。２年前は２００万〜３００万円送金できていた。今は10万円しか送金できなくなっている。送金したければ印鑑と通帳をもってきて窓口でやれということになった。繁雑きわまりない。「金融自由化」の掛け声はどこへ消えたのだ。自分の預金を下ろすのも一日50万円だけである。生体認証つきのカードなら１０００万円まで下ろせるという仕組みにした。

犯罪防止の名を借りて官僚や警察はどんなことでもやる気である。これは国民をかごの中、収容所の中に閉じこめて監視して、国家が国民生活のすべてを管理しようとしていることだ。すべてデジタル・マネーにして現金を消そうとしているのである。すべての取引が証拠として残るようにデータにとるようにする。税務署の調査も厳しくなっていく。金融統制体制に日本はすでに入っているのである。私の本を読んで、信頼してくれる人たちだけは、私はなんとしても助ける。最新の知識と情報を伝えるので、賢く生き延びてください。

第2章

「日米振り込め詐欺構造」で日本が潰される

「日米振り込め詐欺」で私たちの年金が吹き飛ばされた

日本の年金運用団体や、共済（掛け金）組合が運用している各種の年金基金が、既に大きな損失を被《こうむ》っているようだ。こうした基金の多くはリーマン・ブラザーズやモルガン・スタンレーのようなアメリカの大手証券会社を介して、ファニーメイ（米連邦住宅抵当金庫）やフレディマック（米連邦住宅貸付抵当公社）が発行する機関債《エージェンシー・ボンド》や、それらが保証しているＲＭ《アールエム》ＢＳ《ビーエス》（住宅ローン担保証券）、さらには、それらを組み立て直して作っているＣＤＯ《シーディーオー》（債務担保証券）などに投資している。これらを大量に買っている。これにＣＤＳ《シーディーエス》（企業倒産担保保証券）をも加えた複雑な仕組み債となっている金融商品（大きく言えば保険商品）で運用している。そして既に消えてなくなっている。このことは、来年２０１０年か遅くとも２０１１年には、実態が明るみに出てあちこちで〝大爆発〟を起こすだろう。

米2大住宅供給公社のファニーメイとフレディマック自身が発行している機関債や保証しているＲＭＢＳについては、２００８年7月13日に、経営危機が米財務省の手で表面化した。ヘンリー・ポールソン前財務長官自身の〝居直り〟発表があった。この際に、負債総額５３０兆円だと公表され、アメリカ政府（ポールソン長官）は、これらを政府が支払い保証するとは一言も言わなかった。もう返す気はない、という意思表示だったのだ。まさに国家振り込め詐欺だ。ここで債権者の一覧表が公表された。この2つの米住宅公社に、日本の金融機関がどの程度投資しているのかがすべて明らかになった。

農林中央金庫が5兆5000億円、三菱UFJフィナンシャル・グループが3兆3000億円、日本生命（ニッセイ）が2兆5000億円投資（債券購入）していることが明らかになった。これらの日本の大手金融機関は、近い将来、破綻かあるいは国有化処理されると私は半年前に前著で書いた。そのようになりつつある。

それ以外にも、日本の地銀が横並びでリーマン・ブラザーズ債を、一行あたり50億円〜200億円ぐらいずつ買わされていた。これが「9・15リーマン破綻」で紙キレ（貸し倒れ）となった。売ったのは財務省・金融庁のOBたちだ。米住宅公債を買っている証券会社の分はこの時には公表されなかったが、野村證券も2兆円（200億ドル）ほど買っているようだ。

ここで明らかになった分は両住宅公社が関係している債券《ボンド》に限定したものだけだ。アメリカで資金運用しているそれ以外の金融商品（ファイナンシャル・プロウダクツ）も巨額にのぼるが、それらもかなりが焦げ付いているであろう。仕組み債の残高を他に持っていることは疑いようもない。

日本の信用組合や信用金庫、地方銀行、各NPO団体（年金や共済の運用団体）、さらには大学、それに宗教法人といった組織が、これから巨大な損失を表面化させることになる。

米国では後述するカルパース（カリフォルニア州職員退職年金基金）を始め、各州の職員の年金運用団体が巨額の損失を被っている。これらのノン・プロフィット（非営利）で、ノン・コマーシャル（非私益）の公益金融事業体（だからＮＰＯだ）もやがて破綻すると言われている。あるいは、その前に公的資金投入で「破綻前処理」で国家管理（りそな銀行と同じ。実質国有化だ）されるだろう。その際に、またまたドル紙幣と米国債を刷り増して救済するからアメリカの国家借金が無限にふくらんでいく。

アメリカでは「４０１ｋ《フォーオウワンケイ》（確定拠出年金。自分で投資先を決められた）」で運用していた人たちがニューヨークの株式と債券の暴落で多くの損失を出している。老齢の年金生活者たちの多くはもはや自己資金がほとんど残っていない。にもかかわらず、日本では政府が末端の共済組合員や企業の従業員の年金運用に、今の今でもまだ「４０１ｋ」を奨励している。竹中平蔵元総務相や経済評論家の勝間和代氏たちがその〝手先〟となってまだ宣伝活動をしている。私はだからこの現象を「日米振り込め詐欺構造」と呼んでいる。

振り込め詐欺と言うと、善良な高齢者を騙して、高額の金を銀行口座に振り込ませるという詐欺の横行のことだ。それは嘘だ。警察が勝手に作った権力詐欺だ。１年間に全国で50件もないようなチンピラたちの寸借《すんしゃく》詐欺をまるで大事件のように煽って金融統制に向かおうとする

国内の主な追加型株式投信(2009.1.15)

ファンド名	運用会社	基準価格（円）	騰落率(1年) 6カ月	1年	3年	純資産残高（億円）
マイストーリー分配型(年6回)B	野村	5798	▲33.7	▲38.2	▲32.6	10392
野村世界6資産分散投信(分配)	野村	7280	▲25.1	▲29.5	▲20.0	2997
野村新世界高金利通貨投信	野村	6871	▲31.9	▲28.7	—	2997
GW 7つの卵	日興	6073	▲33.1	▲40.7	▲38.1	2502
財産3分法ファンド毎月型	日興	6752	▲29.8	▲36.6	▲28.7	6982
日興五大陸債券ファンド	日興	7554	▲20.6	▲23.0	—	2881
外国債券オープン(毎月分配)	三菱UFJ	8982	▲20.3	▲21.6	▲10.3	4887
グローバル・ボンド・OP(毎月)	三菱UFJ	7295	▲31.4	▲30.4	▲20.2	1734
ピムコハイ・インカム(ヘッジ無)	三菱UFJ	6183	▲30.0	▲34.0	▲26.3	2952
「杏の実」(毎月分配型)	大和	6458	▲34.1	▲31.5	▲18.5	3989
ダイワグローバル債券F(毎月)	大和	6886	▲26.9	▲28.1	▲16.7	10669
ダイワ世界債券ファンド(毎月)	大和	6843	▲26.1	▲27.4	▲15.5	4660
ワールド・ソブリン「十二単衣」	岡三	8816	▲17.5	▲19.0	▲9.2	2991
グローバル・ソブリン(毎月)	国際	6072	▲17.2	▲18.8	▲9.6	44669
JPM新興国好利回り債投信	JPモルガン	6268	▲30.9	—	—	1752
ニッセイ高金利国債券ファンド	ニッセイ	6301	▲32.3	▲32.5	—	3170
フィデリティ・日本成長株	フィデリティ	8384	▲41.6	▲48.9	▲54.9	2101
「妖精物語」	ゴールドマン	7816	▲22.9	▲26.5	▲17.6	2001
ピクテ・グローバル・インカム株式	ピクテ	5761	▲40.4	▲48.8	▲20.8	11374
「ハッピークローバー」	DIAM	6664	▲29.0	▲30.9	▲17.2	5856

出所：日本経済新聞2009年１月18日（１月15日、QUICK 調べ）

この▲40とかのひどい運用成績がすべてを物語っている。

警察キャンペーン詐欺だ。一体、誰が「オレだよ、オレ。おばあちゃん。お金を振り込んでくれよ」というような幼稚な手口の「オレオレ詐欺」なんかに引っかかるというのか。日米の金融庁、財務省（官僚たち）こそは、振り込め詐欺犯人だ。すべてアメリカに貢いで、日本国民の大切なお金を、振り込んでしまっているのだ。もう700兆円も振り込んでいる。アメリカ政府こそは、「ネズミ講」だ。振り込め詐欺犯の親玉である。こうして**日本から奪い取った資金（700兆円）を、アメリカはもう1ドル（1円）も返さないだろう。**

アメリカのメガ銀行メガ証券と、その下請けの日本のメガ銀行や機関投資家《インスティチューショナル・インベスターズ》の関係も似たようなものだ。奇《く》しくも昨年末に、アメリカではウォール街の名士であった元ナスダック会長（ナスダック市場の創設者）のバーナード・マドフ Bernard Madoff という男による巨額詐欺事件が明るみに出た。被害総額は500億ドル（5兆円）だそうだ。ユダヤ系の慈善団体の幹部たちが、軒並み大金をこの典型的な「ネズミ講」につぎ込んでいたことが露見した。映画監督のスティーブン・スピルバーグやホロコースト糾弾活動家でノーベル賞までもらったエリ・ヴィーゼルたちの資産がかなりやられた。

日米振り込め詐欺はそんなものよりももっと大きく構造的なものだ。日本の多くの一般の個人も、家庭の主婦たちまでが米国に騙され続けて、『グローバル・ソブリン・オープン』（通称グロソブ）のような外債投信を大量に買わされた。そして大きな損失を被っている。外債投信はだいたい買い値の３分の１に下落している（Ｐ83の表参照）。「リスク回避のための国際分散投資」といった大義名分が標榜されて、それを上品な人間たちが当然に行う健全で望ましい投資姿勢だと思わせるような洗脳宣伝が行われた。今もそうである。本当は米国の巨大な借金のツケを背負わせるために、野村證券などを使って多くの日本人投資家を欺《あざむ》いたのである。かつての悪質な商品先物業者のようなことを、大銀行や大証券の社員たちがやったのである。いや今もやっている。新手の危険な仕組み債の販売についてはＰ１９８で後述する。この者たちは鬼だ。最初の最初から客を騙している。これらの仕組み債（デリヴァティブ金融商品）は元々、利益が出るような商品ではないのである。初めの初めから「（損失）ハメ込み」であり詐欺である。

日本の年金が吹き飛んでもう３分の１しかもらえない

どうやら日本国民の年金資金、とりわけその中心である１６１兆円あると言われている厚生年金のうちの半分の80兆円ぐらいが、既に吹き飛んでいるようである。積み立てた総額のうちの半分は消えてなくなっているのだ。あと70兆円ぐらいしか残っていないようなのだ。日本全国の３０００万人の、正社員の民間のサラリーマンが積み立てた資金の半分はもうないのだ。

だから、**やがて厚生年金を半分、3分の1しかもらえなくなる。**65歳（大卒60歳定年で38年勤続）で、満額毎月23・5万円を死ぬまでもらえるはずだった。それがこのあと数年したら、半分しかもらえなくなる。さらに数年したら3分の1しかもらえなくなる。今の70歳から上の人たちはいい。彼らは逃げきれる。ほぼ満額もらっている。80歳の人々で、大企業（工場などの設備のない大企業）を管理職でやめた人たちだったら、厚生年金の他に、月々25万円ぐらいの企業年金も満額もらっている。だから合計で毎月50万円の年金額だ。だから恵まれている。それが日本の戦後の高度成長経済の最後の果実（フルーツ）だ。高齢でどんどん死んでゆくから、生き残った者ほど得をする。ただし高齢者の病気の苦しみは各自それぞれで、これはどうにもならない。長生きしたから仕合せだ、ということにはならない。

しかし**今の60歳から下の国民は、もう満足な年金はもらえない。きっとまず半分の月13万円（夫婦でだ）しかもらえなくなる。**夫婦それぞれが6・5万円である。すなわち、この額は国民年金とピッタリ同額だ。だからこれを国民基礎年金という。国民基礎年金とは、厚生年金制度が崩れていくことを分かった上での、コトバの誤魔化しの使い方のことだ。日本政府は何があっても、このセーフティネット（安全網）としての、老人夫婦で毎月13万円の年金だけは死守して払い続けると言っている。しかし、この約束が守られる保証はない。「アメリカ発の世界恐慌」で、すべてがおかしくなりつつある。もうすぐ公的年金などなくても自力で生きていくしかなくなるだろう。働ける限り死ぬまで働く。年金など当てにしない。そういう世の中になりつつある。

日本国民の大切なお金が運用先のアメリカで大幅に毀損してしまっているのである。吹き飛んで消えているのだ。これは日本国民にとっての重大事である。ところがこの大きな真実を、日本国内では誰も簡潔に書いて知らせることをしない。勇気をもって真実を暴露する関係者（専門家）がいない。だから仕方なく私のような非専門家が大雑把な推量で書く。しかし大体は私の書くとおりだろう。年金制度や財政問題の専門家たちが一様に黙りこくって、口を貝のように閉じている。あの「年金テロ」はこういう関係者たちへの威嚇でもあるのだろう。皆、恐ろしくてとても真実を公言できないのだ。

日本は今もアメリカに資金を奪われ続けている

日本は今もアメリカに資金を奪われ続けている。中川昭一《しょういち》前財務・金融大臣がこの2月17日に辞任した。本当はアメリカに謀略で失脚させられたのだ。途端に2月からまた米国債を買うことを日本財務省は再開した。中川昭一は愛国者であったから、就任した昨年の9月から今年の1月まで財務大臣としての権限で、アメリカへの貢ぎ金（米国債買い）を極力停止していたようだ。中川昭一が失脚辞任させられてこの貢ぎ金を再開した。その額は毎月４０００億円増えて、１・８兆円に引き上げられた（前述した）。だから1ドル１００円近くまで円安に振れたのだ。**日本政府（日銀がやる）が毎月2兆円近くも、円を売ってドルを買ってアメリカに送金する（米国債を買う）のだから円安ドル高になるに決まっている。**日銀は、シンガポールやヨーロッパの日銀事務所を使って、日本の民間銀行大手に円売りをさせている。**中川大臣はずっと、アメリカに抵抗していたのだ。**彼の失脚事件はＰ２４９で説明する。

　私は、すでに６００兆円から７００兆円のお金がアメリカに流れ出していると、これまでに何冊もの自著で書いてきた。それらの8割くらいは米国債を買っている残高である。その他はアメリカ公債や株式や投資信託（ＭＭＦ《エムエムエフ》を含む）である。日本国内にあるのはあと８００兆円（正味《ネット》、差し引きで）ぐらいであろう。だから日本人は、日本国内に残っている８００兆円の円建て資金で、これからの世界大恐慌の時代を生き延びていかなければならない。

「アメリカ発の世界恐慌」が迫り来つつある。その明瞭な目印・徴候は米国債の下落、暴落である。この波は２０１０年の末ぐらいからおさまらなくなるだろう。だから我々は自分の手元にある本当の蓄え（原資）で生き延びていかなければいけない。それなのに消費税（率）を値上げするという愚かな考えを主張する自民党の政治家たちがいる。消費税を上げるよりも本当は、アメリカに流れ出して貸し付けている７００兆円のうちの半分でいいから、３００兆円を

円ドル相場(直近)

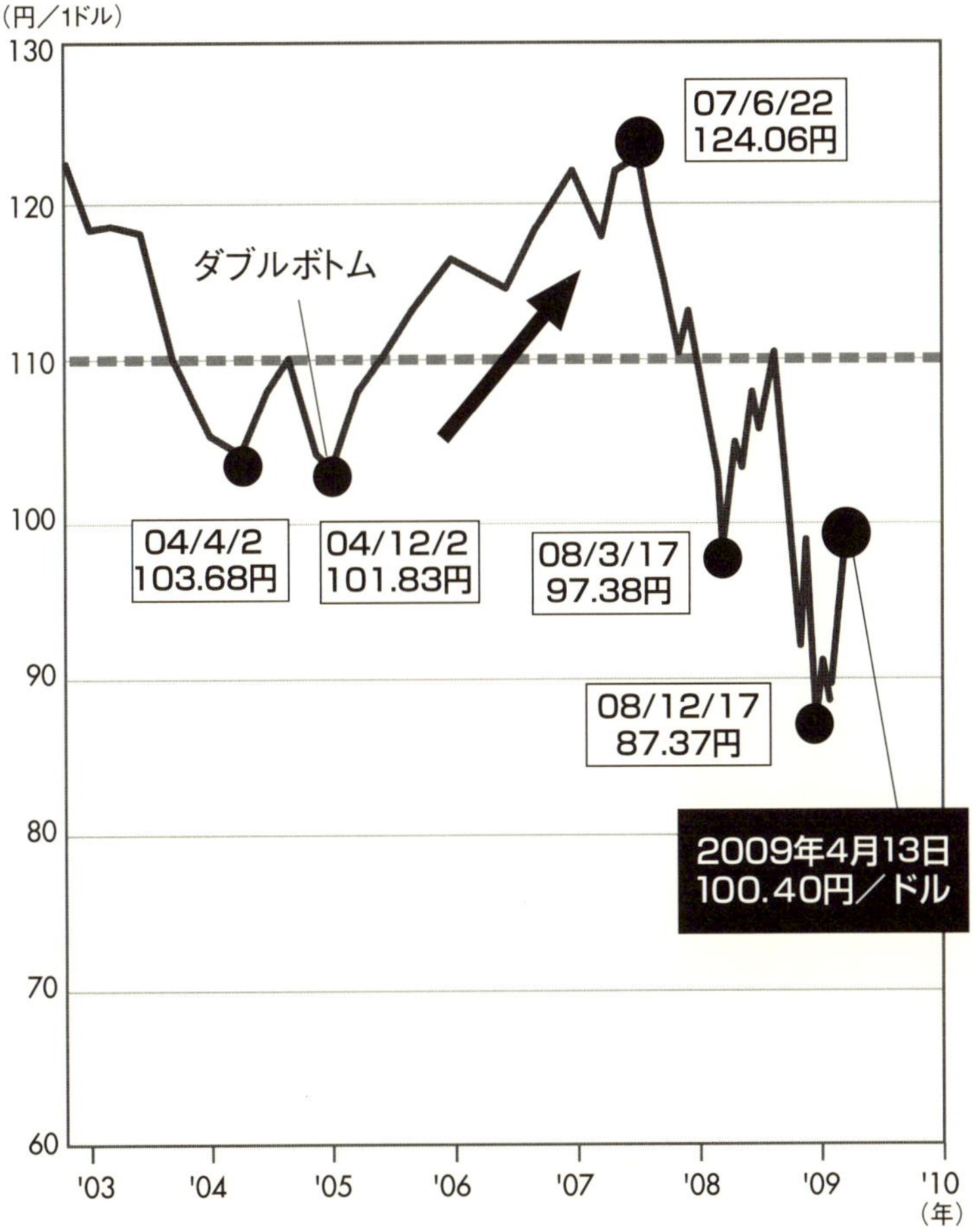

出典:日本銀行・外国為替相場

返せと言うべきなのだ。日本の累積の財政赤字（国と地方で合計で、現在１３００兆円ぐらい）がひどいと言うのなら、アメリカに貸し付けているうちの半分の３００兆円でも返せとアメリカに言うべきなのだ。

しかし、それを言ったら、アメリカは怒る。「米国債を売りたい（日本人の資金を日本国内に取り戻したい）」と言った政治指導者は、橋本龍太郎も加藤紘一もヒドイ目にあった。だから他の日本の政治家たちは恐れてこのことを公言しない。**「借金を返せ」とアメリカに言ったら、属国の指導者はすぐに失脚させられるのだ。今、その矢面に立っているのはまさしく小沢一郎・民主党代表である。**

私たちはアメリカの金融洗脳から目を覚まさなければならない

アメリカはこれからの4年間（2012年まで）、株や債券やドルがもっと下落、暴落、衰退していく。日本はこの流れから少しでも身をそらして、距離を置いて遠ざかるべきだ。日本は「アメリカから少し離れるべき」なのだ。私たちは日本国内にまだ残っている前述した資産８００兆円をしっかり守って、これで生き延びていく道を考えなければならない。これでなんとか生き延びることができる。このことの切実さを日本国民の上層国民である、経営者、資産

世界各国のGDP比較（2007年）

国名		GDP	世界比率	
アメリカ合衆国		14.0兆ドル	25.0%	
EU	ドイツ	3.3兆ドル	6.1%	33.0%
	フランス	2.5兆ドル	4.6%	
	イギリス	2.7兆ドル	5.0%	
	イタリア	2.1兆ドル	3.9%	
	その他	----------	------	
日本		4.2兆ドル	7.6%	
中国		3.3兆ドル	6.0%	
韓国		0.9兆ドル	1.7%	
カナダ		1.4兆ドル	2.6%	
ブラジル		1.3兆ドル	2.4%	
ロシア		1.3兆ドル	2.4%	
オーストラリア		0.9兆ドル	1.7%	
その他の国々		----------	----------	
世界合計		5兆ドル	100%	

出所:2007年7月のOECD発表資料とIMF、及びアメリカ国務省の資料を参考にして副島が推計し直して作成した。

アメリカのGDP（14兆ドル、25%）は今からどんどん減少して10兆ドルになってゆく。それがマイナス成長 negative《ネガテイブ》 growth《グロウス》ということだ。

家の500万人（国民の5％）が自覚し共有しなければならない。

残りの1億2000万人は、このように言ってはなんだが、ただの庶民だからちょっとむずかしい知識を理解する能力もないし、愚劣きわまりない今のテレビ番組で十分にアメリカに洗脳されている。今のままの生活を送れればいいと思っている。しかし、私の本を買って熱心に読んでくれるであろう人たちから上の経営者、資産家層と読書人階級（ブック・リーディング・クラス）の人々は、現下の世界の金融の実態と動きを大きく知って真実を語り合おう。なぜなら日本のテレビ局5社、大新聞5社の計10社がアメリカのニューヨークの金融財界の筆頭のデイヴィッド・ロックフェラー系統に握られて操られているからだ。

電通《でんつう》という悪質（ワル）の広告会社がその手先となって、日本国民洗脳の係をやり続けている。ニールセンとビデオリサーチという視聴率管理（監視）会社（二つは統合されている。果たしてどこにあるのか誰も知らない）を使って、テレビ局のプロデューサーやディレクターたちを管理下に置いている。視聴率という彼らが発表する、何を根拠にしているのか実態が不明の成績表（通信簿）で徹底的に脅し上げ管理し監視している。だから自由に番組を作ることができない。日本国民をこのようにして白痴化させるのである。

なぜ、宣伝広告会社に過ぎない電通がそんなに恐ろしいのか。この疑問の答えは、次のとおりだ。企業はスポンサーとなって、売り上げの2％とかを宣伝費に振り向ける。そのテレビ・

日銀の資金循環表

各種部門別の金融資産・負債残高

(2007年3月末、単位は兆円)

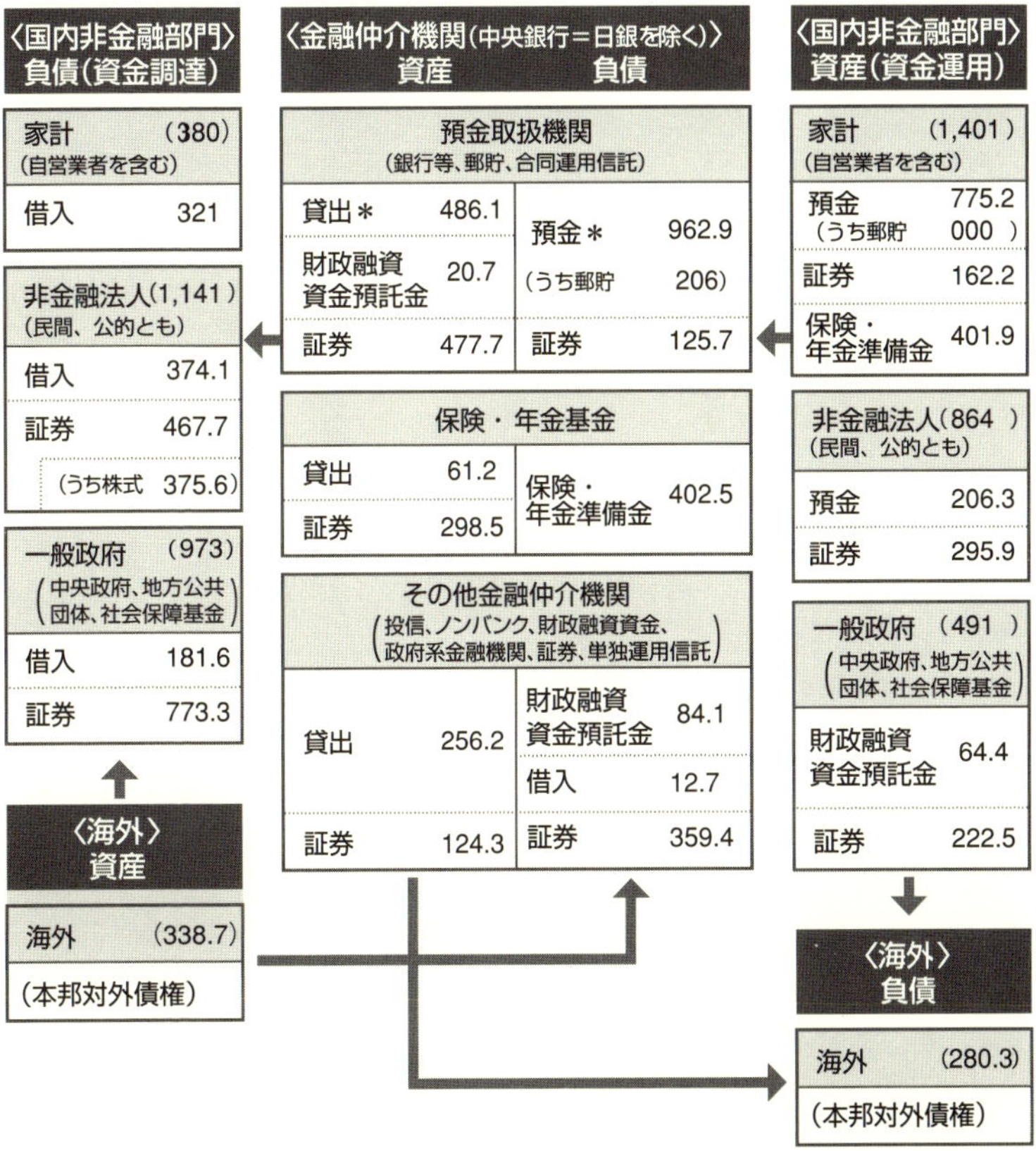

〈国内非金融部門〉
負債(資金調達)
家計 (380)
(自営業者を含む)
借入 321
非金融法人(1,141)
(民間、公的とも)
借入 374.1
証券 467.7
(うち株式 375.6)
一般政府 (973)
(中央政府、地方公共団体、社会保障基金)
借入 181.6
証券 773.3
〈海外〉
資産
海外 (338.7)
(本邦対外債権)
〈金融仲介機関(中央銀行=日銀を除く)〉
資産
負債
預金取扱機関
(銀行等、郵貯、合同運用信託)
貸出＊ 486.1
財政融資資金預託金 20.7
証券 477.7
預金＊ 962.9
(うち郵貯 206)
証券 125.7
保険・年金基金
貸出 61.2
証券 298.5
保険・年金準備金 402.5
その他金融仲介機関
(投信、ノンバンク、財政融資資金、政府系金融機関、証券、単独運用信託)
貸出 256.2
証券 124.3
財政融資資金預託金 84.1
借入 12.7
証券 359.4
〈国内非金融部門〉
資産(資金運用)
家計 (1,401)
(自営業者を含む)
預金 775.2
(うち郵貯 000)
証券 162.2
保険・年金準備金 401.9
非金融法人(864)
(民間、公的とも)
預金 206.3
証券 295.9
一般政府 (491)
(中央政府、地方公共団体、社会保障基金)
財政融資資金預託金 64.4
証券 222.5
〈海外〉
負債
海外 (280.3)
(本邦対外債権)

この表は、日本銀行発表資料に基づき作成した。各部門別の資産と負債の残高が分かると同時に、それらの資金運用と調達の大まかな流れも矢印で示されている。
ただし、「預金取扱機関」部門の中の「貸出」と「預金」(＊印)はネットアウト(相殺)した「資金調達」の数字になっているので合計額においては左の「〈国内非金融部門〉負債」の表と一致しない。全体像をつかむためには左の表のほうが分かりやすいだろう。

コマーシャルや宣伝広告の代金は、一旦すべて電通に入る。そしてここから新聞、テレビ局にそのうちの2割とかが制作、放映・掲載の経費として支払われる。これで構造的に、テレビ、新聞は電通の下請け、現場企業にされてしまっている。お金を払う方が、もらう方より強い。これは世の中の絶対法則である。電通は、今はオムニコムという米広告会社大手を介してアメリカの手先となっている。

わたしたちは金融システムの中でも、ひどい洗脳を受けている。多くの人々が投資で騙され失敗して泣いている。今に至る大暴落（大損）の事態は十分に予測できたものだ。私は6年間ずっと書いてきた。そろそろ私たちはこの大きな騙しに気づいて、自覚してアメリカの支配から少しずつ脱出して自立への道を歩まなければならない。

私はこの20年間にわたって「日本はアメリカの属国である」という理論を研究してきた。これを言い換えると「帝国－属国理論」となる。私はずっと「だから気をつけよう。用心しよう」と書いてきた。アメリカ帝国が没落・衰退を始めた今こそ私の研究は意味を持つ。日本はアメリカから少しずつ自立するのだという考えを私たちの内部に持たなければならない。ここでは一切のキレイごとは無意味だ。「世界第一位と二位の経済大国であるアメリカと日本が手を結んで世界を良導する」などと大声で言って来た者たちはもういない。「日米は対等だ」と言ったら、子供でも笑いだす。日本がアメリカ帝国の衰退に乗じて、自力で部分的に、できる

ロックフェラー家の内部抗争と世界覇権の移動

〝現在の世界皇帝〞(二世の五男)
デイヴィッド・ロックフェラー
(1915年生まれ、94歳)

叔父と甥の闘い

〝本家の嫡男で四世〞
ジェイ・ロックフェラー
(1937年生まれ、72歳)

(Rex Features／アフロ)

限り独立・自立を達成しようとすれば、私たちの大きな苦労も伴う。それを覚悟しなければならない。

帝国と属国の歴史は、5000年におよぶ人類の歴史の大法則である。簡単に変更できない。それは「親分－子分関係」のことであると言い換えてもいい。自分がお世話になって自分の面倒を見てくれた人の恩義を簡単に振り捨てていいものではない。しかし、親が親らしくなくて、子供からむしりとるようなことばかりするようになったら、子供も親離れして自立する準備をする。

帝国—属国関係とは、社長と従業員の関係でもある。社長と従業員は対等ではない。雇い主（経営者）と雇われ人（被雇用者）の関係である。米日関係はこれにも似ている。国家法律上は人間は皆、平等であり、選挙権（参政権）はひとり一票で平等だ。しかし、実際上の実社会の関係では対等ではない。社長にさからい過ぎたら、従業員はクビを切られる。経済社会（ビルツシャフト）の掟《おきて》ではこのことは冷酷に規律されている。国家（帝国）と国家（属国）の関係も同じである。だから日本は、アメリカ帝国の衰退と没落を冷酷に見極めて上手に少しずつ離れることを考えなければならない。そして独立自尊の国を目指さなければならない。この点でも、今の小沢一郎・民主党代表の行動と発言は実によくこの道を目指している。私は小沢一郎の何事にも動じない国民政治家としての冷静沈着な対応をいつも見事だと考えている。

企業（勤め先）が破綻したら、従業員が独立して簡単に企業経営者になれるわけではない。しかし会社の経営が破綻したら社員（従業員）はいやが応でも転職するか、あるいは自立せざるを得ない。だから帝国の支配が徐々に弱体化したら、属国群はその分だけ部分的独立を果たさなければ済まない。この考えは、私の主観や願望ではない。冷酷な客観予測である。

アメリカはなりふりかまわず、日本からさらにお金を奪いとる

アメリカはオバマ政権になってからもなりふりかまわず、資金をアメリカに還流させようとしている。世界中から必死で資金をかき集めて、自分の国の金融システムの立て直しをやろうとしている。しかしすでに大爆発を起こして大損害を出しているニューヨークの金融市場の現状は、あまりにひどいものである。もはや簡単には大不況から脱出できない。アメリカの金融業界が投機（金融大バクチ）のやりすぎで自ら開けてしまった穴はあまりにも大きい。アメリカ政府（財務省。中央銀行であるＦＲＢも実質は一体）は、今からもっともっとお札を刷り散らす。かつ、ＦＲＢが米国債を刷り散らす。そして、お互いにそれらを交換（売買）して財務省が発行した米国債をＦＲＢが買い取って財務省にドル紙幣を渡す。**今からの4年間で合計2000兆円（20兆ドル）分ぐらいのドルの貨幣《マネー》を作りだす（信用創造する）だろう。**そうし

ないと、必要な決済資金や予算の執行のための資金に不足して、混乱が起きてしまう。だから必要な分だけ、どれだけでもマネー（貨幣）を市中（世の中）に撒き散らすだろう。

ベンジャミン・バーナンキFRB議長がこの2年間で、遂に〝ゼロ金利〟にまで引き下げたが、金利政策（金融政策《マネタリーポリシー》の一部）で失敗した。すべてが後手後手《ごてごて》に回って大失敗した。前任者のアラン・グリーンスパンへの称賛とは大違いである。バーナンキは金利の決定という船のペダルを壊してしまったのだ。それでバーナンキは今や、きわめて評判が悪い。景気のかじ取り（船のペダル）としての金利政策に失敗したので、あとは、お札（紙幣）を大量発行する「量《りょう》的緩和《てきかんわ》策」を実行するしか他に手がなくなっている。これは日本で速水優《はやみまさる》日銀総裁（当時）がアメリカに逆らって、必死でゼロ金利から脱出しようとしてゼロ金利の解除を断行した２０００年に、「〝ジャブジャブ〟という名のお金が世の中に流通している」と皮肉で言ったものである。このジャブジャブ（量的緩和）をアメリカはこれから日本の後追《あとお》いをしてものすごい勢いで際限なくやり続ける。これをやるしか他に手はないのだ。その**過剰発行するお札（紙幣）と米国債発行残高は、合計で、今後の4年間で２０００兆円（20兆ドル）ぐらいにもなるだろう。そしてその行き着く果ては、やっぱり米ドルの大暴落である。**

オバマ大統領は２００９年2月になって、７８７０億ドル（80兆円）の新しい「経済復興緊急支援」の予算を議会で通過させた。これに対して直後から失望が広がっている。とてもこん

アメリカの長短の金利（10年もの国債とFFレート）

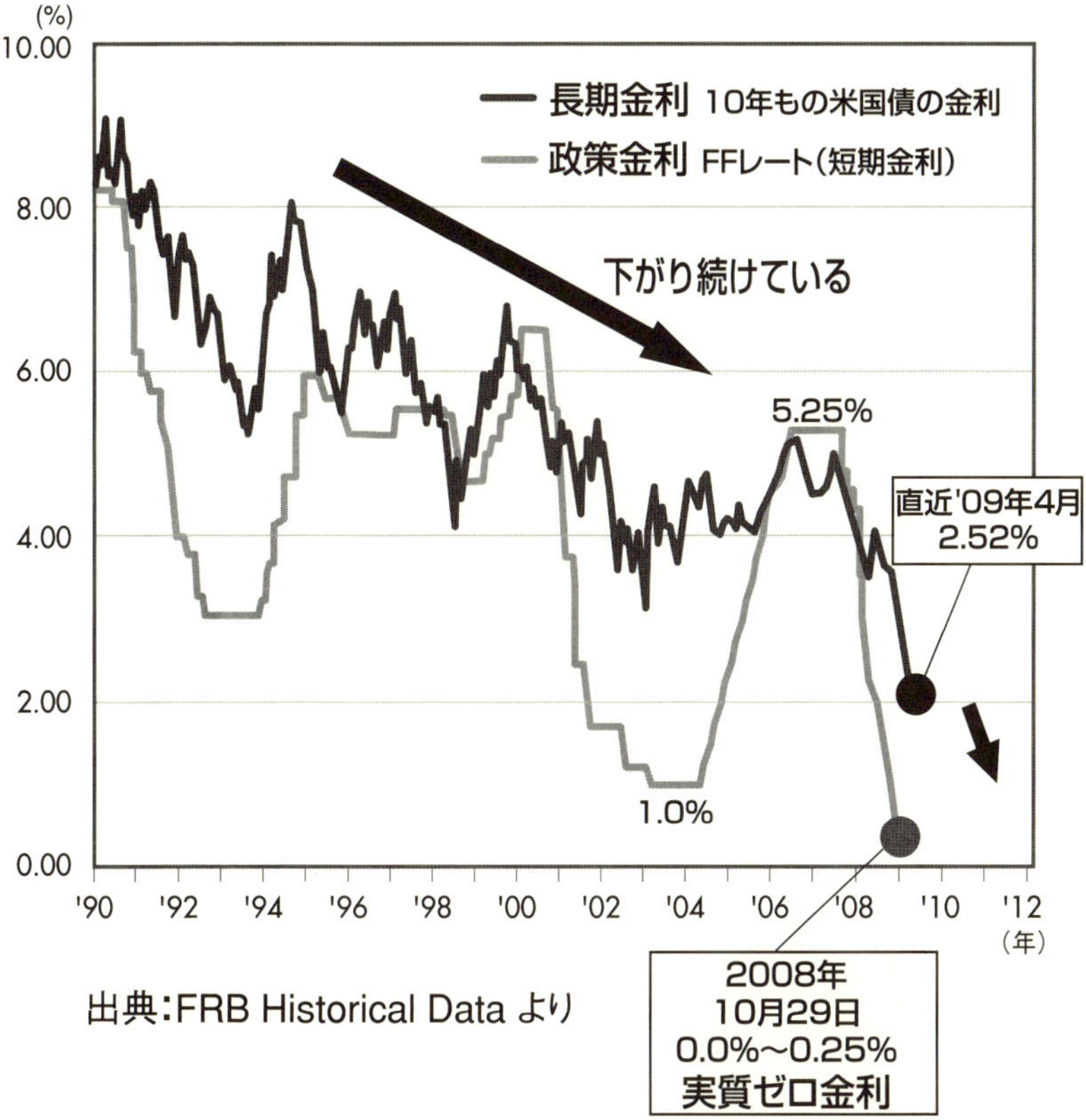

出典：FRB Historical Data より

2008年2月になってから、バーナンキFRB議長が血相を変えて急に短期金利（政策金利）を引き下げた。この時に景気のカジ取りに失敗した。

な80兆円程度では、今のアメリカの経済と景気を立て直すことはできない。一ケタ（8兆ドル、800兆円）違うのではないか、とからかわれている。どうせこのあとオバマ政権は、何度も追加の経済回復の支援策（緊急の経済対策）を行う。3月23日にも、ガイトナー財務長官が1兆ドル（100兆円）の「不良資産の政府による買い取り」（PPIP《ピーピーアイピー》）策を発表した。こんなものを何回繰り返してもどうせ焼け石に水である。どうにもならない。〝47歳の若造の〟ガイトナーへの辞任要求が早くも出始めている。しかし、ガイトナーは皇帝デイヴィッドの直々の任命で信認が厚いから、誰も取って替わる者は簡単にはいない。オバマの緊急支援法（景気回復法）は、1998年末に日本の小渕政権がやった財政出動（あのとき合計で100兆円になった）に実によく似ている。小渕恵三はこのあと自分を「100兆円の借金王」と呼んで、心労がたたって脳梗塞を起こして倒れた。

アメリカはあの時の日本の20倍の景気対策を支出しなければ済まない。今後生まれる20兆ドルものお札（前述したとおり米国債との交換という手品で生まれるもの）が物価を激しく押し上げる。いくらアメリカ政府でも、物価（の安定）の管理をしきれなくなる。だから**そのうち、ジャブジャブの刷り散らしは、やはり〝ドルの大暴落〟につながる。それは、来年からアメリカ国内経済をハイパー・インフレーションの波が襲うのと同時期であろう。**

過去の1年で350万人の失業者がアメリカで増えた（国民数は約3億人）。新たに増えた

急速に低下するアメリカのGDP伸び率

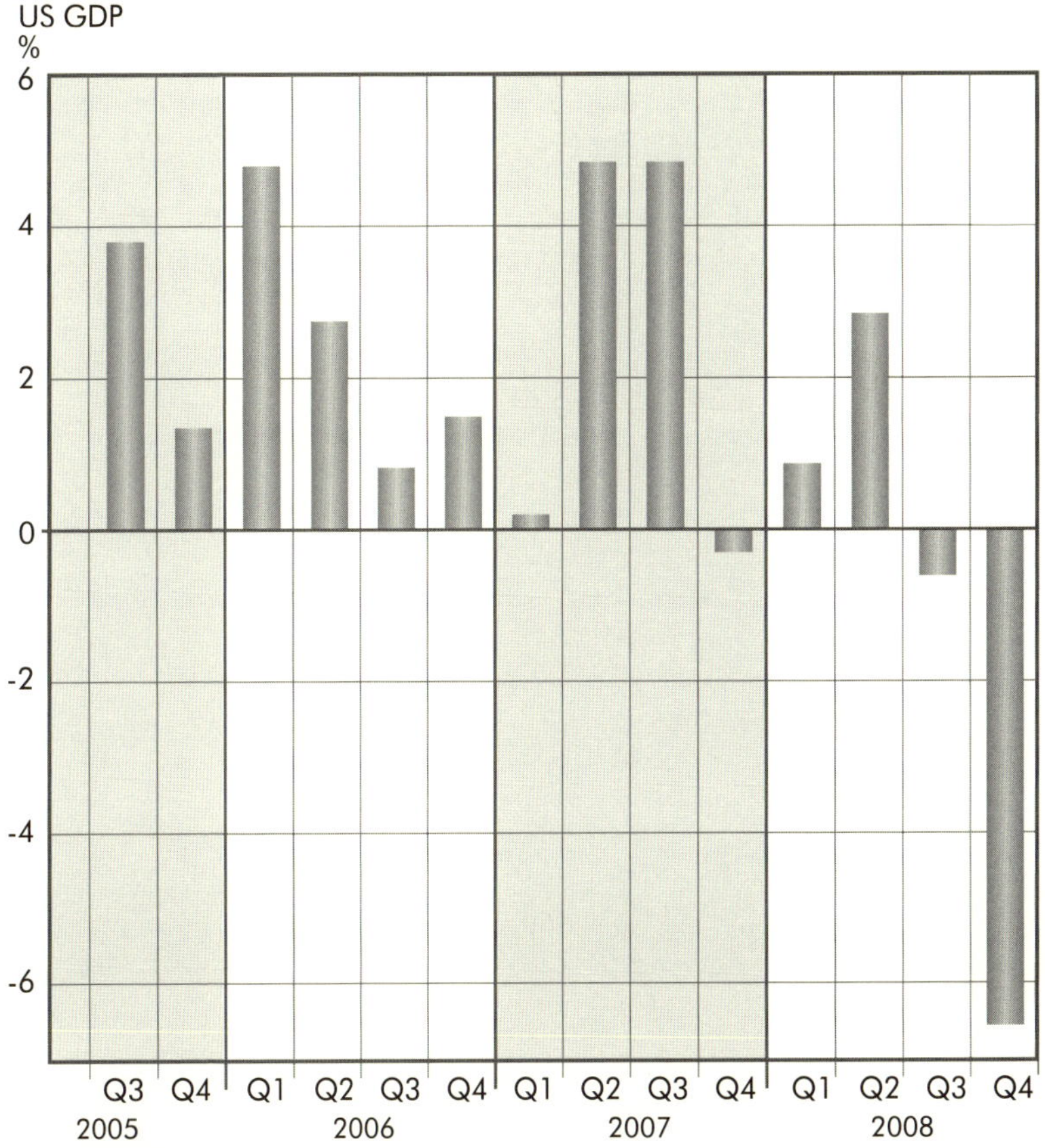

出典:米商務省

アメリカのGDP成長率は2009年度は前年度比でマイナス4.5%ぐらいになる模様だ。日本は、マイナス6.6ぐらいらしい。成長率ではなくて本当は衰退率である。世界各国も同じぐらいだ。

この350万人の失業者を救済することを明確な目標にして、オバマは経済政策《エコノミック・ポリシー》の主力、かつ中心として公共事業をやる。やらざるを得ない。これが今回公表された「グリーン・ニューディール」政策である。

このオバマの景気対策の主軸としての公共事業《パブリック・ワーク》は、本当は、総額で5兆ドル（500兆円）ぐらい出さなければいけないはずなのである。それを今回たったの80兆円しか出せなかった。米連邦議会の議員たちはお金の出費のことではなかなかうるさい。アメリカには財政均衡法という強力な法律がある。この法律の威力で、財政資金（国庫）の大盤振る舞いは賢明に阻止されてきた。しかし、いつまでこのシバリが続けられるか分からない。

この他にブッシュ政権時代の末期に「金融安定化法」（2008年10月13日）を成立させて、銀行救済のための「TARP《タープ》」と呼ばれる7000億ドル（70兆円）の予算を組んだ。このうちの前半分の3500億ドルは、ブッシュ時代に既に使ってしまった。次々に破綻する銀行の不良債権を肩代わり（処理）するために使ってしまった。残りの半分の3500億ドル（35兆円）も結局、まだまだこれから破綻する銀行や証券会社（投資銀行）の救済用に回さざるを得ない。このうち10兆円（1000億ドル）はガイトナー財務長官が銀行の不良債権の買い取り政策として公表した総額1兆ドル（100兆円）の政府出資分として使い、残りの9割はピコムのビル・グロースらに出させるという計画だ。これもどうせ失敗する。既に出現している

500万人からの個人の住宅ローン返済のこげつき者を救済するために使うはずだったのに、そっちには資金が回らない。政府は銀行への取り付け騒ぎ（バンク・ラニング）を阻止するために、まず破綻する銀行を救済しようとする。

信用不安は「システミック・リスク」と呼ばれる。この金融秩序の崩壊の危機を避けるための金融機関救済のために、ブッシュ政権末期から合わせてアメリカは既に200兆円ぐらいを出費した。

起きている金融山火事《やまかじ》を消すのにたったの200兆円（2兆ドル）ではたいした救済にはならない。最低に見積もってもアメリカ政府は恐慌（大不況のドン底）から脱出するまでに今後の4年間で、総額2000兆円（20兆ドル）のお金を作らなければいけない。この概算数字はどこから出てくるかというと日本の実例だ。日本がバブル崩壊に陥った1992年からの不況で15年間かけて、2006年に脱出するまでの15年間に、総額2000兆円の国富《こくふ》が消えたという。そしてその対策のために真水《まみず》として出した、実需（実質）のある資金として合計200兆円が必要だった。この数字との比較から今のアメリカには10倍の2000兆円の実需の資金が必要であるとする考えが出てくる。アメリカはこれから起きる事態をどう回避するかで、国全体で激しく苦悩する。

だからヒラリーがこの2月16日に日本に来て仕組んだのは、日本からの新たな資金調達だ。

アメリカは、今も日本の郵貯と簡保の合計350兆円を狙っている。ヒラリー来日の直接の目標金額であり「売り上げ目標」は、目先の2兆円であった。そのお金を2月23日にオバマと初会談させるというご褒美《ほうび》と引き換えに麻生首相がいやいやながら払いにいった。それは、「米海兵隊の沖縄からグアムへの移転費」を日本に全額、強制出費させるものだ。日本国民には、この真実は全く知らされていない。

3月3日からの検察・特捜を使った不法な弾圧で小沢一郎民主党代表の健康が不安視されている。小沢を嫌って「小沢のあとの時代」をヒラリーは画策している。私は小沢一郎が一番すぐれた立派な日本の政治家だと思っている。自民党から民主党への政権交代を日本国民は本当に熱望している。政権交代があって初めてデモクラシー（民主政治）だ。今の自民党独裁政治を終わらせるべきなのだ。しかし、テレビ・新聞がじゃまばかりする。日本の大新聞とテレビ局は、すべてアメリカの家来だからだ。自民党に抑えられている、というよりも、直接アメリカに操られている。日本のテレビ5社、新聞5社は本気で反省すべきだ。

日本国民のことを本当に考えているならば、何があっても政権交代がなければいけない。自民党の個々の政治家たちが悪いと言っているのではない。自民党にも有能で立派な政治家はたくさんいる。それよりも自民党を手玉に取っている官僚組織が悪いのだ。彼らが「日米振り込め詐欺」の実行犯となって、「ネズミ講」の胴元になってアメリカに資金を貢いだ。アメリカは日本の官僚組織をうまく利用し続けている。

アメリカの手先となって日本国民のお金を貢いだ官僚たち

財務省、金融庁、厚生労働省、総務省（旧郵政省を併合した）、農水省（農林中金に多く天下っている）及び法務省（検察官、裁判官まで含まれる）の６つの有力な官僚組織が、アメリカの手先となって日本国民の大切な資金をたくさんアメリカに貢ぐ媒介、仲介の係をしている。

日本のこの６つの官僚組織は、それぞれの多くのＯＢを管轄する主管団体（縄張りである）を持つ。彼らはそれら各業界の年金運用団体や共済掛け金の共済組合などに理事として天下っている。これらの団体に「渡り鳥」官僚ＯＢが財務担当理事、あるいは筆頭理事となって、アメリカの大銀行《メガバンク》やフィデリティ証券他の７大証券会社（投資銀行。ほとんど潰れた）やＡＩＧなどの保険会社に資金を投げ渡して運用を任《まか》せたのである。そしてこれらの年金資金のアメリカでの運用失敗が、これから大問題となって表われる。

いろいろな年金の積立金がある。どうやら合計で２５０兆円ぐらいある公務員の年金の積立金の方は、かなりしっかりと国内に積まれているようである。公務員たちの年金分は、ちゃっかり安全に積み立てられている。ほとんどは日本国債で運用されているから大丈夫だ。ところが厚生年金などの民間の資金は、どうも残高がはっきりしない。かなりの部分が既に吹き飛ばされているようだ。アメリカは日本から流出した700兆円（7兆ドル）を返さないだろう。それらの資金がなんとかして日本国内に帰ろうとすることをアメリカは阻止する。

外資系のすでに実質つぶれた5大証券会社（投資銀行とも言う）は、リーマン・ブラザーズ、メリルリンチ、モルガン・スタンレー、ソロモン・スミス・バーニー、ベア・スターンズである。ソロモン・スミス・バーニーはかつてのソロモン・ブラザーズ証券だ。日本では日興コーディアル証券の法人部門だ。ソロモンという名前がいかにもユダヤ的だからか日本国内では使わないようにした。つい最近、ソロモン・モルガン・スタンレー証券となっていたが、いつの間にかシティグループ（シティバンク）の一部になっている。さらにここからも切り離されつつある。わけが分からない。

この実質つぶれた5つの投資銀行の他に、〝ひとり勝ち〟のゴールドマン・サックスがある。ゴールドマン・サックスは、昨年10月に総合銀行業の免許も取得して普通の銀行業に業態を替えて生き延びようとしている。このゴールドマン・サックスを合わせた6つとフィデリティ証券、AIG、JPモルガン・チェース銀行、シティグループ、それから欧州勢のドイツ証券（ドイツ銀行）とUBS《ユービーエス》（スイス銀行）などに日本国民の年金資金の運用を任せてきた。

日本の財務省の資金運用部も主に米10大大手に頼って、資金の海外（国際）分の運用をやってきた。そして大失敗している。その損失金の実態は小出しに新聞に発表するので全体像がなかなかつかめない。どうも為替（円高）の差損という名目（言い訳）で既に100兆円ぐらいを損金として処理したようだ。外為特会《がいためとっかい》（外国為替特別会計）を使う。財務官僚は誰ひとりとしてこの責任を取っていない。平気の平左である。

日本側の年金運用団体と契約を結んだ担当の白人幹部たちは、危険を察知して2008年の春までに会社を辞めてニューヨークに逃げ帰ってしまった。いや、もうニューヨークにすらいなくて、自分の個人資産を現金か貴金属に変えて、外国に上手に持ち出して、世界中のどこかの国に逃げてしまったようだ。赤道ギニアとかパラグアイとか。捜しても、もうどこにもいない。もぬけの殻だ。だから、彼らメガ証券は運用を任されて失敗したお金を返さない。差金決済《さきんけっさい》（契約を終了して残金を返すこと）もしない。できない。投資元金すべてが奪い取られる。日本に出資、投資させて金融商品（デリヴァティブの仕組み債）を買わせた分はすべて吹き飛ばされてしまっているらしいのである。

これは日本国民にとって大きな災いである。これからこれらの取引の実態が明らかになり、実損が確定するのだ。ところが新聞・テレビはこのことの重要性を全く報道しようとしない。この問題に踏み込まなければ金融、経済の報道や情報提供としての公共機関など成り立たない。一体、私たち国民の資金は既にどれぐらい吹き飛んでどれぐらいが残っているのか。どれぐらい毀損しているのか。まったく情報公開《ディスクロージャー》されていない。

私たち日本国民は、本気で今の事態を憂慮しなければいけない。私たち国民は、目くらましをかけられているのだ。自分たちの大切な年金が日米振り込め詐欺構造で消えてなくなることへの正しい追跡と責任追及をする権利も巧妙に奪われている。今進行しつつある事態を明らかにせよ、と政治家（政府）や金融官僚たちに詰め寄ることもできない。何も行動することができない。表現手段を奪われている。これらの問題を素朴に疑問に思うことさえ許されていない。このように疑う能力さえ奪われている。これから起きる「年金資金の運用失敗による大損害」を予測して身構えることしかできない。

「振り込め詐欺」の本当の真犯人はアメリカの金融財界人

だからアメリカ発の金融恐慌で、これからまだどれくらいの悲劇が起こるか。日本にもどれほどの大損害（大損失金）が襲いかかって来るかを、わたしたちはしっかりと見届けなければならない。

やはり怖いのは、各種の非営利（ということになっている）年金運用団体や共済組合のような公益法人や単産の労働組合の資金運用部門などでもどんどん損失が出てくるだろうということとである。次々に運用失敗の事実が隠しきれずに明るみに出る。こうした組織は地方自治体の傘下にもたくさんある。県や大きな市が運営する外郭団体の年金・共済組織で100億単位で外債を買わされているところがあって、それらの積立金がどれくらい、為替差損での目減りどころかデリヴァティブでの運用で元本を吹き飛ばしてしまっているようである。

「振り込め詐欺」というのは、そこらのチンピラや暴力団員が、おばあちゃんをだまして銀行に手持ちのお金を振り込みさせる、というような話ではない。日本国民全部が振り込め詐欺にあっている。日本の自民党政府及び官僚たちが口利き屋となって、仲介業者となってアメリカのニューヨークの金融業界に振り込んで、貢ぎ続けていたお金だ。それらが消えてなくなっているのである。この出血が今もなかなか止まらない。日本政府は、まだ米国債を脅されて買い続けている。毎月1・8兆円(180億ドル)のペースで今も買い続けている。G7などの国際会議ではいつも「日本に応分の負担を求める」という言い方をする。そして貢ぎ続けたお金は消えてなくなっているのである。

今起こっていることは国家による「振り込め詐欺」であり、政府と官僚たちによる「ネズミ講」である。

ネズミ講というものはどういう仕組みか。例えば出資者(投資家)たちから1000万円ずつ預《あず》かる。「年率10%で運用してあげる」などと約束してお金を集める。しかし、それらのお金（投資した金）を年率10％以上で安全に回せる運用先など実はない。それでも１０００万円の出資額なら年1割の１００万円の配当金を1年目や2年目は客に払ってくれる。預かった金から払い戻すだけだ。そうやって安心させて騙す。そして3年目からは払わないで、残りの８００万円を持ち逃げするのである。これをネズミ講と言う。

ヨーロッパでは、MLM《エムエルエム》（マルチ・レベル・マーケティング）といって18世紀の昔からあった。これがアメリカに渡って「ポンツィ・スキーム」Pontzi Scheme と呼ばれるようになった。なぜポンツィというか。それは、イタリア系のシャルル・ポンツィという男がいて、この男が１９２０年代にボストンで、確実に大儲けできる運用先があると夢をふりまいて、たくさんのお金を集めたが結局、詐欺だったという事件があって、この名がついた。ポンツィの場合は、郵便切手（クーポン）のまとめ買いとバラ売りの差額で利益を出すというケチくさいものだった。それがやがて、都市が広がり大きな橋ができて鉄道が敷かれるから、対岸の土地の値段も上がるという話もポンツィ・スキームと呼ばれるようになった。地下鉄が敷かれて沿線の土地が上がるから今のうちに投資した方がいいというのもそうである。

これと同じことを今のアメリカの金融業界が世界を相手に行ってきたのだ。アメリカ政府がそれとグルで、後押ししてきた。さらにそれに属国・日本の官僚たちがアメリカの手先となって、国民から集めたお金を振り込んだ。アメリカの外資大手に運用を丸投げで任せた。日本の金融官僚たち自身が道具として使われてポンツィ・スキームに加担したのである。ヨーロッパの各国の銀行や政府の公的資金運用部門も相当にやられたようだ。一時期は鳴り物入りで騒がれたシンガポールやアブダビ、サウジアラビア、中国などの国富ファンド（ナショナル・ウェルス・ファンド。政府の投資庁）までが、ひっかかって大損している。毎年高配当が払われるように約束しておいて、やがて配当は払われなくなり、元本（出資金）は吹き飛ばされている。

こうやって「アメリカ発の金融恐慌」はまさに全世界的にドシャ振り状態にこれからなる。アメリカの大銀行や大証券が、まさしくポンツィ・スキームの実行犯だ。資金の運用委託を受けて、預かって大失敗している。そして、「元本を保証するものではありません」の契約条項を振りかざして居直る。これはまさにこの世の地獄絵だ。鬼たちが徘徊《はいかい》しているのである。「振〜り込め、振〜り込め」といって私たちから集めたお金が消える。公的年金や保険金も、もらえる額は３分の１になる。

その証拠は、８年前の２０００年10月に潰れた協栄生命や、今回２００８年10月10日に破綻した大和《やまと》生命の場合である。協栄生命の場合は３兆円以上の原資があった。それが２割から３割が減資《げんし》された。「予定利率の変更」などというわけのわからない専門用語を使った。例えば５０００万円の生命保険だったものが、死亡時にその６割しかもらえなくなった。４割が減資したのである。約束（契約）違反などというものではない。保険詐欺である。保険会社を使ってやった国家（政府）レベルの詐欺だ。それを「予定利率の変更」などという、普通の人々に意味不明の言葉を使って、公表して、責任者たちは責任逃れをした。監督庁である社会保険庁の役人（官僚）たちも、誰も責任を取らない。役人の権限で威張るときだけ威張っておいて、監督責任のほうは取らない。これが役人という特殊な人種の習性だ。

大和生命の場合は、総資産がたったの２５８０億円に過ぎない小規模な生命保険会社だった。ここに掲げる新聞記事にあるとおり、契約者に支払う「保険金額・年金額」が当初の「80％の削減率」で4分の1にまで削られることになる。２０００年に協栄生命が破綻した際には、２割程度の削減で済んだが、今回は契約者に対して8割からの負担を強いることが避けられそうにない。協栄生命の破綻のときには、自衛隊や消防庁や公立学校共済の教職員たちに大きな被害が出た。彼らは公務員だから「静かにしていなさい。騒がないように」という上からの柔らかい統制（お達し）が出たらしい。

「保険金、最大87％減額　破綻の大和生命が提示」

昨年10月に経営破綻《はたん》した大和《やまと》生命保険は10日、契約者が受け取る保険金・年金の削減案を発表した。契約時の約束に比べ９割近く減らされる商品もある。貯蓄に近い商品では、受取額が払い込み保険料を下回る「元本割れ」もあり、契約者に大きな負担を強いる内容

大和生命の主な保険商品の削減率

商品	（契約時年齢）	契約年度削減率 07年度	99年度	91年度
養老保険（30年満期）	20歳男／女	7%／7%	15%／15%	44%／44%
	40歳男／女	7%／7%	13%／14%	41%／43%
12年保証期間付終身年金保険逓増型（65歳年金開始）	30歳男／女	15%／16%	42%／48%	76%／80%
	50歳男／女	11%／13%	38%／44%	―
無配当定期保険（10年満期）	30歳男／女	17%／20%	16%／18%	―
	50歳男／女	8%／11%	0%／0%	―
旧大正生命保険の終身保険（一時払い）	30歳男／女	―	46%／49%	83%／86%
	50歳男／女	―	37%／40%	67%／73%

注:変更前の保険金額・年金額からの削減率。旧大正生命保険の契約は、当初の契約内容からの減額率。

出所:「朝日新聞」2009年4月11日

この「受け取り保険金の削減率（減額率）」の表は大切なのに、いつも小さな記事でしか発表しない。削減率80%というのは、契約した保険金の２割しかもらえないということだ。

だ。

大和生命の契約者数は約12万人。00年に破綻した大正生命保険の契約を引き継いでおり、2回目の減額になる旧大正の契約者については、戦後の国内生保の破綻では最悪の削減幅が示された。

92年度に30歳で旧大正の一時払い終身保険を契約した女性は、当初示された保険金から87％減額となる。同じ条件の男性も84％削減される。大和の契約のなかにも7割前後の削減となる商品がある。

貯蓄保険では、10年満期の商品を01～07年度に契約した男性の場合、満期まで保険料を払い続けても払込総額より4～9％少ない保険金しか受け取れない。

また、10年以内に解約すると返戻金が最大20％差し引かれる仕組みが導入される予定で、早めに解約する契約者の負担も増える。

大和は3月23日、更生計画案を東京地裁に提出。今回の削減案も含め4月末に同地裁の認可を受け、スポンサーに選ばれた米保険大手プルデンシャルの傘下で6月に営業を再開する予定だ。

（2009年4月11日　朝日新聞、傍点は引用者）

今後起きるのは積み立て型の年金のお金であっても４割〜８割減になるというような事態である。本当なら毎月20万円もらえるはずだった個人年金が12万円以下しかもらえなくなる。強制的に大幅に減額させられるのである。このＰ１１３の表にあるとおり、これと同じ事態が次々に起こる。簡単に言えば、年金額が３分の１以下になるということである。この表をよーく見てほしい。

もう年金は3分の1しかもらえないと覚悟せよ

公的年金の代表である、民間企業のサラリーマンたちの厚生年金でいえば、22歳で大学を卒業して会社に入って同じ会社で38年勤めあげた場合、いまは65歳時に満額で23・５万円が支給される。死ぬまで払ってもらえる。この20年間ずっとそのように実施されてきた。それ以外に奥さんの国民年金の分が６万５０００円あって、合わせてちょうど30万円くらいの収入になる。これは38年勤めた場合であり、これが25年〜30年程度だと18万円くらいしかもらえなくなっている。しかもそれも毎年、１万円くらいずつ毎年の年金額が減っている。今、70歳以上の人たちは満額きちんともらっている。どんどん死去するから国も払える。

彼らは満額をもらって悠々と遊んで暮らしている。国内の温泉旅行を楽しんでいる老夫婦たちだ。健康でありさえすれば仕合わせそのものだ。そして順番に死去していく。ところが、いまの60歳代から下はもう十分にはもらえなくなる。

企業年金の部分が大きかった企業でも3分の1に減っている。企業年金は月7万円くらいしかつかなくなっている。企業年金（上乗せ年金）制度は、ほぼすべての大企業で全滅した。中小企業には始めから、そんなものはない。中小企業共済掛け金制度や退職金積立て制度でさえも、元本割れして、もはや制度そのものが危機である。同業者たちが集まって国の指導（音頭）で作ってきた「事業者別の共済年金組合」もほとんどは自主的に解散したようである。組合員の掛け金の負担が大きくなりすぎて、もらえる年金額と逆転して「逆ザヤ」になったからである。制度運用の実態は、相当にひどいものであったようだ。企業年金（二階建て、上乗せ年金とか呼ばれていた）の部分は、既に破綻して制度が消滅している。

厚生年金はフルの満額の23・5万円だが、今の50歳代から下は、やがて3分の1しかもらえない。ひとり月額6万5000円である。夫婦で合わせて13万円だ。これを「国民基礎年金」という。一方、会社で長年働いていなかった人たちにも年金をあげるというのが国民年金で、その金額がこれと全く同額である。もう、この「国民基礎年金」しかやがて払われなくなるということだ。これは生活保護の金額よりも安いらしい。地方在住で家（自宅）があって、野菜などを庭で自分で作っていれば、なんとか最低限生きていける金額である。だからこれが「セ

民間と公務員の年金の加入者数と実情

年金の種類	加入者数	現在受給者数	平均の年金受け取り額
厚生年金	3,212万人	1,069万人	23.3万円
国家公務員	110万人	61万人	27.8万円
地方公務員	318万人	147万人	29.4万円
私立学校教職員	43万人	8万人	29.0万円
その他	—	—	—

出所：2005年10月26日、読売新聞（モデル世帯。夫婦それぞれの基礎年金を含む）

厚生年金は民間企業で、その他は、公務員か公務員に準ずるような職種である。年金の受け取り額に違いが出ている。公務員たちは、自分たちの共済年金が民間と統合されることを内心ひどく危惧している。だからそれを阻止してくれている自分たちの上司である官僚（高級公務員）の忠実な手《て》下《した》になっている。公務員の年金は合計250兆円ぐらいきちんと積み立てられている。

ーフティーネット（安全網）」と呼ばれるものである。この「国民基礎年金」の制度を作ったのが、今回の〝年金テロ〟である「元厚生事務次官宅襲撃事件」で夫妻とも殺された山口剛彦氏や、奥さんが重傷を負わされた吉原健二元厚生事務次官たちだ。

２００９年２月28日付の日本経済新聞では、「年金積立金管理運用独立行政法人」という馬鹿げた名前になっている。ここでの運用で昨年の４〜12月期（９カ月間）で年金運用損がなんと８・７兆円などと平気で書いている。「１年９カ月の損失は約14兆５０００億円に達し、06年度末に１４９兆円あった積立金の約１割を失った」と書いている。

厚生労働省の下部機関であるこの年金積立金管理運用独立行政法人というトンネル会社が以下の発表をしたことになっている。これの財務省との関係は意図的に不明にしてある。

「公的年金08年度もマイナス運用　損失、４―12月で８兆円超」

公的年金の積立金の市場運用利回りが２００８年度に、２年連続でマイナスになる見通しとなった。08年４―12月の運用利回りはマイナス９・13％、損失額は８兆６７３８億円となった。昨秋以降の世界的な株安と円高が主因。07年度に生じた損失（５兆８０００億円強）と合わせ、１年９カ月間の損失は約14兆５０００億円に達し、06年度末に１４９兆円あった積立金の約１割を失った計算になる。

厚生年金と国民年金の積立金を運用する年金積立金管理運用独立行政法人が27日発表した運用動向によると、市場での運用総額は08年末で90兆円。10―12月の運用利回りはマイナス６・09％、運用損失は５兆７３９８億円と４半期ベースで過去最大となった。

運用利回りは07年度に５年ぶりのマイナスに転じ、損失額は５兆８０００億円強と年度ベースで過去最大だった。今年１月以降も内外の株価は低迷しており、３月に市場環境が改善しても08年度通年の利回りをプラスにするのは難しい。08年度の損失額は07年度を大きく上回る10兆円台に達する可能性もある。

マイナス運用になっても年金給付にはすぐには影響はでない。ただ厚生労働省が23日発表した公的年金の財政検証では長期的に年４・１％の利回り維持を前提にしており、見通しを誤り続けると、将来、保険料上限上げなどの見直しを迫られる。

（２００９年２月28日　日本経済新聞、傍点は引用者）

右の記事から分かることは、毎年「10兆円ずつ運用損を出している」ことと「公的年金の運用の利回りは年４・１％を前提にしている」ことである。こんな高利益、高配当の金融商品などありえない。実情はその逆の年率マイナス10％での運用失敗、損失拡大である。２００８年の１年間で、厚生年金と国民年金の90兆円の運用分から、１割強の10兆円が運用失敗（外国での投資だ）で損害金となり消滅した。これ以上の公表を、金融官僚たちは一切行わない。他方、公務員がしっかりと積み立てている250兆円の年金（公務員共済年金など）の運用実態については一切、一言も触れない。

年金の問題では、これらの外国での運用損のほかに、グリーンピアやかんぽの宿を始めとする「箱物《はこもの》行政」で失われた資金も相当な額にのぼる。本来、年金原資は、給付にしか使えないはずだ。ところが、役人たちがあれこれ理由をつけて長年、保養施設や厚生年金病院などを造ってきた。そこに下級公務員たちを大量に天下り（配置替え、転職）させてきた。大型の箱（施設）をひとつ作ると、そこに200人もの公務員を送り込んできた。

県庁や市役所でもひどいものだ。○○会館や市民ホールのような文化施設の裏に回ると、何の仕事もなさそうに何十人分もの机が「管理部門」として並んでいる。この者たちの腐れきった人生は一体、誰のせいだ。「公務員なんか、なるんじゃなかった。たしかに飼い殺しで安全にメシは食える（給料保証）が、こんなしみったれた自分の人生のはずではなかった」と秘かに後悔してみても、50歳代になればもう遅い。「品行方正、謹厳実直」の公務員人生もキレイごとではない。民間で猥雑に生きた方がずっと人間らしい。

社会保険庁の庁舎や高級宿舎も年金から資金が出て造られている。自分たち用の数万台分のマッサージ機まで事務費という名目で年金の金で買ったという。こうした年金運用を担当して

年金積立金全体（厚生年金と国民年金）の運用資産の構成状況

（平成20年3月末現在）

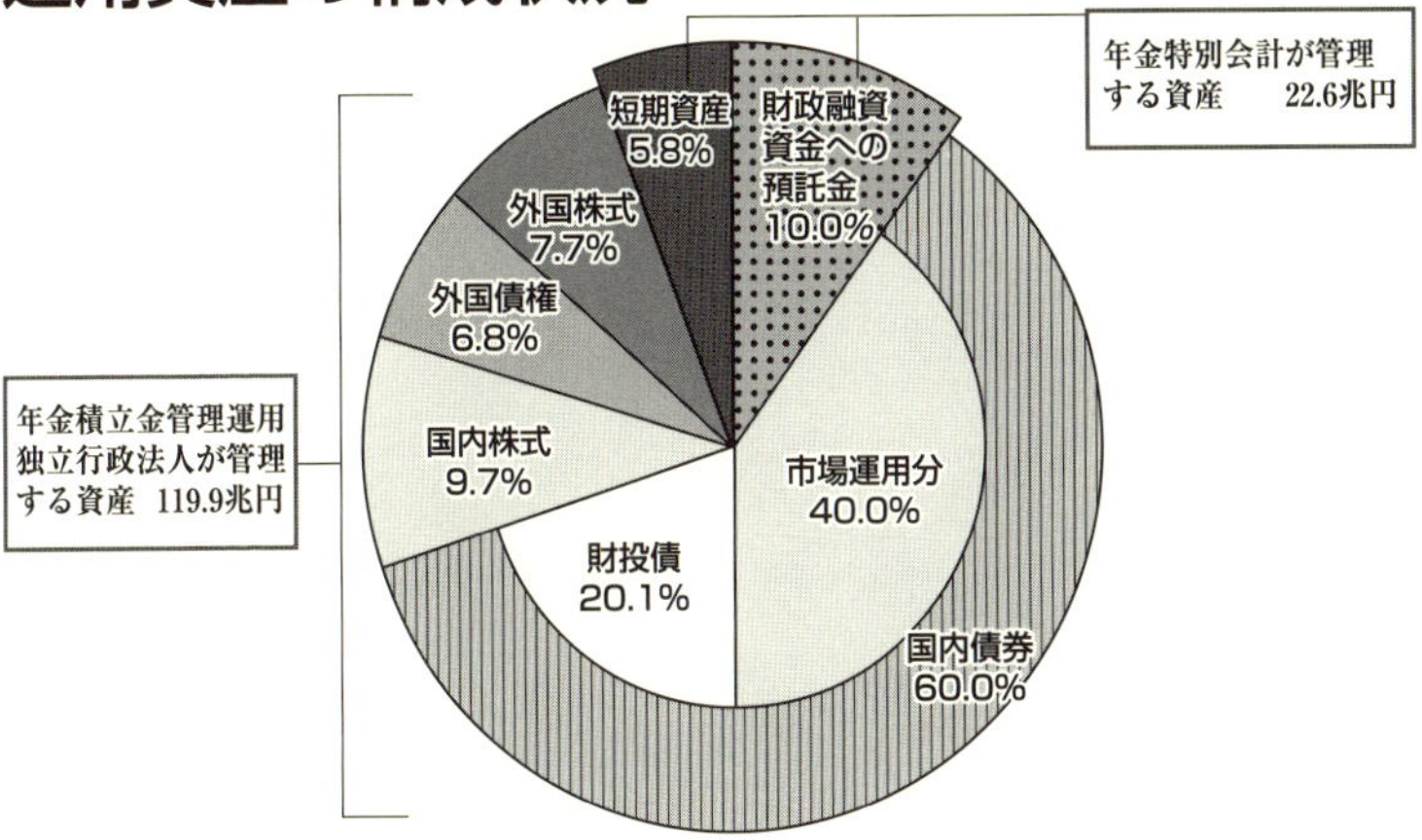

1、年金積立金管理運用独立行政法人が管理する資産　119.9兆円

	時価総額（兆円）
国内債券	85.5
市場運用	56.9
財投債	28.6
国内株式	13.8
外国債券	9.7
外国株式	10.9
合　計	119.9兆円

2、年金特別会計が管理する資産　22.6兆円

財政融資資金への預託金	14.3兆円
年金特別会計で管理する短期資産	8.3兆円
合　計	22.6兆円

1と2の合計　142.5兆円

出所：年金積立金管理運用独立行政法人

運用先である外国株式と外国債券の合計20兆円は、果して戻ってくるか。

きた役人たちを徹底的に厳しく責任追及して、首にするなり、逮捕して牢屋に入れたりしなければならない。**各省の「天下り官僚」の現在の合計の総数は2万6000人である。彼らのために1年間に使われる国費が12兆円である。ひとり当たりで年に4・6億円の費用がかかっていると言われる。**

〝ゲシュタポ金融庁〟の責任を追及せよ

「金融ビッグバン」外為法《がいためほう》が1998年11月に大改正（こじ開け）されてハゲタカ外資が襲いかかってきた。そして〝官製不況〟の始まりだった2000年、2001年（まだ小泉・竹中の売国奴コンビが登場する直前）の一時的な〝IT《アイティ》不況〟の頃、アメリカの命令で、UFJ銀行（旧三和銀行・東海銀行）やりそな銀行（旧大和銀行・埼玉銀行・協和銀行）が実質、国有化される過程で、金融庁に狙われながら頑張って銀行を守っていた愛国派の幹部たちが背任・横領の罪で逮捕され起訴されていった。

この時、高橋洋一という東大数学科出の大蔵官僚（当時・今年3月30日に、温泉銭湯での窃盗容疑の捏造事件を起こされ、突然失脚した）が、この長銀破綻の責任を追及する裁判のために、「経営が悪いのに配当を出したことが会社に対する背任横領に値する」という驚くべき裁判資料（鑑定人意見書）を検察庁側の立場に立って作成して裁判所に提出した。このために彼ら銀行幹部たちは有罪とされた。UFJ銀行やりそな銀行では、それまでに不祥事で次々と上にいた人間たちが吹き飛ばされていなくなっていたから、50歳ぐらいの若い生え抜きたちが社長（頭取）や副社長になって、必死でお城を守っていた。本気でUFJへの愛社精神に満ちて、社員とその家族数万人の生活を守ろうとしていた頭取の寺西正司《てらにしまさし》氏は辞任し、副頭取の岡崎和《かず》美《み》氏らは、金融庁から「時価会計ルール違反」や「書類を隠ぺいして捜査を妨害した罪」で、いちゃもんを付けられて逮捕投獄された。そして商法の背任・横領の罪で犯罪者にされていった。では今回、公的資金の運用で巨大な失敗をしている官僚たちや年金運用団体の経営トップたち（天下り官僚たち）をなぜ横領罪、背任罪で逮捕しないのか。

２００８年３月28日付けの新聞発表から、SEC《エスイーシー》（米証券取引委員会）は、アメリカ国内で勝手に時価会計の放り投げを始めた。時価会計の放棄は、今ごろ騒がれているが２００８年３月時点から起きていたことだ。私はそのことを前著『恐慌前夜』（２００８年９月刊、祥伝社）で書いた。同書P１０６に「SECからの手紙」という証拠の重要な記事を載せた。

昨年の９月、10月になって国際会計基準審議会（IASB《アイエイエスビー》、インターナショナル・アカウンティング・スタンダード・ボード）でも時価会計の放り投げが始まった。ロンドンで女の理事が一人だけ首を切られておしまいになった。米国財務会計基準審議会（FASB《エフエイエスビー》、フィナンシャル・アカウンティング・スタンダード・ボード）が、その前に恥も外聞もなく「時価会計ルール」の「一部見直し」という名の投げ捨てを開始した。

竹中経済財政担当大臣の時に、「時価会計原則」を金科玉条としてカッターナイフを振りかざして銀行に襲いかかった金融庁の金融検査官（金融警察官）たちの責任はどうなるのだ。公認会計士たちを会計士監理室とかに呼びつけて恐ろしい目にあわせて、締め上げるようなことをした。金融庁はあげくのはてに、自分たちがやったことを一斉に放り投げはじめた。親分のアメリカに「右にならえ」で自分たちも「時価会計」を放棄し始めた。

次の新聞記事にあるように、「（時価会計の放棄なんて）信じられない」とか「不愉快である」と発言している。金融庁の幹部どもが平気な顔のコメントをしている。そのことの責任がまったくとられていない。金融庁の幹部たち自身を違法な捜査（検査）権限の行使の罪で逮捕しなければいけない。しかし犯罪捜査の当局である日本の検察庁も、アメリカの子分になりグルだから訴追しない。恐るべき〝国家の暴走〟状態である。私たち日本国民が彼ら暴走官僚たちを監視しないと何をしでかすか分からない。

「金融庁、時価会計見直し注視」

米金融安定化法案（TARF《ターフ》）が成立する見通しになったことについて、日本の金融庁・金融界では「歓迎したい。現実に効果が出てくることを期待する」（金融庁の佐藤隆《さとうたか》文《ふみ》長官）との受け止め方が多い。

法案に米証券取引委員会（SEC《エスイーシー》）が時価会計の適用を停止できる権限を盛り込んだことについて、金融庁は「当局が積極的に支持するのであれば驚きだ。早急に確認したい」と指摘。当面、米国の事態の推移を見守る構えだ。

金融庁は今回の時価会計見直しについて「証券化商品などを市場価格ではなく簿価で計上してよい、ということではないだろう。資産価値などから計算した理論モデルで価格を算出することも認める場合がある、ということだと理解している」と分析する。金融庁内では投機的な売りが相次ぐ市場の価格メカニズムを代替・補完するための対策との見方が一般的だ。

（2008年9月30日　日本経済新聞、傍点は引用者）

何とも見ぐるしい限りだ。金融庁は、昨年9月時点で、時価会計の放棄（撤回、廃止）の流れに欧米でなったので、このように居直りを決め込んだ。真にズーズーしい者たちだ。金融庁はあれほど時価会計を刃物のように振り回して、繰り延べ税金資産（戻り税）の圧縮《あっしゅく》の否認の手法と共に使って、銀行やミサワホーム、ダイエーなどの大企業に襲いかかった。それなのに今やこのような「驚きだ。早急に確認したい」「……だと理解している」という傲慢《ごうまん》なる居直りの態度に出た。金融庁のこの恐るべき変節漢、豹変ぶりに会計検査の実情を知る者たちで驚かない者はいない。しかし、警察庁や検察庁というアメリカの手先に成り下がった捜査・検査機関の横着と暴走に眉をひそめながらも、誰も公然と反論（反抗）しようとしない。「アメリカという虎の威《い》を借りる」金融庁や検察庁の暴走を止められないままだ。そしていよいよ2009年3月になって次のような事態になった。

「時価会計見直し論再燃、一部の金融商品、米議会で緩和策議論も」

時価会計の見直し議論が再燃してきた。10日にはバーナンキ米連邦準備理事会（FRB）議長が見直しに言及。シティグループの業績改善や空売り規制強化の報道とともに、日米の株価急反発につながった。時価会計の見直しは金融機関の財務不信を増幅しかねないが、損失を減らし金融不安を和らげる効果も期待される。12日には米議会で公聴会が開かれる予定で、一定の緩和策が打ち出される可能性が出てきた。

バーナンキ議長は「時価会計の基本的な原理を強く支持する」と時価会計の凍結には反対する姿勢を打ち出す一方で、「その弱点を特定し、早急に改善すべきだ」と述べた。

金融市場では取引が極端に細っている一部の証券化商品の市場価格が大きく低下し、値決めができない事態も起きている。米会計基準では取引の少ない資産は「レベル3」と呼ばれ、金融機関は自らの裁量で評価額を決めることができる。だが「市場自体が存在しないか、流動性が極めて低い場合には、時価会計による評価額は誤解を招きかねない」（同議長）。

米金融業界は銀行などがこうした不良資産を多く抱え、時価会計を適用していることが金融不安の一因だと主張してきた。民間の試算では住宅ローンなどに絡んで米金融機関の被る損失は約9600億ドル（94兆円）。時価会計を緩和すれば金融機関の損失額が減少し、新たに投入する公的資金も少なくて済む可能性がある。

米下院の金融サービス委員会が12日に開く公聴会では、米証券取引委員会（SEC）や米財務会計基準審議会（FASB）などが時価会計を巡って意見を述べる。全面凍結など極端な方針は市場を混乱させる恐れがあるため回避される見通しだが、取引がほとんどない金融商品については何らかの緩和策が提示されるとの見方が出ている。

時価会計見直しへの圧力は欧州でも強まっている。英国に本拠がある国際会計基準審議会（IASB）は今月、証券化商品などの会計処理に応じて三段階に分類するよう会計基準を修正した。時価会計を巡る議論は昨年4月の七カ国（G7）財務相・中央銀行総裁会議でも議題にのぼった。

（2009年3月12日　日本経済新聞、傍点は引用者）

この記事の中の「一部の証券化商品の市場価格が大きく低下し値決めができない」とは、証券（債券）の流動性の喪失ということで、紙クズになったということだ。時価会計の会計基準では、「レベル3」どころか「レベル4」の紙クズだ。それを無理やり「レベル2」とかに評価して、額面（元本）の6割とかの値段を帳簿（貸借対照表）上で付けてよい、ということだ。これが時価会計の放棄だ。ハレンチきわまりない変節だ。真に汚ならしい人間がやることだ。バーナンキやサマーズたちは恥を知れ。そして、時価会計ルールを日本に強制してきた者たちよ、その血塗られた顔を表にさらせ。

高橋洋一氏は、郵政民営化を推進した実行部隊長であり竹中平蔵大臣の下で司令官クラスのアメリカの手先だった。と同時に、日本財務省を解体攻撃する急先鋒であった。その後退職して「自分は（特別会計の中に隠されていた）埋蔵金50兆円を見つけた」とか、「地デジの周波数オークションで政府は5、6兆円入る」とか、「もっともっと行政改革をやればお金はたくさん出てくる」とか、「日本は財政危機ではない」などと書いて来た。彼は著書『さらば財務省』（講談社刊、2008年）の中で、財務省を追い出された怨みから「変動利付き国債は危険なモンスターだ」と書いた。たしかにその後、この変動利付き国債が大暴落した。

これは市場で金利が変動する国債である。必ず時価会計させられる金融商品である。これを大量に保有していた地方銀行が大損を出すと自分たち経営陣の責任になるから、投げ捨てに入ったためにすごい勢いで暴落した。この変動利付き国債の暴落を食い止めることが直接の原因になって、日本では時価会計が実質的に停止された。売り損じて暴落したまま保有している国債の価格の評価損を時価会計でやる必要はない、と裏からコソコソと金融庁と財務省は行政指導しているはずなのだ。法律の改正がされていないのに、である。平気でそういう法律違反を財務省と金融庁自身がやっているのだ。

「地銀・第二地銀9月中間、東北の7行最終赤字、不良債権処理膨らむ、金融危機も直撃」

東北に本店を置く地銀・第二地銀15行の２００８年9月中間期決算が14日、出そろった。地域経済の減速で不良債権処理に伴う費用が膨らんだほか、米国発の金融危機に端を発した金融市場の混乱で株式など有価証券の減損《げんそん》損失が発生し、7行が最終赤字となった。各行はさらなる景気の悪化に備えて貸倒引当金《かしだおれひきあてきん》を保守的に見積もっており、09年3月期通期でも二ケタ減益となる見通しだ。

金融市場の混乱に伴う株式や債券の評価損失も利益を押し下げた。原則として、有価証券の時価が取得価格を50％以上下回った場合に減損損失を計上するが、4—9月期で日経平均株価は10％強下がり、債券価格も下落。各行とも評価損が膨らんだ。

有価証券の評価損の拡大は、経営の健全度合いを示す自己資本比率の算定にも影響する。含み損の発生で自己資本が目減りした銀行が目立った。ただ、変動利付き国債は時価ではなく理論値で算出することが認められた結果、（傍点、引用者）一部の金融機関の自己資本の下落率は抑えられた。自己資本比率が東北で最低となったのはきらやか銀の7・19％で、最高は岩手銀行の13・38％だった。全15行とも国内基準の4％を上回った。

（２００8年11月15日　日本経済新聞）


このように、「変動利付き国債は時価ではなく理論値（簿価《ぼか》のことか？）で算出することが認められた結果」となっている。本当に盗人《ぬすっと》たけだけしい連中だ。「理論値」などというワケのわからない言葉を使って、自分たちの責任を回避している。この「理論値」というのは、簿価《ぼか》のことで、取得時の価格だ。即ち時価会計の放棄そのものだ。

高橋洋一氏は「変動利付き国債は時限爆弾だ」と書いてまさにその通りになった。けれども、アメリカの差し金で時価会計を積極導入した主要な責任者のひとりが高橋洋一氏である。奥山《おくやま》章雄《あきお》公認会計士協会会長（当時。現在はどこかに消えた）と、田作朋雄《たさくともお》、奥田かつ枝らの郵政民営化承継財産評価委員たちだ。彼らは竹中平蔵大臣（当時）の子分であり盟友である。前述したとおり高橋氏は旧長銀の頭取たちを有罪にするための専門家の書類を裁判所に提出した。時価会計のせいで金融機関の経理社員や会計士や税理士を含め、大企業の財務や会計をやっている人々をどれぐらい悲惨な目に遭わせ、どれぐらい多くの会社が倒産したと思っているのか。そのことを今も痛みとして感じない。アメリカに洗脳されてアメリカの手先になり、忠実な子分をやっていればそれでいいと思っている鉄面皮たちだ。自分たちがこの国の主流派で、正義であり、法を正しく執行しているとうぬぼれている。審議会の委員をやめて逃げればそれで済むと思っている。しかし世の中はそうは甘くない。「尻尾切り」や「口封じ」という理由でこの者たちも今から抹殺されるだろう。

高橋洋一氏が書いているとおり、自分のライバルだった日銀出身で、慶応大学教授の深尾《ふかお》光《みつ》洋《ひろ》氏のような、きちんとものごとを理解して正しく金融数字を計算してきた立派な人たちをもっと表に出す必要がある。彼らは三井・日銀ロスチャイルド系の生え抜きだ。自分たちが狙い撃ちされてひどい目に遭わされるのはイヤだから、嵐が過ぎ去るまでじっと身を潜めていようと彼ら自身も思っているだろう。今や、時代の流れは変わりつつある。対立点を今こそはっきりさせて、これからアメリカ（デイヴィッド・ロックフェラー直系）の手先だった者たちの責任を追及しなければならない。が、彼らは謀略部隊を持っているから恐ろしい。

三菱ＵＦＪも農林中金もアメリカにふんだくられて潰れていく

２００８年10月13日に、90億ドル（当時約９６００億円）のお金を三菱ＵＦＪフィナンシャル・グループはアメリカに払った。社長（実質は会長）の畔柳信雄《くろやなぎのぶお》氏がワシントンに出かけて行って、直接アメリカ政府に払った。対等な交渉のあとでの決断というよりも、たった３日間で決めるようにワシントンＤＣで強要されて、無理やりふんだくられたのである。三菱の自己宛て振り出し小切手（預手《よて》という）１枚でペラリと90億ドルのお金を払ったのである。ちょうどこの時に開かれていた、２００８年10月10日からのワシントンのＧ７（先進７カ国財務省・中央銀行総裁会議）で、日本の中川昭一財務・金融担当相（当時）が、ヘンリー・ポールソン米財務長官とかなり激しいやりとりをした。「アメリカは、今回の金融危機を招いた自分たちの責任を認めることもせずに、他の主要な国々に無理な出費ばかり強いている」と堂々と中川は言い続けたもようである。中川昭一は真の愛国者である。立派な若手政治家である。国民が彼を守らなければいけない。

三菱ＵＦＪフィナンシャル・グループは、モルガン・スタンレーを救済するために、発行済み株式の21％を買い取ることになった。その資金の払い込みをめぐり激しくもめた。三菱ＵＦ

Jは破綻したモルスタ救済のために無理やり出資させられた。その前に韓国産業銀行（KDB）が元々、資金力もないのにモルスタを救済するという話までわざとらしく出ていた。10月13日の三菱の90億ドル（9600億円）の払い込み期限の前に、アメリカ国内は騒然となっていた。金融安定化法案（70兆円）の採決をめぐり共和党の本当の〝草の根保守〟（グラスルーツ）の下院議員の多くが激しく抵抗した。この金融安定化法（破綻銀行救済法）が可決しなければ本当に大恐慌突入だったろう。

この直後、モルスタの株価の急落を受けて、三菱UFJのトップ2人がワシントンに呼びつけられた。三菱UFJが90億ドル（9600億円）でモルガン・スタンレーの株式の21％を買い取ることを決めた時には、モルスタの株価はまだ25ドルしていた。ところが、4日後には8ドル60セントにまで暴落した。この時の時価で計算すると、三菱UFJ側が払おうとしていた90億ドルはちょうどモルガン・スタンレーの全株式の時価総額に相当したのである。買い取り価格よりも株価が急激に3分の1に急落した。1株25ドルで買うと決めた途端に、翌日から暴落を始めたのだから、仕組まれたとしか言いようがない。踏んだり蹴ったりである。

この時に、三菱UFJ側は、膨大な損失がただちに表面化すること（時価会計ルールに従えば）を回避するため、「議決権がない代わりに普通株《コモン・ストック》よりも高配当が得られ、普通株への転換権が付与されている優先株《プリファード・ストック》で購入すること」で話がまとまった。普通株のままで買う（引き受ける）と時価会計しなければいけないので、9600億円の支出が途端にそのまま3分の1の3000億円の資産になってしまって、6000億円の実損が出てしまうのである。いくら三菱銀行といっても、それには我慢できない。ところが畦柳信雄という男はデイヴィッド・ロックフェラーの子飼いの一人らしく、諾々とアメリカの言いなりになって払ってしまった。激しい言い合いくらいはしたのだろうが、10月13日（月曜日）早朝に支払った。もし10月13日に三菱が、このモルスタの株式21％分の資金を払い込まなければ、金融安定化法で、米議会が紛糾していたので、この月曜日にアメリカの金融株の大暴落が起きて世界恐慌の突入の合図になっていただろう。

その日は日本では祝日で休日だった。モルガン・スタンレーへの払い込みが無事終了したことで、NYダウは前週末比936ドル高と史上最大の上昇幅を記録した。日本株も急騰した。日経平均先物という株先物《かぶさきもの》を上場しているシカゴ・マーカンタイル取引所（CME《シーエムイー》）のレオ・メラメッド名誉会長が、「（休場明けの）日経平均株価は16％上がる（即ち1330円高になる）」と公言して、奇怪なことに「理論価格」を先に提示していた。実際には日経平均は1171円高にとどまった。それでも史上最大の上昇率である。全くの八百長相場である。お手盛りの人為で値段を決める。彼らは、こういう相場操縦《そうばそうじゅう》を平気で行うのである。

世界各国の株式市場は、株式先物指標取引（シカゴ・マーカンタイル取引所が主宰）という談合（価格調整カルテル）によって、この日軒並み高騰させられた。ところが、ニューヨークでも東京でも無理やり人工的に株価を押し上げたのだから、これは長続きはしない。その2日後には、米国ではNYダウは今度は前日比733ドル安と史上2番目の下げ幅を記録した。翌16日には日経平均も1089円安と、同様に史上2番目の下落率となった。全くの乱高下である。この時は欧州だけでなくBRICs《ブリックス》の新興国群も、一様に株価が暴落し、まさに世界的な規模での暴落現象となった。

そして、このあと12月17日に円ドル為替が90円を一気に切って、1ドル87円の安値をつけた（P89の表参照）。1995年4月19日の、14年前の記念碑的な安値である1ドル79・75円にはまだ及ばないものの90円台を突破する円高である。この1ドル87円の記録は、やがて2009年中には再び破られていくだろう。そして2010年には70円台、そして60円台へと向かうだろう。私は、そのように予測している。

この昨年10月のアメリカ金融危機では、三菱UFJが救済することで、はじめはモルガン・スタンレーをゴールドマン・サックスと救済合併させるという話だった。ところが奇妙なことに、そんな話はすべてなくなっていた。モルガン・スタンレーは今ではシティグループと合併しているように見える。実際にモルガン・スタンレーはシティグループの一部のように取り扱われており、もう実体はなくなりつつある。それでは三菱が払い込んだ約1兆円はどこに消えたのか。おそらくモルスタ救済にかこつけてシティグループのポケットに入ったようだ。

お金はどうもシティバンク（シティグループ）に奪い取られたようである。三菱東京ＵＦＪ銀行は、シティグループの子分である。忠実な子分である。潰《つぶ》れかかっているシティグループの実質的なオーナーは〝世界皇帝〟デイヴィッド・ロックフェラー（やがて94歳）である。彼は自分の大切な個人資産であるシティバンクを救出しようと必死である。そのために世界中から無理やり資金をかき集めている。それでも合計2兆ドル（２００兆円）もあると公然と言われるようになったシティグループの不良債権《バッド・ローン》を片づけることはできない。

デイヴィッドは、シティが潰れそう（本当はもう潰れている。株価は3月5日に97セントまで落ちた）なので半狂乱である。最高度での経営を任せていたロバート・ルービン（元財務長官）の首を切った。自分も老衰死が近いのだが、身を振り絞って陣頭指揮をとっている。47歳の若いティモシー・ガイトナーを財務長官に据えて、何が何でもシティバンクを破綻消滅から救おうとしている。そんなことは、いくら世界皇帝でも無理だ、ということが分からない。これは神様（自然の摂理）が決めた自然の法則（ナチュラル・ラー）なのだ。あわれなデイヴィッドの姿がここにある。大守銭奴の限りをつくした人間の末路である。デイヴィッドの死と共に、アメリカ帝国は世界覇権国の地位から降りるだろう。だから野村證券や日本生命も危ない。自分たちの本当の親会社であるシティグループ＝デイヴィッド・ロックフェラーにあまりにもお金を注ぎ込んだ（資金運用を任せた）ことの末路が迫っている。

農林中金にいずれ日本政府は15兆円を投入することになる

農林中金が最も危ない。おそらく15兆円ぐらいのお金を日本政府は注ぎ込まなければいけなくなるだろう。次の記事が農林中金の経営危機の深刻さを伝える。後々の破綻処理の基準《クライテリア》となる重要な記事である。遂に〝農水省のドン〟上野博史《うえのひろし》理事長が、責任を取らされて「任期を待たず」辞任した。

今を遡《さかのぼ》る13年前の１９９６年の、住専（ノンバンク）破綻処理の時に、上野博史は、豪腕を振るって、大蔵省（財務省）から６４５０億円をふんだくった。住専に投資した損失金の埋め合わせで農協だけに特別扱いで６０００億円余の金を国庫（財政資金）から負担・補填させたのである。あの時の大立者が上野博史であり、故に「大蔵省をねじ伏せた男」として、歴代農水次官経験者の中でも一番上の〝ドン〟の地位に上った。そして、農林中金の理事長に慣例どおり収まった。

この農水省官僚のトップで長年ドンであった男は、「全国の農協組合員と国民に多大のご迷惑をおかけしました」の一言の詫びと謝罪の言葉もなく「区切りのメドがつき、けじめをつける」という逃げ口上を言って去る気だ。今から農協組合員たちに降りかかってくる、外債（デリヴァティブ）投資の運用失敗での15兆円の大損害、損失金の確定、露見の責任を取らないで彼は自分だけ逃げを打ったのである。まことに浅ましい農水官僚どもの末路である。これで農水省も潰れたに等しい。

外債の仕組み債である証券化商品（デリヴァティブ）は、以下の記事では「約6兆円保有」となっているが、本当は9兆円ある。昨年の9月末決算（10月に発表）では、「9兆6000億円ある」と公表していた。その代わりに、フレディマックとファニーメイ債（米二大住宅公社債）が5・5兆円の買い残が2・1兆円にまで激減していた。どうやってそれほどの額を償還（解約）できたのかは不明である。米国債買いまで入れれば23兆円を外債に投入している。

「農林中金、最大の1・9兆円、財務健全化へ巨額増資、今期赤字の公算も。次期理事長河野氏発表」

農林中央金庫は（2009年2月）20日、今年度中に1兆9000億円の資本を増強すると正式発表した。国内金融機関の調達額としては過去最大となる。金融危機に伴う損失計上で目減りした自己資本を補い、財務基盤の早期回復を目指す。増資が完了する3月末に、上野《うえの》博史《ひろし》理事長が辞任し、河野《こうの》良雄《よしお》副理事長が昇格する人事も併せて発表した。

各都道府県の農協の連合組織である信用農協連合会（信連《しんれん》）などＪＡグループ内から「後配《こうはい》出資」と呼ばれる方式で約１兆４０００億円、永久劣後《えいきゅうれつご》ローンで約５０００億円を調達する。

農中《のうちゅう》の昨年（２００８年）12月末の自己資本比率（単体）は、10・74％と昨年３月末に比べ１・81ポイント低下した。増資の払い込みが完了する（２００９年）３月末には、これが15％超に上昇する見通しだ。米国で株式投資などの規制が大幅に緩和される金融持ち株会社（ＦＨＣ《エフエイチシー》）の資格を持つ農中には、10％以上の自己資本比率が求められており、増資しなければ10％を割り込む可能性もあった。

農中は、全国の農協などのＪＡグループから余剰資産を預かって運用する国際的な機関《きかん》投資家《とうしか》。運用益を配当などで還元している。収益性を高めるため国内外の株式や債券のほか、証券化商品《デリヴァティブズ》などにも積極的に投資してきた。が、昨秋（２００８年９月リーマン破綻）以降の金融危機の深刻化に伴って保有している有価証券の価格が大幅に下落した。

20日公表した昨年12月末時点での証券化商品（約６兆円保有）の減損処理額は２４４６億円となり、昨年９月末の３倍に膨らんだ。損失処理の必要はないものの時価が取得価格を下回る「含み損」も３８５１億円になった。この日は証券化商品についてしか公表しなかったが、その他の有価証券を含めた全体の損失額はさらに大きいとみられる。

同日記者会見した上野理事長は「(今後2009年3月通期で)赤字になるリスクも否定できない」と述べ、「現在1000億円の黒字としている経常利益予想の達成は厳しい」との見方を示した。

さらに「(巨額増資への協力でJAグループに)多大な負担と迷惑をかけた。今後の経営安定化に一区切りのメドがつき、けじめを付けるべきだと判断した」と、6月の任期を待たずに辞任する理由を語った。後任の河野副理事長は、農林水産省の事務次官経験者が歴代の理事長を務めてきた農林中金で初の生え抜きトップとなる。

河野氏は「国際分散投資は維持するが、自己資本に十分な余裕をもって、より慎重な投融資と(グループへの)利益還元の維持を目指す」と抱負を述べた。

(2009年2月21日　日本経済新聞、傍点は引用者)

農中は、この期《ご》に及んで、まだこんな強がりを言っている。「国際分散投資は維持する」も何も、総額15兆円以上も投入している外債の仕組み債(デリヴァティブ)のほとんどは、今から激しく元本割れを起こして、吹き飛んでゆくのである。「投資を維持する」も何も、投資資金のほとんどは、もう国内には返って来ないのである。取引を終了して差金決済《さきんけっさい》をして、「3割でいいから返してくれ」と言っても、もう難しいだろう。仕組み債の外債の場合は、すべて元本吹き飛ばしとなるだろう。「振〜り込め〜、振〜り込め〜」で振り込んで、国際ネズミ講組織（アメリカの10大投資銀行）に持ち逃げされるのである。こうやって日本の農協系の資金20兆円ぐらいが消えてなくなる。

　農林中金は、日本の外資系金融機関のセールスマンたちから、「ゴミ箱のように何でも買ってくれる」便利で太っ腹な機関投資家と揶揄《やゆ》されていた。農中の経営陣は、最後の最後のなんと２００８年の秋まで、まだ性懲りもなく「証券化商品への投資をもっと増やすつもりだ」と意固地になって言っていた。このことは欧米のメディアでも驚きとともに報じられた（Ｐ１４３上の写真）。高谷正伸《たかたにまさのぶ》理事を筆頭にして農林中金の異常さが世界の金融関係者の注目の的となっていた。ここで農中のような機関投資家（institutional investers　インスティチューショナル・インベスターズ）と呼ばれる機能が金融危機の諸悪の根源のひとつなのだ。インスティチューショナル・インベスターズやエージェンシーと呼ばれる金融機能が、外資のファンド・マネージャー（資金運用者）たちのカモにされて巨額の、日本だけでおそらく契約残高で２０００兆円ぐらいの金融大爆発を引き起こしたのだ。その元凶たちだ。

　農林中金は、ＣＤＯ《シーディーオー》やＣＤＳ《シーディーエス》、ＲＭＢＳ《アールエムビーエス》などのデリヴァティブに9兆円の投資残高があることを明らかにしていた。これでも少なめに発表していると思われるので、実際には15兆円ぐらいの焦げ付き資産を抱えていると見るべきだ。どうせ日本政府としてはどこかの時点で、日銀券（お札）と日本国債を増刷して公的資金を作って、これを農林中金に注入して救済することになるだろう。

私が『恐慌前夜』で書いたとおり、水面下では農林中金をみずほフィナンシャル・グループと合併させる交渉が進んでいるとも言われる。農林中金を直接助けるために15兆円もの国家資金を拠出するのではあまりにも露骨だ。それで合併を支援する名目でみずほグループに出す形にするのであれば名分が立つ。これも、最近世界的に流行りの（シティバンクの救済でも使われた）「破綻前処理《はたんまえしょり》」（破綻＝破産させる形をとらない破綻）という欺計《ぎけい》と同じことである。しかし、本当は何が何でも農水省官僚たちを助けないといけないからであって、全国の農協や農民たちを守ろうとしているわけではない。農林中金の消滅と共に農水官僚も滅ぶのである。

前述したとおり、CDSの残高について、ニューヨークの大銀行・大証券10社と、泥棒たちの盗品返し談合会で、利益を吐き出し合ってかなりの解け《と》合い（解かし合い）をやったようである。しかし、住宅ローン債権などを複雑に合体させて組成した合成《シンセティック》CDOの方は解かすことはできない。だから、金融商品解消談合（契約解除）をいくらやろうとしても無理である。そのまま外債（デリヴァティブ）投資残高が残ってしまっている。それらが爆発（返済不能）に陥って、さらに米ドルと米国債の大暴落の追い討ちがかかって、巨額の実損となって日本国民の生活を直撃するのはこれからである。今年中は隠蔽《いんぺい》が続けられても、来年、再来年には暴

FT.com FINANCIAL TIMES

COMPANIES
Financials

FT Home > Companies > Financials

Front page
World
Companies
Energy
Industrials
Transport
Retail & Consumer
Health
Technology
Media
Telecoms
Financials
Banks
Insurance
Property
Financial Services
By region
Columnists
Companies A-Z
Week Ahead
Week in review
Markets
Markets Data
Managed funds
Lex

Nochu to buy more securitised products

By Michiyo Nakamoto in Tokyo
Published: August 24 2008 23:44 | Last updated: August 24 2008 23:44

Norinchukin Bank (Nochu), Japan's fourth largest by assets, plans to increase investments in securitised products, including asset-backed securities and collateralised debt obligations, by at least Y6,000bn ($54bn) over the next year or two.

The plan by Nochu, one of Japan's biggest institutional investors with an investment portfolio of more than $400bn, is a vote of confidence in securitised products, which have suffered sharp declines amid the US subprime mortgage crisis.

Nochu, which provides financial services to Japan's agricultural, forestry and fisheries co-operatives, is looking to invest in securities backed by cash flows from credit cards and auto loans as well as in CDOs and collateralised loan obligations, mainly in the US, where it believes prices have fallen to attractive levels.

EDITOR'S CHOICE
Asian banks batten down hatches - Dec-16
Lex: Norinchukin - Nov-26
Sumitomo and Aozora slash profit forecasts - Nov-14
Singapore to get tough on investment products - Nov-13

2008年8月、この1カ月後にリーマンが破綻した

発するだろう。

まず全国の農協（ＪＡ）の組合員の幹部たちが、自分の個人資産からひとり数億円ずつを負担しなければならなくなる。１００億円ぐらい持っている組合長（地方の素封家《そほうか》。代々続いている大地主たち）たちは半分の50億円ずつを連帯責任で差し出さなければならないだろう。農業協同組合連合会（そのトップが中央会。全《ぜん》中《ちゅう》と言う。ＪＡグループとも言う）の実体は、資産規模１５２兆円で全国の駅前のビル、アパート、建物等を持っている大地主たちである。農協の幹部たちは、まともに農業などやっていない。都市近郊の偽装農地《ぎそうのうち》を大量に保有する大地主たちの連合体である。東京の六本木を含む都心の港区にも農協はあるらしい。驚くべき人々である。農林中金は、ＪＡ、農協から資金

を吸い上げて52兆円ぐらいを運用している。そして外債投資の運用に大失敗して、記事にあるとおり、傘下の農協を相手に1兆9000億円の増資を「無理やりお願いして」やった。このうちの農林中金債券はやがて紙切れになるだろう。

私の講演会の参加者のご婦人方がいる。その中のひとりが、自分の息子さんがやはり農協の中堅幹部なのだろう、周囲からの圧力もあってJAの債券、農林中金債を5000万円買うという。「先生、なんとか息子をとめてください」とすがりついた、わざわざ北海道から来られた年老いた母親がいた。農協との長年のお付き合いや義理があって、額面5000万円の債券を買えと強要されている。その農林中金債が農中の破綻処理で数年後には大暴落して7割、8割引きになってしまうかどうかはしばらくしたら分かる。「亡くなったお父さんと育てた600頭の牛を売った代金」だったそうだ。「息子さんは、いくらとめても農林中金債を買ったそうですよ。あの方は泣きながら私に電話して来ましたよ」と別の女性が教えてくれた。世の中は、このようにしてまじめに働く善意の人間たちを喰いものにして、騙しながら、続いてゆく。「地獄への道は善意の絨毯で敷き詰められている」のである。

証券化商品をつかまされた年金基金が潰れ、もう年金はもらえなくなる

地方に行くと信用金庫が危ない。町の小さな金融機関である信用金庫の経営は、それぞれの土地の地元の名士の人々がやっている。地方の資産家たちが集まって理事を務めて運営している。資産家たちの集まりのかなり鷹揚な金融知能しかない人々によって経営されてきた。彼らもまたいいように騙されて、アメリカの証券会社や投資銀行の金融商品（外債）を日本の金融法人経由で、買わされている。それが一体どういう商品なのか知らない。「年利8％もの高利回り（高配当）の商品ですよ。お得ですよ」というセールストークに騙されて買い続けた。

この時に、それぞれの所管庁の役人（官僚）たちからの「お勧め」のような、資金の投入先の指定や割り当てがあったようだ。この手の役人主導の資産配分が、全国すみずみまで行われていたことが、明るみに出つつある。「日米振り込め詐欺構造」は必ず官僚たちを介在させ、彼らを外国金融商品セールスマンに仕立てることで完成していたのである。だから悲劇はこれから起きる。

サブプライム・ローン組み込み債券（ハイ・イールド債）であれば、元本吹き飛ばしで買い手（資金の出し手）はお金が全く戻ってこない目に遭いつつある。それらの債券を売りつけた

リーマン・ブラザーズやソロモン・スミス・バーニーや、メリルリンチ（ここはバンカメに吸収合併されて実は潰れてしまった）、モルガン・スタンレー（前述した）などの金融営業マンたちに騙されて買った金融商品は、差金決済が許されない。中途で解約や買い戻し要求ができない仕組みになっている。

　地方の信用金庫や信用組合がいつの間にか買わされていた1本10億円とか20億円のＲＭＢ《アールエムビー》Ｓ《エス》（住宅ローン担保証券）やＣＤＯ《シーディーオー》（債務担保証券）などが償還されないという事態がやがて表面化するだろう。非営利の年金や保険金の積み立て資金をつぎ込んだ分については日本政府が資金を供給して、発行元のアメリカ政府を救援し、肩代わりするかたちにした上で、救済するだろう。しかし、いつまでもどこまでもそのようなことをしていたら、それこそ他人の損の尻拭いである。国民の税金をそんなことに使い続けたら、あとあといったいどういうことになるか。

　滝野川《たきのがわ》信金《しんきん》が破綻しかかった時にちらりと露見したように、肩代わりする信金中央金庫《しんきんちゅうおうきんこ》の悲惨な実態がぼろぼろと見えて来つつある。私が書いて来た通り、まだまだ隠されて表に出ない、すでに吹き飛んでいるおかしな証券化商品を買っている年金運用団体や各種の共済組合や事業団と共に恐ろしい未来がこれから待ちかまえている。

「資本不足の滝野川信金　信金中金が200億円支援へ」

米低所得者向け（サブプライム）ローン問題で損失を出した滝野川信用金庫（東京都北区）が14日、信用金庫の中央金融機関である信金中央金庫に対し、200億円の資本支援を要請した。信金中金は資本支援要請を受け入れる方針。サブプライム問題が国内金融機関の経営問題に発展したのは初めて。滝野川信金は14日、決算期末の今月31日を払込日とした200億円の優先出資証券の募集を開始。信金中金は、この優先出資証券を引き受ける。19日の理事会で正式に決める方針だ。

滝野川信金は、保有していた117億円分のサブプライム関連商品に加え、サブプライムとは関係のない証券化商品の価値も大幅に下落し、損失が400億円前後まで拡大。このままだと昨年3月末時点で11・54%あった自己資本比率が、国内業務を継続するのに必要な4%を下回る見通しになった。

（2009年3月15日　朝日新聞）

怪しげな「仕組み債」にひっかかって有名大学も大損した

仕組み債は元々怪しい金融商品である。FX（為替取引）や平均株価を指標《インデックス》取引して、作られた商品である。1ドルが例えば120円に戻ると、通常の何倍ものリターンが得られるというようなバクチ契約である。この仕組み債には市場があるわけではないので、銀行や証券会社が組成《そせい》したものを勧められて顧客と相対で秘かに取引されている。これが大幅に損失を出している。中国からの輸入の決済用資金の50万ドルをヘッジするために、為替予約を立てて半年後の為替変動リスクをヘッジするだけならいいのだが、それに5倍、10倍のレバレッジをかけて、100万ドル（1億円）とか200万ドル（2億円）の取引にするから、これはバクチ（ギャンブル）である。大銀行でも資金調達のために、まだぞろ売り始めた。

これは1990年代に流行した「ファントラ」「特金《とっきん》」「ゼロ・クーポン債」と呼ばれた金融商品と同じだ。例えば転換社債で株式への転換価格を500円と決めておいて、いくらなんでも株価が300円に下がることはありえないことを条件にしてできている商品だ。そして本当に株価が300円を割ってしまったとたんに投資総額すべてが消えてしまう。そういう契約なのである。およそ起こり得ない金額を設定しておいて、そのおよそ起こり得ない暴落価格が起きてしまうのである。これで投資元本のすべてが消えてなくなる。そういう危険な金融バクチなのである。「リスクを分散したりヘッジしたりすることで高利回りが出る」とうたい文句にあって、これで、銀行や証券会社が盛んに、秘かに中小企業の経営者や資産家たちに売った。そして案の定、「理論（上あり得ない）価格」を割ってしまって、元手《もとで》は消えてしまうのである。始めからそのような事態が想定（予想）されているのなら詐欺《さぎ》罪（あるいは民法上の詐欺行為。不法行為《トート》の一種）である。Ｐ１９８で説明する。

　これらは金融工学に基づく「ブラック＝ショールズ・モデル」に基づいてその複製原理で作られる「オプション取引のプライシング・モデル」で作られる。外資の投資銀行（リーマン・ブラザーズなど）が商品開発したものを、日本の銀行や証券会社が代理店として取り扱っている商品だから、安心だ、安全だ、ということで秘かに売りまくった。本当は立派な詐欺である。振り込め詐欺そのものだ。

　最近では、「日経平均が４５００円を割らなければ（とてもそんな安値は考えられない。理論価格としてあり得ないとする）、年率10%の金利を差し上げます」という「ノックイン債」という危険なボロクズ債券投資信託がある。これを、なりふり構わず金持ち（資産家）たちに売って回っている。ということは、日経平均は来年までに４５００円を、一瞬割るだろう、ということである。

　例えば決算期用の運転資金を先物投資に回して７５０億円を吹き飛ばしたことが明るみに出たソフトバンク（孫正義社長）の場合は、新聞記事になった。金利スワップや通貨スワップで７本買っているうちの５本が飛んでしまい、残っているあと２本が飛ぶと完全に７５０億円が戻ってこないという契約であった。資金の手当て用として一時的に運用したお金なのだろうが、元本を吹き飛ばしてしまった。

駒澤大学の154億円の運用投資の失敗が有名になった。続いて慶應大学が225億円の外債投資で失敗したと新聞で2008年11月に明るみに出た。しかしこれは2008年の3月時点で確定した損失だから、その後、株が更に大暴落しているわけだから、実際は慶應大学の損失は1000億円ぐらいになるのではないか。

「金融の波、大学直撃　資産運用で損失、キャンパス担保に融資も」「長期保有…損害出ていない」

世界的な金融危機が、国内の私立大の経営にも影を落としている。駒沢大学は、デリバティブ（金融派生商品）取引で約154億円の損失を出した。そのためにキャンパスの土地建物を担保に新たな融資を受ける事態に陥っている。金融取引で資産運用をしている大学も少なくなく、その多くで含み損が発生しているとみられる。

少子化や「大学全入時代」の到来で経営が厳しくなっていることに加え、低金利が続いたことから、各大学は金融取引による資産運用に乗り出している。日本私立学校振興・共済事業団によると、全国の大学・短大約650校のうち、少なくとも75校がデリバティブ取引を行っているという。

駒沢大は、デリバティブの「金利スワップ」「通貨スワップ」の2種を外資系金融機関と契約。今年3月期決算での評価損は約53億円だった。ところが金融危機で含み損が膨らみ、追い証（追加の保証金の差し出し）を求められたため、契約を解除した。その結果、損失額は約154億円にのぼった。

このほかにも、含み損を発生させている大学は少なくない。立正大では、今年9月末時点で約148億円の含み損が判明。札幌大でも約20億円の含み損が出ているとみられる。こうした事態に、〝大学倒産〟という最悪のシナリオも頭をよぎるが、どの大学も10～20年という長期保有型の資産運用をしており、現時点では悪影響は現実化していない。

大学関係者は「長期的には含み益も期待できるので問題はない」と強気だ。慶応大は平成20年3月期決算で約225億円の評価損を計上しているが、「現時点での評価損は変わっていない」。早稲田大も3月期決算では約5億円の評価損だったが、「デリバティブは購入していない。長期保有が目的なので損害は出ていない」と説明する。

（2008年11月25日　産経新聞）

私立大学も大きな枠組みではNPO《エヌピーオー》である。「ノン・プロフィットでノン・コマーシャル」の団体である。年金運用団体や共済掛け金での互助組織や労働組合や環境保護団体や大きな同窓会などもこれに含まれる。非営利の学術教育用の団体ということである。このあと本格的な世界金融恐慌に突入したら、一番最後にＮＰＯ法人がやられることになる。駒澤大学の場合は１５４億円の損を出して、理事長が解任された。現在判明しているだけで65校の私立大学がボロボロにやられている。駒澤大学の場合は大学の理事を務める千葉県のお坊さんがネットで書き出して露呈した。あとは社会に向かって公表するかしないかの違いである。

各種公益団体の理事会は普通は10人程度で構成されるが、資金の運用はトップの2、３人で決めている。理事長と筆頭の財務担当の理事である。このトップの財務担当理事は、多くが銀行員あがりで、財務・会計に詳しいドケチンボの人間ということになっている。あるいは主管庁の役人の天下りである。この連中が胸を叩いて「俺に任せておけ。俺には有力な外資のバックがある」などと言って、リーマンやメリルリンチやモルガン・スタンレーの白人の幹部たちとくっついて通貨スワップや金利スワップの金融バクチをやっていた。１００億円、２００億円単位の特殊な債券を買って、そして元金まで吹き飛ばしている。私が前著『恐慌前夜』で書いたとおりである。

天下りした馬鹿官僚たちが「自分は秀才である。自分には投資の才能がある」とうぬぼれて、「国債での運用だと金利が年1％しかつかない。オレなら年利で8％で回してみせる」と豪語して外資の証券営業マンとグルになって、結局、自分も騙されて、金融バクチにドップリつかって買わされたのである。これらの運用失敗は、これから全国で明らかになる。嵐は過ぎ去ったのではない。本当の嵐はこれから襲ってくるのだ。

だからこそ天下り官僚たちを一掃しなければいけない。東大法学部を出ていようが、勉強秀才だった人たちにそのまま投資や経営の才能があるはずがない。自分の出世や利益ばかり考えている人間たちに現実の泥くさい商売や金銭取引の優れた能力があるはずはないのである。それなのに「お役人様は偉いのだ」という「官僚による全業種・業界支配」の日本的現実が長年続いて最悪の慣例が敷かれて来た。今こそ日本国民は官僚支配を打破すべきだ。政治（行政《ガヴァメント》）の実質を政治家（国会議員たち。国家の代表たち）に行わさせなければいけない。「行政《ガヴァメント》は官僚（公務員）が行う」などとはなっていない。行政＝政治は、国民に選ばれた代表たちである政治家がやるべきなのだ。

政治家（国会議員）は、自民党でも民主党でも民社党、公明党、共産党でも皆、偉いのである。会って話せばかなりの見識をもった人々である。たとえ官僚あがりでも、政治家になるほどの人間はやはり苦労をして、皆の代表になっているから、それなりの風格《クラス》を持っている。彼らは、自分の選挙区の草取りで忙しすぎる。選挙区の有力者たちの冠婚葬祭、即ち、後援会のじいさんたちの葬式と、有力者のバカ娘の結婚式と、小学校の運動会への参加などであまりに忙しい。だから、各省の官僚たちが、これ幸いと調子に乗って政治の実質を長年、握って来た。

東大法学部を出たというだけで、裏で悪いことばかりしてきた。自分たちひとりひとりには国民に向かって顔の無い、〝顔無し〟だ。

　この日本国の国家体制上の弱点をアメリカの対日あやつり人間たちに利用された。アメリカは、実に鋭く上手に突いてきた。「規制緩和《デレギュレーション》、自由競争促進、市場原理優先、労働力の流動化《リクイデーション》（正社員の削減）」などのキレイごとの標語を使って強制開国と日本国強姦行為をこの10年間、日本に対して行ってきた。小泉純一郎と竹中平蔵という自覚的な被洗脳人間を上手に操って日本国を丸裸にして、日本国民の富《とみ》を奪い取った。ちなみに彼らが多用した×「新自由主義《ネオリベラリズム》」などという言葉は、世界基準の知識用語としては存在しもしない。

　そのための道具《インスツルメント》として、アメリカは日本の官僚組織とメディア（テレビ、新聞、週刊誌）という、二つの権力集団を計画的に使った。まず１９９８年に〝ノーパンしゃぶしゃぶ事件〟を仕掛けた。大蔵官僚たちの中の愛国派（ドンは長岡實《ながおかみのる》だった）が、「先例（前例）がないから認められない」と言う官僚の作法でアメリカの要求を断って抵抗していた。それを〝ノーパンしゃぶしゃぶ事件〟をＣＩＡが仕組んで叩きのめした。新宿のローランというノーパンしゃぶしゃぶ店に出入りした官僚たちが愚かにも自分の名刺を置いていった。それを集めた分厚い束を週刊誌の記者たちに配った。ＣＩＡは１９９８年の2月から、その名簿をインターネット上に公開した。発信元は全く不明である。これで大蔵官僚たちが泣き崩れたのである。名簿に載った数百人の者たちの出世は止まった。そしてそれが、同年10月の「大蔵落城《おおくららくじょう》」となっていったのだ。

それ以来、斉藤次郎と坂篤郎《さかあつお》と武藤敏郎《むとうとしろう》（日銀総裁になれなかった男）が実権を握る時代になって、アメリカの軍門に下った。財務省、金融庁だけでなく、厚生労働省、総務省、そして法務省、検察庁、警察までが計画的にアメリカの手先として飼育されるようになった。彼らをアメリカ留学させたり、一等書記官でアメリカに出向させたりした。それと、P92で前述したメディア（テレビ5社、新聞5社）が、アメリカの手先として、強弱はあるけれども、日本の愛国政治家・財界人たちに、次々にスキャンダル記事攻撃を仕掛けて失脚させている。これらの中で最悪最凶のやり口が「痴漢冤罪《ちかんえんざい》」での失脚、追い落としである。そして、P249で説明するが読売新聞記者の越前谷知子《えちぜんやともこ》記者と財務官僚たちを使った中川昭一大臣へのワインに薬物を盛っての失脚謀略である。ここまで手口は悪質になっている。

これもP259で書くが3月3日からの、法務省・東京地検特捜のアメリカ留学・被洗脳組を突撃隊とする、小沢一郎に対する卑劣なる西松建設政治献金＝政治資金規正法の企業・団体献金禁止違反事件のでっち上げである。上手に計画されて各省からアメリカへの留学組として育てられた各省の官僚たちの仕業《しわざ》だ。彼らをすべて公表して、日本国民の力で裁断すべきである。官僚とメディア（テレビ、新聞）こそは、今の日本国民に向けられた刃物《はもの》である、と森田実《みのる》氏が私に語ってくれたとおりである。私たち二人の対談本『アメリカに喰い尽くされる日本』（2007年刊、日本文芸社）を読んでみて下さい。

保険商品の巨額損失が国民に黙ったままで明らかにされない

この他に、年金積み立ての形で売られている保険商品でも、かなり痛手をこうむっている。例えばアリコ・ジャパンのような会社だ。いつの間にかAIGエジソン生命の一部門になっていた。AIGエジソン生命は昔の東邦生命である。それが1998年に破綻させられてGE《ジーイー》キャピタルに買収された。その後、いつの間にか売られてAIGの子会社になっていた。東邦生命は自衛隊とか消防庁や学校教職員組合などの現業部門の公務員たちの年金も運営していた。AIGの破綻がアメリカで明らかになったあと騒がれたが、これらが今どうなっているかの追加の報道が全くない。きっと近いうちに、日本人何百万人もの加入者が掛け金として納めて安全に積み立ててあったはずの合計数十兆円分の保険契約の残高が、アメリカで吹き飛んでいることが判明するだろう。まさしく「日米振り込め詐欺恐慌」である。

生保業界は多くが相互会社である。完全な民間企業である株式会社と違って公益・非営利の方が公的資金を容易に注入してもらえるだろう。それでも最大手の日本生命はAIGと再保険契約を結んでいるはずなので、自分も危ない状態になっていると思われる。英国式なら再保険（リインシュアランス）だが、アメリカ式では保険引受け（アンダーテイキング）である。もしＡＩＧ系生保の生命保険の支払い用資産を日本国内で確保できていなかったら、生命保険業界全体の信用危機（信用不安）につながる。保険業そのものが崩壊するのである。

私が前著『恐慌前夜』で書いたとおりだ。こんなことを書いても事実だから日本生命から私に抗議の文書の一枚も来ない。全くの音無しの構えだ。日本生命の内部事情をそれとなく伝えて教えてくれる社員もいるので、日生も私に対して下手には動けない。デイヴィッド・ロックフェラーが直接育てたのであろう氏家《うじいえ》純一《じゅんいち》氏を会長に戴いている野村證券も事情は同じだ。すべてシティバンクと運命を共にするだろう。もし、ＡＩＧ系生保の団体生命保険の支払い用の資金が日本国内できちんと「別個に積んで」確保できていなかったら、それこそ大変なことだ。やがてＰ１１２で書いた「予定利率の変更」（保険金の6割削減とかのこと）の公表が為されるだろう。

日本のテレビ、新聞には報道管制（言論統制）が敷かれている。アリコのような個人の保険契約者なら、「第三分野」のがん保険だから、毎月の掛け捨てだから、「騙されたからもう諦めよう。解約してもう来月から掛け金を払わない」で済むから大騒ぎになっていない。しかし、団体信用生命保険として社員全員が丸ごと加入しているような場合は、保険契約をやめたくてもやめられない。だから年金運用団体や共済年金組合などは、公務員系と民間企業系を問わず、内部は大慌てのはずなのだ。これらは掛け捨てではない。

この団体信用生命を、AIGエジソン生命とスター生命が多くを扱っているが、AIG本体の破綻とともに日本国内にも生保の連鎖倒産の危機が広がる。リーマン・ブラザーズが破綻した2008年「9・15」の翌日に米政府によるAIG救済が発表された。まず12兆円が投入された。そして現在までに17兆円（1700億ドル）が投入された。アメリカ本国で親会社のAIGが、このあと米政府が支えきれなくなって本当に破綻するということになれば、日本の生保業界も危ない。それでも欧州ロスチャイルド系である三井住友生命や第一生命はこの嵐に耐えて生き残るだろう。

2000年に協栄生命が潰れた時は、自衛隊や学校教員たちが年金以外で個人で積み立てた1000万円とかの個人年金のお金があった。協栄生命の破綻後、これらを解約した加入者には、8割の800万円ぐらいしか返せなかったようである。このような貯蓄型の個人年金の積み立て部分も今後はやられる。「満額戻せ」と強く騒いだ人たちだけが返してもらえたという話もある。それ以外のおとなしい人々は泣き寝入りするしかなかった。泣き寝入りしないで、大騒ぎして、泣き叫んででも自分のお金を取り戻すことを私は強くお薦めする。解約できない、させないと居直られても、やっぱり闘うしかない。「この詐欺どもめ」と。

これと同じことがこれからもっと起きる。今回のＡＩＧ段階なら今のうちならまだ受け取り保険金の2割減で済む。しかし来年からは6割削減となるだろう。このことを覚悟した方がいい。解約するというと積み立てた分をかなり削られてしまうだろうから、どうせ双方がいい思いはしない。絶対に解約させない、とか元々解約できない契約だ、とか言って生保側は居直るだろう。しかし、それでもねばり強く交渉して早めに解約した方がいい。自分が積んだ分だけは返せと強引に言うべきだ。

しかし、団体生命保険の場合は、公務員や会社員（従業員）が、自分の会社の経理部に行って、「自分だけ解約させてくれ」とわめいても無理である。みっともない限りだから会社も相手にしてくれない。これは税金（所得税）の源泉徴収制度（給料天引き制度）と同じだ。国家の徴税のしくみというのは、そのように、実に狡猾に出来ている。江戸時代の百姓の年貢の取り立ての過酷さと何の変わりもない。「五公五民」だとか「四公六民」だとか、小学生にまで教科書で教えて分かったようなふりをさせる。本当の歴史の真実は、「五公五民」というような生やさしいものではない。お上《かみ》は農民から出来高の8割以上を奪い取っている。

本当の徴税《ちょうぜい》（貢納《こうのう》）というのは、泣き叫ぶ百姓たちを打ちのめしてから、無理やり納屋の米や穀物を、土地の地回り《じまわ》（十手持ち）たち公設暴力団を使って、引きずり出して持っていったのだ。それが日本だけではない人類の本当の歴史だ。ヨーロッパの本当の歴史では、徴税《ちょうぜい》請負人《うけおいにん》たちこそはユダヤ商人の本性である。彼らが民衆に悪いことばっかりしたから、それでヨーロッパ人たちの激しい怨みを買ったのだ。ただの高利貸しのシャイロック（ベニスの商人）に対して抱く生やさしい憎しみではなかった。徴税請受人の恐ろしさに人類の本当の歴史が横たわっている。ここを知らなければ、本当の世の中が分かったことにならない。

今のサラリーマン（給与所得者）たちの場合は文句なしに天引き（強制徴収）されてしまうのだから手も足も出ない。そういう仕組みになっている。税務署に対して「こんなに取られて」と上層サラリーマン（経営者たち並みに能力のある勤め人たち）は怒っている。国税庁・税務署に喚《わめ》きたいけれども、自分の会社の経理部に行ってわめくバカはいない。国税庁・税務署を配下に置いているのは財務省である。私たちは大きな真実を明らかにせよといって、政治家や各省の官僚トップたちに対して大声でわめくべきなのだ。

「団体年金利回り、大幅悪化――08年4―12月マイナス19％」

大手生命保険七社が企業年金から運用を受託している団体年金（特別勘定）の2008年4―12月の利回りは平均でマイナス19・5％だった。株安により前年同期のマイナス3・7％から大幅に悪化。利回りの低下幅が最も小さかった大同生命保険と最も大きかった日本生命保険の差は2・7％だった。（傍点、引用者）

昨年は金融危機で10月以降に株価が大幅下落。4―9月の平均マイナス6%と比べても利回りは大幅に低下した。大同生命は「株式への投資割合が低く、債券が高めだったのでマイナス幅が小さくなった」。一方日本生命は「国内株式の組み入れが大きかったのでマイナス幅が大きくなった」という。

生保の特別勘定は一定の運用利回りを保証する一般勘定と違い、運用実績を運用利回りにそのまま反映する。企業年金は一般勘定に上乗せして運用委託することで利回りの上昇を狙う。ただ、金融危機による利回りの悪化で、企業年金が特別勘定を敬遠する動きも出ている。

（2009年1月23日　日本経済新聞）

このように、生命保険会社7社という日本の代表的機関投資家《インスティチューショナル・インベスターズ》の資金の運用の利回りは、「マイナス19・5%」なのである。利回りではない。損《そん》回りである。運用資金の2割が損失で消えたということである。四半期（3カ月）での決算の数値だから、1年に換算したら平均マイナス20%であろう。機関投資家《インスティチューショナル・インベスターズ》というのは、国民の資金を預かって、大きな資金にまとめて運用する金融法人のことで、大銀行、証券、生保がその代表である。

通常なら、公的年金運用団体には「外債への2割ルール」があるはずだ。通常は外債（外国債券）での運用は運用資産全体の10～15％が上限で、多くても2割が限度である。また民間の証券や生保業界にも内部でルールがある。ところが、それを超過してファニーメイ債やフレディマック債などの機関債《エージェンシー・ボンド》や、それらの米住宅公社が保証していたＲＭＢＳやＣＤＯを米国政府の圧力で買わされているようだ。それらの内情が今も明らかにされない。そもそも、日本勢が保有している米国債の規模（総額）さえ今も明らかにされていない。以前は財務省は、「わが国の米国債（米財務省証券）の購入残高は４６００億ドル（46兆円）」と表明していた。まったく馬鹿げているとしか言いようがない。ひと桁違うだろう。実際には、翌日物（オーバーナイト）の超短期のＴＢ《ティービー》（トレジャリー・ビル、米財務省証券）とかも含めると８００兆円ほどあるだろう。これにアメリカの50州や大都市などの地方政府が発行する地方債（地方自治体債、municipal《ミュニシパル》 bond《ボンド》 略称「ミュニー」）を買って（買わされて）保有する分まで入れると１２００兆円あるだろう。少なく見積もってもアメリカの累積の財政赤字総額は40兆ドル（４０００兆円）はある。そして、これがさらに急速に膨らみつつある。

この４０００兆円（40兆ドル）というのは私の2年前の本の『ドル覇権の崩壊』（２００７年7月刊、徳間書店）で示した数字である。その根拠は、日本の累積の（単年度ではない）財政赤字が１３００兆円であるからだ。アメリカは超大国《スーパーパワー》（世界帝国）だから優に日本の3倍の財政赤字を抱えているに決まっている。だから私はこの10年ずっと「アメリカの財政赤字は日本の3倍あるはずだ」論を唱えてきた。おそらく他のボンクラ経済学者たちよりも日本国内では私が書いていることが大きくは当たっているだろう。だから私の目算（大きな概算）では、アメリカ政府（財務省とＦＲＢの両方）は、この財政赤字の４０００兆円をさらに急激に増大させつつある。ＦＲＢが米国債を刷り散らして、財務省《トレジャリー・デパートメント》がドル札（紙幣）を刷り散らす他にアメリカは生き延びれない。おそらく既にもう５０００兆円（50兆ドル）程度に達しているのではないか。

私はずっと日本から７００兆円ぐらいの規模で米国債その他に資金が投資されていると指摘してきた。この2年間のアメリカ発の金融危機でそれがさらに１００兆円積み増しされたのではないかと勘ぐっている。この考えが正しいことがこれから明らかになっていく。どうも〝会計学の魔術〟でアメリカで運用されると、連邦政府と地方政府の公会計の資金の付け替えとかで、二重に計算されたりして数字は倍に膨らむようだ。

米国債（国の借金証書）で運用されているのならまだ良い。政府による元本保証と利払いが法律で保証されている。しかし、それとてもやがて怪しくなる。国債以外の各種のアメリカ債券（公債）で運用した分については、既に大きな損失を抱え込んでいる。

この他に、これらの米大手証券会社が日本国内で直接、起債して円建ての資金をかき集めるので「サムライ・ボンド」と呼ばれる日本人向けの債券もある。これらの仕組み債のすべてが流動性の喪失で、値段がつかなくなっている。もはや格付け《レイティング》を引き下げて「トリプルＢ」とか「ダブルＢ」とかに調整する、という次元の話ではなくなっている。「もう誰も買わない。買いたくない」のである。流動性が消滅していると、値段がつかないのであるから、本当はタダ（無価値）である。これらのデリヴァティブの値段はもう地に墜ちているのである。

格付けの「Ｂ」とか「Ｃ」は、投資不適格の債券（証券）なのである。日本人は皆、勘ちがいしている。「Ｂ」というのは、日本の学校の通信簿（成績表）で言えば、５段階評価の「２」なのである。「３」ではない。「３」に相当するのは、「シングルＡ」である。「ダブルＡ」が通知票（通信簿）の「４」で、「トリプルＡ」が、「５」である。だからＢＢＢ（トリプルＢ）から下の債券など買うのはゴミあさりであり、詐欺にあっているのと同じだ。Ｐ１９８で説明する「野村のハイ・イールド債」は、すべて「Ｂ」「Ｃ」債への投資である。一体、この詐欺師たちは何を考えているのか。

「ハイ・イールド債」（ジャンク債、ゴミクズ金融商品）を買って無事に（安全に）償還されると思っている方がおかしい。紙クズである。それをアメリカ政府は盛んに米国債でシティバンクなどのメガ銀行メガ証券から買い上げようとしている。「バッドバンク」構想の「不良資産の買い上げ」政策である。これで危険はさらに深刻になってゆく。これがいよいよ「アメリカ発の世界恐慌への突入」の震源地となる。

日経平均は一瞬5000円台を割って4000円台に

これから3年先（2012年）まで日本の企業は売り上げが落ちてたいへん厳しい状況が続く。中小企業の社長たちが、「わが社（ウチ）もあと1年もつかどうかわからない」と口をそろえて言い出した。売り上げが急に落ちだした他に、資金繰りがつかなくなって、銀行からの新たな融資が安心して受けられなくなっている。売り上げが昨年の秋から急に落ちだしたと言われている。それは本当だろう。だが、私はどう考えても分からない。なぜ金融部門の大失敗が直接、社会の実体経済の、実際の経済にこんなに打撃を与えてしまうのかよく分からない。企業の売り上げが激しく落ちているというのは事実だろう。が、実体経済のほうが金融部門の大失敗を引き起こしたアメリカの悪質な金融ばくち行動によって、ここまで一気に打撃を受けるものなのか。そのことの連続的な証明ができなくて困っている。

「資産効果」と呼ばれる便利だが変な言葉がある。英語にはその対応語がない。日本の金融評論界が勝手に作って使っている言葉だろう。その反対の「逆資産効果」というのもある。企業経営者や富裕層（金持ち）が、株や債券やファンドや為替の投機で失敗して、贅沢品を買わなくなったので景気が悪くなったという説明である。同じく土地や家の価格も下がって、それで

NYダウ平均株価の推移

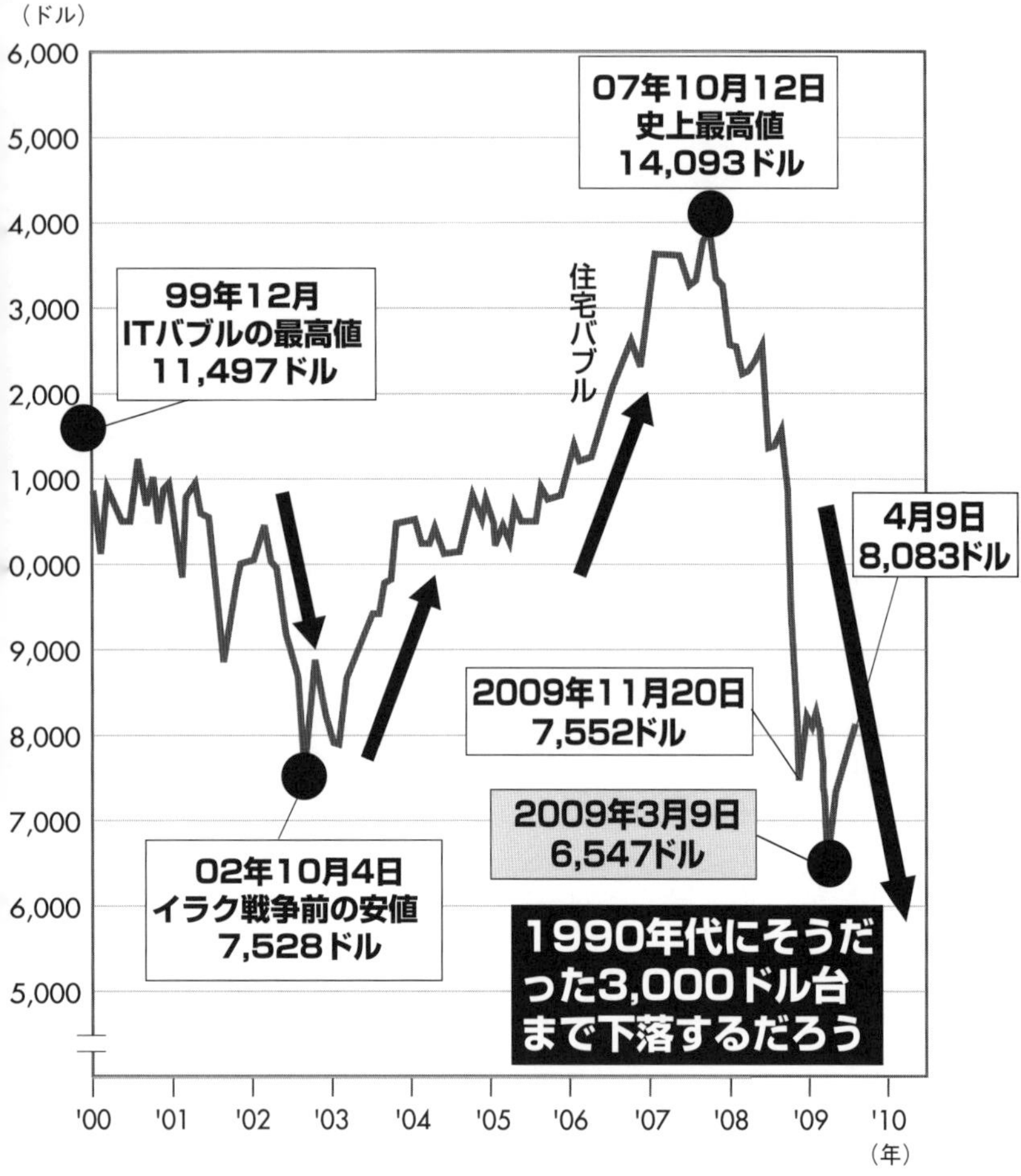

出所：Dow Jones Indexes（終値ベース）より

日経平均株価の推移

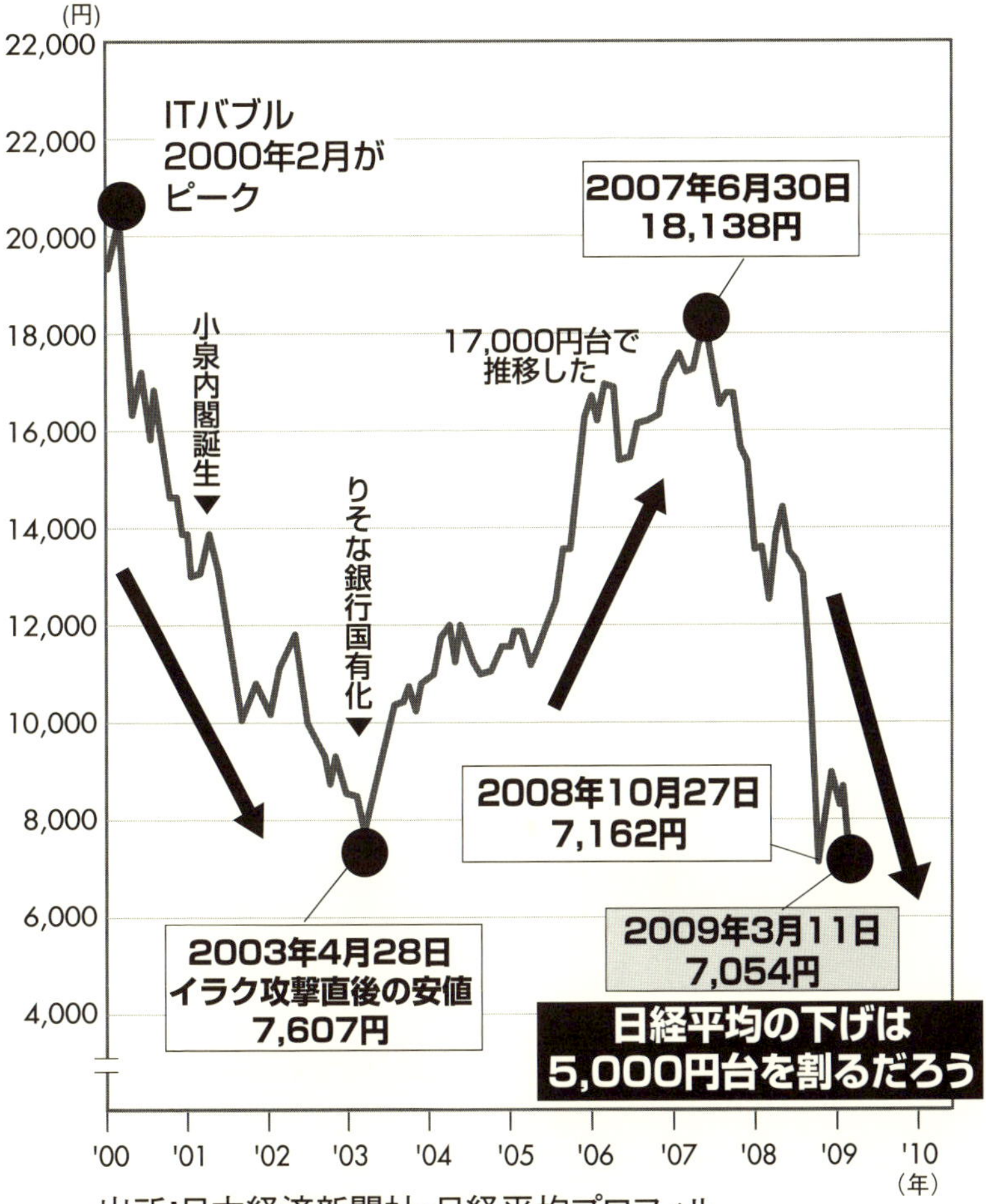

出所：日本経済新聞社・日経平均プロフィル
（終値ベース）より

消費意欲が減退して、社会全体が不景気（不況）になるというのを「逆資産効果」と言うらしい。

もしもこの理論を妥当だと認めるなら、それは「制度学派」と呼ばれるソースタイン・ヴェブレンの独特の経済学である。この理論に依拠しなければ理解できない理屈である。いわゆる正統派の経済学者やエコノミストたちが唱える、大学の経済学部で習う理論の枠組みからは出てこない理屈である。『有閑階級の理論』（邦訳、ちくま学芸文庫）を書いたヴェブレンの思想に立てば、金持ちや貴族たちが大いに贅沢をするから、周りの者たちに利益が移転して、社会全体にお金が回って有効需要《イフェクティブ・ディマンド》が創造されて、それで社会が豊かになる。それが「資産効果」だろう。金持ちが消費しなくなるとその逆が起きるから社会全体が貧しくなるとなる。

確かに売り上げはもっと落ちて景気はひどく悪いままこのまま続いていくであろう。まさしく「アメリカ発の世界恐慌」そのものである。

株は激しく暴落した。ニューヨーク・ダウは一昨年の2007年10月12日には、1万4000ドル台までいった（P166の表を参照のこと）。その2カ月前の8月17日には、「サブプライム・ローン危機による大暴落」を経験している。それなのに、ニューヨークの金融市場（即ちアメリカの支配者たち）は、まだ気楽に考えていた。「過熱した経済はオーバーシュートする」という法則ですぐに戻り高が起きて史上最高値をつけた。このあと、NYダウが

１４００ドルを回復することは二度となかった。ＮＹダウは暴落を続けて今に至る。そして遂に２００９年３月９日に６５００ドルまで下落した。

この時、日経平均株価は、同じく記録的な暴落をして７０５４円（２００９年３月11日）にまで下げた。この６５００ドル（ＮＹダウ）と７０５４円（日経平均）という数字（金額）は頭の中に入れておくべき数字だ。なぜならやがて、日経平均はこの７０５４円を割ってゆくからである。２００９年３月18日には無理やり８０００円を回復した。これは政府主導の人為的な株価上昇であった。年金基金からの流用どころか郵貯の資金までが株価つり上げに使われていると噂されている。その翌日19日には、ニューヨークのドル下落、株崩れが起きて、すぐに７５００円に戻った。一進一退である。だからこのあと、７０５４円の近年（史上ではない）最安値を割り込んで下落してゆくのである。**日経平均はやがて７０００円台を割り、６０００円台も割り込み、５０００円台になるだろう。一瞬だが５０００円台を割って４０００円台になる。**そこが日経平均の大底である。その理由はＰ１９８で書く。このあと日本の株価は、再び上昇してゆく。なぜなら日本経済の底力《そこぢから》は強いからである。

日本の産業界は世界的な先端技術《ハイテクノロジー》の塊《かたまり》である。日本の理科系の技術屋（エンジニア、テクニシャン）たちが作り出す精密技術とハイテク商品に敵《かな》う競争相手は世界中にいない。日本は技術立国であって、工業製品の輸出で食べてゆく国である。これからもずっとそれで繁栄してゆく国である。現在の「アメリカ発の金融恐慌」は、確かに日本国にも大きな打撃を与えている。軒並み輸出大企業が2009年3月決算で、3000億円（トヨタ、パナソニック）から7000億円台（日立製作所）の営業損益（あるいは最終決算）で赤字に転落している。この苦境は、あと数年（3年）で脱出できる。日本経済は回復してゆく。その前に中国経済が一足先に回復している。ただし、それは政治・外交・軍事（安全保障）場面での大激動が東アジア（極東）に襲いかかって来ないことが唯一の条件（不安要素）である。政治・外交上の大変動、即ち戦争の脅威が日本にも迫って来て、日本が周辺国から侵略戦争に巻き込まれるという事態になると、日本の繁栄の継続と再度の成長経済が危うくなる。日本国内の製造業の生産設備が外国からの爆撃の危険にさらされるような情況に陥ると、ハイテク産業国という日本国の基本骨格が浸食されるからである。

第3章

アメリカ処分案がこれから実行される

アメリカがどうしても処理しなければならない金額は4000兆円

「9・15」のリーマン（破綻）ショックのあと「恐慌本」と呼ばれる本がたくさん書店に並んだ。私が書いて国民に警告してきた〝アメリカ発の金融恐慌〟を予言した本の真似《まね》である。それらの本の著者には、金融取引の現場の専門家たちもいるので、それなりに勉強にはなる。しかし、大きな論調の枠組み（アウトライン）は、私の本が作った。

難しい金融の仕組みの話は、専門家たちが書けばいいから、私はあまり説明する気にならない。だが少しは書いておく。RMBS《アールエムビーエス》とCDO《シーディーオウ》とCDS《シーディーエス》は破裂した。しかし、この他にC《シー》MBS《エムビーエス》（商業用不動産ローン担保証券）という商業ビルの担保価値を原資にして金融商品（デリヴァティブ）に仕立てた債券（証券化商品）があって、その総額は１５００兆円もあって、これが今から破裂する。**住宅バブルの崩壊の次にアメリカの商業用不動産市場の暴落（今のところだいたいピーク時から30%下落）が襲ってくる。商業ビル市場はさらに半値（ピーク時からは7割下落の3分の1）になる。**担保価値（不動産の時価で評価した値段）をどんどん割り込む。このCMBSという商業ビルを担保にした債券市場が激しく毀損《きそん》して、流動性（リクイディティ）の消滅に向かうだろう。**CMBSの発行総額の3分の1の600兆円（6兆ドル）**

分が強制的に処分される。さらにクレジットカード、自動車ローン、学生奨学金ローン、これらをあわせた400兆円が破裂する。

それから大手のサラ金会社程度のくせに、地方債《ミュニシパル・ボンド》の保証までやって、倒産リスクをとれないくせに保険業をやっている4大モノラインが破綻する。MBIA《エムビーアイエイ》とアムバック、FSA《エフエスエイ》、FGIC《エフジーアイシー》の4社である。このモノラインがニューヨーク州やカリフォルニア州などの地方債の保証をやっている。これが今から再度破綻を起こす。モノラインはサブプライム・ローン（貧亡人向け踏み倒しローン）の保証（保険）をやっていただけではない。ここが600兆円くらい出血する。

CDSは契約残高が発覚した（2007年8月）時のピーク時に最大62兆ドル（7200兆円）あった。いまは40兆ドル（4000兆円）まで減っているようだ。CDSは相対取引だから、お互いに契約の「解かし合い」（dissolution　ディソルーション）をやっている。CDSは契約の解消で、債券額を償却（帳簿から消す）して実損（圧縮記帳、本当の痛み）は額面の総額の100分の2ぐらいの2%までに減らせる。**ところが合成CDOは減らすことができない。サブプライム・ローン（初めから腐っているローン）を組み込んでいるRMBS（住宅ローン担保証券）もなかなか減らせない。それぞれが400兆円ぐらいずつの処罰を受けなければ済まない。**

済まない4000兆円(40兆ドル)
できないで失敗する

内　容		どうしても必要な処理額
ローン残高総額 **300兆円**		70% **200兆円**
地方債保証分 **400兆円** 各種劣等与信分 **200兆円**	(このうち40%) (このうち20%)	**計** **200兆円**
ローン残高 **1200兆円**	ホーム・エクイティ・ローンの過剰融資分の取り立て・差し押え	焦げつき分の処理 **400兆円** (差し押え回避分を含む)
融資残高 **3000兆円**	土地・ビルの暴落でピーク時の3分の1になる	処理すべきもの政府関与分 **600兆円**
合成CDOは解け合い(契約解消)できない **1000兆円**		40%の処理で **400兆円**
残高はピーク時の2007年8月に **7200兆円(60兆ドル)**あった 今は、強制解け合い(解消)で**4000兆円**ぐらい		最後の実損(出血)の処理で10% **400兆円**
庶民層のカード債務不履行(自己破産)と各種消費者ローンの返済不能		最終的な実損の額 **400兆円**
最大のカリフォルニア州のCalpers(カルパーズ公務員退職者年金保険運用団体)を筆頭に金融系NPO、NGOが破綻する		最終の処理額 **400兆円**
2のモノラインのウソ保証で無理やりトリプルA(3A)を付けた分がはがれ落ちて破綻自治体となる		**600兆円**
長年隠し持って来た根雪のような借金の表面化。公的健康保険の負債分も大きい		処理すべき額 **400兆円**
		4000兆円

アメリカ政府が必ず処理しなければ
オバマ政権はどうせこれに対応

	処理すべき負債
1	サブプライム・ローン subprime loan の 焦げ付き処理
2	モノライン monoline 4社の崩れの再燃 ジャンク債市場の崩壊の分
3	住宅ローン担保証券RMBS　健全住宅ローンの分 500万人のローン延滞がやがて焦げ付く
4	商業用不動産ローン担保証券CMBS 商業不動産の証券化商品は住宅ローンの3倍ある
5	デリヴァティブderivativesの典型 CDO(シーディーオウ)被担保債権転売型証券
6	貸し倒れ債務転売証券　CDS 銀行・証券の連鎖倒産のための装置(シーディーエス)となった 金融核爆弾(ファイナンシャル・ニュクレア・ボム)
7	クレジット・カード credit card／自動車ローン car loan 学費ローン tuition loan(ひとり3000万円くらい)
8	非営利団体・年金運用共済団体 non commercial, non p が破綻する(大学・財団も含む)
9	地方政府(50州と30の大都市)の赤字 地方債の破綻が起きる
10	その他、米政府が隠している長期の各種の負債と超短期 (日ばかり商品)の米国債の運用失敗分
合　計	

副島隆彦が試算して作成した表

これ以外に前述した日本の各種の年金運用団体、共済組合と同類だが、NPO、NGOである年金運用団体が吹き飛ぶ。**カリフォルニア州の退職職員年金運用団体であるカルパーズが既に相当な損失を出しており、やがて破綻するだろう。**同じように他の州の公務員の退職年金を運用する団体も一様に大損していてもはや実体がなくなっている。ここがおそらく合計1000兆円以上の実損をかかえて倒産する。だから私は本当は8000兆円と言いたい。けれども**アメリカがこれから真水の本当の痛みと苦しみを味わう損失は、4000兆円（40兆ドル）であろう。**

アメリカはどうしてもこの4000兆円分を何があっても自己責任（金融バブルを作って破裂させた責任）で処理しなければならないのである。残りの4000兆円については、実は既に処理（解決）されつつある。それはまさしく、株式と債券（ボンド）と投資信託（ファンド）の3種類の公開市場で、4000兆円分が暴落して消えてなくなった。見事なものである。

私が前著の『恐慌前夜』でも書いたとおり、日本の1992年のバブル崩壊で積み上がった巨額の不良債権は、15年かけて最終的に2006年に小泉・竹中コンビの努力もあって、実損で200兆円を処理することで解消された。本当に激痛をともなって多くの会社が潰れ、銀行に抵当権で押さえられていた建物や工場が取り上げられ処分された。15年間で30万社が潰れたことで、200兆円のお金を実際に処理したのである。そのうち100兆円は政府からのお金

（財政資金、公的資金）が出て、日本の13あった都市銀行を今の４つの大銀行《メガバンク》に統合しながら、処理した。あとの１００兆円は、信用金庫や地銀や、商工会議所や商工会の組合員（中小企業経営者）たちに貸し付けた分で、そのうちの半分の51兆円は焦げ付いて返ってこないままである。それでも２００６年までに日本は15年かけて金融・不動産バブル処理を完了した。

ゴールドマン・サックスのチーフエコノミストでイギリス人のデイヴィッド・アトキンソン氏が、「日本は１００兆円の不良債権を消さなければならない」と当時から発言していたが、そのとおりになった。日本のバブル崩壊の15年間で消えた資産総額は２０００兆円から３０００兆円といわれる。つまりその１割（10％）の２００兆円を本当の日本国民の痛みとして償却した。あのとき日本は血だらけになって、全土がうめき声を上げながら２００兆円を処理したのである。それが１９９２年から２００６年までの15年間に本当に起きたことだ。

この間に、日本は散々アメリカに馬鹿にされた。「バブル（過剰流動性）の崩壊の処理で後《ご》手《て》、後手に回って対策（政策）を誤った日本」としてアメリカの今の高官（バーナンキＦＲＢ議長）たちから公然と名指しで軽蔑された。それが今、どうなったと言うのだ。バーナンキたち自身が厳しく指弾されている。彼らアメリカの高級金融数学（上級ラテン語）を駆使すると豪語して威張りくさっていた者たち（金融界の大僧正たち）自身が、地獄の淵でのたうち回っている。実にいい気味である。こういう大きな当たり前の大きな事実を、日本人で言う人は誰もいない。だから私が言う。言ってやる。日本人の苦しみをあざ笑った者たちに、今、天罰が落ちているのである。しかも、彼らが実損の真水で今から処理しなければ済まない不良債権(住宅担保債券)は4000兆円なのである。これまで一年で処理が済んだのはまだ200兆円である。

不良債権(デリヴァティブ手法で作った金融商品)の総額は、ピーク時(2007年8月)に8京《けい》円である。8京というのは、8000兆円の10倍である。だからこの8京円の5%(20分の1)の4000兆円を目下、アメリカは、国民を挙げて地獄の苦しみを味わいながら処理している。そしてその処理の手口は、実に「後手、後手に回っていて」見苦しい。現在の小出しの一回当り3000億ドル(30兆円)程度の緊急支援の弥縫《びほう》策では話にならない。この100倍の30兆ドル(3000兆円)を出さなければ、処理はどうせ終わらないのだ。**その処理に最低でもアメリカは5年はかかるだろう。だから3年後の2012年にどん底が来る。**この時アメリカは世界覇権を自己責任で奪われる。帝国そのものの破綻(衰亡)が起きるのである。

日本の場合はデリヴァティブなどという高度な仕組み債券など作っていなかった。これが幸いした。アメリカの金融財界人たちの過度の強欲の果てに作られたCDOやCDSなどというイカサマ金融工学商品(ファイナンシャル・エンジニアリング・プロウダクツ)は日本のバブル経済の時にはまだ開発・販売されていなかった。日本の場合はもっぱら過大な不動産バブル（土地投機）が破裂しただけで済んだ。駅前の土地50坪に建てた7階建てのビル（土地代込み）が新築時10億円だったのが、バブル崩壊後の1998年頃には、投げ売りになって10分の1の1億円で取引された。住宅地の場合は、9000万円ぐらいのやや高級郊外住宅が3分の1の3000万円まで下がった。最大時の下落でもピーク時（1992年）の3分の1で済んだ。今からアメリカは、この日本が踏んだ轍《てつ》と同じことをやる。商業ビルは10分の1になり、住宅下落は3分の1まで落ちる。現在はカリフォルニア州やフロリダ州などバブルが大きかった州でも、まだ半値、2分の1である。これがあと半分まで落ちる。

日本のバブルの場合は、過剰流動性《エクセッシブ・リクイディティ》という過熱して余りまくった資金が行き場を求めて、もっぱら不動産市場に流れ込んだ。「狂乱地価」と呼ばれた。それが破裂してその処理で済んだ。過大な借り入れ（融資）を銀行にそそのかされて行い、自分の専門外の事業にまで手を出して事業拡大（不健全な設備投資）した経営者たちは自業自得でひどい目に遭った。投機用の不動産を抱えて、融資利息分の支払いが滞るようになった企業は、「破綻懸念先債権《はたんけねんさきさいけん》」（米SEC基準による「セミ・バッド・ローン」）と分類されて、信用格付け《レイティング》に置き換えると「A-」（エイ・マイナス。あるいはシングルA）の評価を受けた。このあと「破綻先債権」（「B」《ビー》）となって、やがて強制処分（倒産、清算、企業解体）されていった。それが日本の1990年代と

2000年代の前半の15年間であった。途中2000年2月にはピークを迎えて一気にしぼんでいった「IT《アイティー》バブル」(ネット・バブル)の3年間があった。

孫正義氏が新設されたジャスダック市場に上場したヤフー・ジャパンの株式は、初めの値段(公開時価格)は1株200万円だったが、次々に乱暴に株式分割(かつての無償増資)を繰り返しながら、激しい値上がりを続けた。元々の1株が総額で6億円ぐらいまで上昇したはずだ。だからたったの3年間で300倍にも膨張した。そしてそのあとのバブル破滅で、株価は大きく下落した。このようなITバブルというくだらない欲ボケ・大損こきの愚か者たちの狂乱熱狂の時期も間にはさんでいる。

私は、今に到る30年間を、自分の青春期以来の同時代史として歴史の目撃者としてこれからもずっと深い目で観察し反省《リフレクション》(省察、鏡に映すこと)しあれこれと思考反芻《はんすう》する。普通の人間たちが決してやろうとしない(時間の余裕と暇がないから)過去を振り返り「歴史に学ぶ知恵」を掘り起こしてゆく。それが知識人の本領である。

このようにして日本の20年前のバブル(破裂)との比較で考えれば、アメリカの場合は不良資産は総額で40倍はある。実損として処理すべき真水の負債はその5%だから4000兆円である。これが副島隆彦が主張するアメリカが破綻処理すべき実額の合計4000兆円説である。C

世界中に売りまくって飛ばしまくって風船のように膨らんだバブル総額は8京円である。

ＤＳその他のデリヴァティブである。その20分の1は血みどろになってでもどうしても処理しなければならない金額である。だから米政府は米ドルと米国債をこれから（今も）一心不乱で刷りまくっているから、もっともっと激しく崩れ続けるのだ。

私が最近の講演会などで話していて客の反応から分かったことは、みんな日本の投資家たちはまだまだ米ドル信仰で、米ドルに脳をやられている。今でもまだアメリカに洗脳されていることがよく分かった。なかなか取り憑《つ》いた狐は落ちない。「アメリカは早めに立ち直る、回復する強い国だ。米ドルは下がりすぎだ。きっと１ドル１４０円に戻る」という洗脳状態からどうしても抜け出せないようだ。アメリカは敗戦後の65年間日本人を洗脳してきた。これを脱して脱洗脳《ディスエンチャントメント》するには、ひとりひとりが脳の割れるような痛みを味わわなければ済まない。自分がこれから味わう損失を痛みとして苦しまなければ脱洗脳はできない。企業経営者ならば、会社が潰れることがどれぐらいの地獄かは肌でわかるだろう。金持ちなら全財産を失うことの恐怖に身ぶるいする。会社を去って、次の就職先を見つけなければならない社員たちの悲劇、そしてその家族たちの苦労も経営者の肩にかかっている。

巨大バブル崩壊で失われる富は総額8京円。その10分の1の処理が必要

これからアメリカが国家としてどうしても解決しなければいけないお金の額は、4000兆円だと私は概算で出した。総額で4000兆円のお金を処理しなければアメリカは立ち直ることはできないのである。それはP175の一覧表にまとめた。

一体、不動産の値段をどう算定するか。明治時代のいつごろ買ったかわからない土地を売るとしよう。買った値段と売った値段の差額からさらに諸経費を引いたものが所得《プロフィット》である。この**土地の買い値があまりにも昔のことで分からない時は、「売った時の値の5%という理論」がある。**これは恐ろしい理論である。1億円の土地の過去の不明な買い値（所得価値）は500万円だと決めつけられるのだ。

国税庁・税務署は現にこの理論を使う。法律でそのように決めている。これを「概算取得《がいさんしゅとく》費《ひ》」と言う。戦後65年間がたって、物価が65年前の1万倍になったのだという事実を考慮しない。戦争前の昭和12年から昭和20年まで、最下級の職業軍人の給与（月給）はずっと12円であった。今の自衛隊の一番若い隊員の給与は12万円であろう（官給品が多いせいもある）。だか

ら物価は1万倍になった。このように考えると世の中の移り変わりがよく見える。ところが明治・大正・昭和の初めに先祖が買った土地の値段を、今、評価するとなると、取得費（買い値）は、売り値（現在の市場価格）の5％しか認めないという残酷なことを国家というのはする。だから1億円で売った土地の、80年前の取得費は20分の1の5００万円だと決めつけるのである。この**「20分の1の原理」というのは、どうやら減価償却《ディプリシエイション》にも使われる、会計学や金融理論の背後に隠れ棲んでいる恐ろしい原理のようである。**

やたらと難しそうに見える高等数学（コンピューター数学）を駆使して出来上がっている金融工学《フィナンシャルエンジニアリング》の理論も、突き詰めると、この20分の1の原理、あるいはその逆数の20倍の原理でできている。**「割引現在価値」《ディスカウンテッド・プレゼント・バリュー》（DPV《ディーピーヴィ》、Discounted Present Value）という理論がすべての正体であろう。これをマクロ経済学（国民経済計算）では、DCF《ディーシーエフ》（Discount《ディスカウント》 Cash《キャッシュ》 Flow《フロー》）という会計理論に組み立て直している。根っ子は同じである。**

このことを一番分かりやすく説明すると、次のような卑近な例で分かる。たとえば若い女性が10万円のブランドバッグを買って、ちょっと使っただけだと言ってリサイクルショップ（質屋でもある）に持っていく。するとお店の側はそのバッグをいくらで買うか。2割の2万円どころか、実は1割の1万円でしか買い取らない。これで元値の10分の1である。しかし現実はもっと厳しくて20分の1の5０００円でしか引き取らない。ルイ・ヴィトンだろうが、エルメスだろうが、シャネルだろうが、何だろうがそうなる。競争状態にない時の物品の最低の値段（評価額）、処分価格は、買い値（新品価格）の20分の1なのである。これが「5パーセントルール」（取得価格の20分の1の原理）という恐ろしい原理である。だからアメリカで8京円あったと言われている金融派生商品（デリヴァティブ）の総残高の5％は4000兆円であるから、この4000兆円だけは、どうしても実損実額で償却しなければ済まないのである。

私は、このすべての物（企業も、人間も）の「処分（清算）価格20分の1の原理」について既に10年前に『あなたが金持ちサラリーマンになる方法』（三笠書房刊、2000年）で苦労して突き詰めて考えて書いている。モノ（財物、不動産も）の価格形成と、処分価格あるいは償却価格というのはどういうものかに興味のある人は参照してみて下さい。

〝金融核爆弾〟がアメリカの金融市場を壊滅させていく

ニューヨーク市立大学のヌリエル・ルービニ教授という人物がいる。この人の画期的な経済悲観予測は、2008年2月19日付けの英フィナンシャル・タイムズ紙に報道され要旨が掲載された。私は当時、いち早くこの概算理論に注目した。私が前々著の『連鎖する大暴落』（2008年3月刊、徳間書店）を執筆している最中の記事であった。ルービニ教授と日本の私は、同時期に同じような結論に到達していた。そこでは「金融と経済の破局」として次の12段階でアメリカに危機が訪れるとしていた。

1　住宅価格が最大30％下落して家計資産の4兆〜6兆ドル（400兆〜600兆円）が消滅する。

2　サブプライム関連債権の損失額も、現在推定されている2500億〜3000億ドル（25兆〜30兆円）を大幅に上回る。

3　消費者ローン、自動車ローン、奨学金ローン債権でも巨額な焦げ付きが生じる。

4　モノライン（単一保証会社）の格付けの引き下げで、1500億ドル（15兆円）の損失が発生する。

5　商業用不動産市場も崩壊する。

6　大手地銀および全国規模の銀行が破綻する。

7　LBO《エルビーオウ》（レバレッジド・バイ・アウト、相手先の資産を担保にした買収用融資）から発生する巨額な損失が未解決のまま金融機関が決算期を迎える。

8　CDS（与信破綻証券）からもたらされる損失が2500億ドル（25兆円）に上り、連鎖的に企業倒産が多発する。

9　中央銀行から直接借り入れができないヘッジファンドや、金融機関の簿外の子会社である「SIV《エスアイヴィ》（ストラクチャード・インベストメント・ヴィークル）」と呼ばれる子会社群は問題が多く、「影の金融システム領域の崩壊」が始まる。

10　株価がさらに下落する。

11　銀行間取引市場《インターバンク》で、個別金融機関の資金繰り懸念が高まり、流動性《リクイディティ》が枯渇する。

12　損失発生、銀行の自己資本の毀損、信用収縮《クレジット・クランチ》、資産の投げ売りという悪循環が生じ、それによる金融システムの損失合計額は1兆ドル（100兆円）を超える。

ルービニ教授のこの慧眼は、「最も悲観的な金融危機の処理モデル」であった。もはやどんな保守派（体制派）の財政理論家も、このルービニ概算と処理モデルを否定できない。日本の副島隆彦も同様のことを、この数年ずっと書いて来た。私は私なりにそれを前述P175で40兆ドル（4000兆円）の概算処理の表にした。

これからアメリカの商業用不動産市場が本格的に崩壊（地価暴落）していけば、その商業ビル建設費ローンを証券化した上に、さらに組み立て直して作った商業用不動産ローン担保証券（CMBS《シーエムビーエス》）という証券化商品が激しく劣化してゆくと前述した。その規模は個人向けの住宅ローン担保証券（RMBS《アールエムビーエス》）の3倍の規模に達するという。

また、サブプライム崩れが起きて始めに騒がれたモノライン4社の格付けも、さらに引き下げられる。このことで、この4社に保証されている全米の地方債の信用が低下する。そうなるとカリフォルニア州債やニューヨーク州債などを（いっさい公表もせずに）購入して、これで運用していた日本政府（財務省）や機関投資家《インスティチューショナル・インベスターズ》などの海外の公的債権者が巨額の損失をこれから明るみに出すことになる。ここには世界中の年金基金《ペンション・ファンド》の運用資金も入っている。いよいよ米国の〝隠れた〟公的債務が顕在化する。そして、最後はカルパーズ（Calpers カリフォルニア州職員退職者年金基金）に代表されるNPO法人（非営利法人 Non-Profit Non-commercial Organization）が破綻していく。カルパーズは通貨先物でかなりの損失を被ったようである。カルパーズには、PIMCO《ピムコ》社のビル・グロースが投資助言している。ビル・グロースは、ガイトナー財務長官が3月23日に発表した「官民投資プログラム」（PPIP《ピーピーアイピー》 Public Private Investment Program）の、「民間による不良資産の買い取り」の主要な引き受け手になろうとしているが、本当にそんな余裕があるのか怪しいものだ。カルパーズは他にも金《きん》や原油のETF《イーティーエフ》（上場投資信託）を買っていたが、この市場も暴落が起きてかなりの損失を抱えたようだ。その運用顧問をしているのもビル・グロース氏であるから、彼が経営陣に入っているピムコも危ないだろう。

そして、最後の最後はすべての金融取引の巻き戻し（リワインド）が進むことで、取引所そのものが停止される事態である。ここ数年で貪欲に世界各国の金融先物の取引所を買収して傘下に収めてきたシカゴ・マーカンタイル取引所（CME《シーエムイー》）の「世界指標価格支配権」も崩壊してゆく。

ＣＭＥが日本で買収（経営機能合併）した大証《だいしょう》（大阪証券取引所）が今も「日経225」や「300」などの株式先物の巨額の空《カラ》取引を盛んに行っている。大証の株式先物の1日の取引総額は、何と東証《とうしょう》（東京証券取引所）の1日の取引総額の3倍もあるという。実需《じつじゅ》（実体経済）である東証の株取引を、仮需《かりじゅ》（お化け、亡霊）でしかない株式先物が、その鼻面を引きずり回して、過度のバクチ場に変えてボロボロに相場操縦して来たのである。今、そのことへの天罰（報い）が起きつつある。ＣＭＥのレオ・メラメッドの負けの日が近づいている。米ドルを支えられなくなるのと同じように、**フューチャー（先物）、スワップ、オプションの三大デリヴァティブ取引市場そのものが崩壊していくはずだ。**これらの賭博は一旦は閉鎖に追い込まれる。

1月20日に発足したオバマ新政権は、2月17日に7870億ドル規模の景気対策法案（財政《ざいせい》出動《しゅつどう》）を議会で成立させた。オバマはアメリカ経済の再生に向けて緊急の実需《じつじゅ》での経済政策を実行していく。だからしばらくすると米国経済は持ち直すように一瞬見える時期があるだろう。しかし、短期的にある程度アメリカ経済が景気浮揚する時期が訪れても、そのあとに、Ｃ

MBS危機、プライム・ローン危機、年金NPO危機が、これまでのRMBS住宅ローン関連の危機をはるかに上回る、それこそ〝小型核爆弾級〟の危機となって波状的に米国経済に、ひいては世界経済に襲い掛かることになる。これは避けられない。前述したように40兆ドル（4000兆円）分をアメリカ政府はどうにかして無理やりにでも（1ドルを10円にしてでも）処理しないことには、今回の金融恐慌は収束しない。それまではこれからも何度となく金融危機が到来するはずだ。

アメリカが処理すべき不良債権4000兆円の中味

健全な住宅ローンであるプライム・ローンの中にも危険が潜んでいる。「ホーム・エクイティ・ローン」のしくみが壊れるからだ。これは、上級サラリーマン層（年収10万ドル以上）のプライム・ローン（健全ローン）でありプライム（優良借り手）層向けなのだけれども、ここが過剰に借り込んでしまっている。真面目に働く上級サラリーマン層も投資好きの人たちだ。彼らが住宅を3軒、4軒まで買ってしまっている。それらがすべて暴落しつつある。まだピーク時の半値までしか落ちていない。これらはあと半分の値段まで下落する。

なぜ「ホーム・エクイティ・ローン」で上級サラリーマンが3、4軒分の家のローンを2億円分も3億円（300万ドル）分も住宅ローンが借りられるか。それはアメリカの税制が、個人事業主でない個人（サラリーマン）でも「子供の分、こっちは姪と甥の分」という名目で、4軒までは家を住宅ローンで買える税制だからである。このことがまだ日本でバレていない。日本国民に知られていない。日本では「住宅ローンは自宅の分だけ」（と決まっているわけではないのだが）という風に信じ込まれている。アメリカでは節税対策でサラリーマンでも高級（上層）サラリーマン（これをアッパー・ミドル・クラスという）なら、ほとんどが、個人でもそういう不動産資産形成をしている。それが、ロバート・キヨサキ著『金持ち父さん、貧乏父さん』“Rich Dads, Poor Dads”（邦訳シリーズ、筑摩書房）の世界である。

個人のサラリーマンでも家やマンションを4軒（4戸）まで持てる。それが世界基準だと知るべきである。だから健全ローンであっても失職とか倒産で返せなくなる人々が今から出てくる。それが400兆円分ある。そしてそれらの不良債権（バッド・ローン）は例の2つの巨大住宅供給公社であるファニーメイ（米連邦住宅抵当金庫）とフレディマック（米連邦住宅貸付抵当公社）に回り回って集まって来て、それが5・3兆ドル（530兆円）の負債となっている。それが2008年7月13日のヘンリー・ポールソン財務長官の苦し紛れの爆弾発表であった。健全ローン（プライム・ローン）の融資残高を、こうやって「ホーム（あるいはモーゲッジ）・エクイティ・ローン」が不良資産に劣化させてゆく。アメリカ国民の住宅ローン残高すべては、合計で12兆ドル（1200兆円）と言われている。そのうちの半分が今や焦げ付き始めている。アメリカそのものがネズミ講なのである。

以下は今年2月の新聞記事である。

「**米で格下げ懸念　金融機関の経営に打撃も**」

【ニューヨーク＝山下茂行】米国で商業用不動産ローン担保証券（CMBS《シーエムビーエス》）の格付け引き下げの懸念が強まってきた。米格付け大手ムーディーズ・インベスターズ・サービスは（引用者注　総額3000兆円あるうちの）約3000億ドル（30兆円）相当のCMBSの格付けを見直す方針を表明した。金融不安や空室率の上昇で商業用不動産ローンの債務不履行（デフォルト）懸念が高まっていることが背景にある。

ビルなど商業用不動産向けのローンを小口化したCMBSは、大手金融機関が多く保有している。格下げで価格下落が加速すれば金融不安がさらに深刻になる恐れがある。

ムーディーズが格付けを見直すのは金融機関の融資基準が特に緩《ゆる》かったとされる2006―2008年に組成《そせい》されたCMBSが中心。現時点でおよそ850億ドル相当のCMBSが格下げに該当し、平均的な格下げ幅は高格付けCMBSで4、5段階、投機的格付けの場合は5、6段階にのぼると同社ではみている（引用者注　信用格付けの5段階下げとは、A3〈トリプルA〉からB1〈シングルB〉ぐらいの大きな下げだ）。

米国では商業用不動産運営会社の資金繰りが急速に悪化。大手のゼネラル・グロース・プロパティーズは金融機関への返済期限を繰り返し延長し破産法の申請も視野に入れている。ニューヨーク市内でオフィス物件を運営するボルネード・リアルティ・トラストは資金難から配当の一部を自社株で支払うと発表した。

商業用不動産ローンの残高は3兆ドル強にのぼり、信用力の低い個人向け住宅融資（サブプライムローン）の1兆ドル強を大きく上回る。CMBSの格下げが相次げば金融機関の財務への打撃となるのは必至だ。

（2009年2月7日　日本経済新聞）

このように商業ビル用のCMBSの債券市場はこれから崩れる。ニューヨークの高級住宅（高級アパートメント）は1戸あたり500万ドル（5億円）が基準価格（ピーク時）である。これらが現在3億円ぐらいで取引されている（「バロンズ誌」による）。大型商業ビルは、1棟500億円（5億ドル）が中心相場であろう。これらがまだ投げ売りになっていない。しかしそれらの価値が小口になってバラ売りされている証券化（債券化）市場であるCMBSの方が先に暴落を始めている。流動性の喪失《そうしつ》、即ち市場価格がつかない（誰も買い手がいない）状態になっている。これらの債券も、現在アメリカ政府（ＦＲＢと財務省の両方）が「民間部門の不良資産の政府による買い取り」という救済案で買い取ろうとしている。こうやってすべてのアメリカの借財（しゃくざい）は、大失敗した民間部門から政府部門に移されて、あとは米ドルと米国債の二つの大暴落につながる。それはもう火を見るよりも明らかだ。大損は世界（諸外国）につけ回される。

デリヴァティブ商品は突き詰めるとすべて保険商品

デリヴァティブと呼ばれる高リスクの金融商品の頂点であるＣＤＳ（クレジット・デフォルト・スワップ credit default swap）については、最近よく説明されるようになった。簡単に書くとＣＤＳとは企業そのものの生命保険である。個人が生命保険（本当は死亡保険と言うべき）をかけるように、あるいは損害保険で自分の持っている家や自動車が災害や事故で壊れたり、相手を傷つけたりした場合に払う保険と同じように、企業そのものの破綻リスクを証券化して（貸し倒れ引当金を担保にとっている）、しかもそれを別の金融法人たちが受取り人となって売買（保有）しあう証券である。言わばある企業の心臓を売り買いし合う保険商品である。ある企業が潰れそうになった時に、その企業に融資していた銀行が助かるという保険である。

ニューヨークの10大メガバンク・証券が互いに「融資先の企業の心臓の売り買い」をし合ったのである。これは相対《あいたい》市場である。

銀行でない事業法人なら、他社に融資をしたら融資額の2割程度の貸し倒れ引当金を自主的に積む。ところが、大銀行はわずか2%とかの引当金を積めばいい。この引当金すら積みたくないばかりに、それらを簿外（オフ・ブック・バランス）に移した。貸借対照表に載せなくてもよい負債即ち、偶発債（保証債務、コンティンジェント・アカウント）にしている。法律の目（企業会計原則）をかいくぐり簿外にして大保険会社・大銀行で互いに倒産リスクを取り合うことでリスクヘッジするから、貸し倒れリスクは金融数学的に消せる、と考えて実行（強行）したインチキ金融商品である。リスク分散を標語にしてその貸付債権を債券に仕立てた。そして、万が一、融資先が倒産したら、第三者（そのCDS証券を保有する買い主）から債券の売り主は額面どおり払ってもらう（全額償還させる）という取引だ。

例えば、破綻したリーマン・ブラザーズの破綻リスク（リーマンの心臓）をAIG《エーアイジー》（世界一の巨大保険会社）が取り出して証券にして、それを日本の農林中金に、「年率8%の利益が確実に出る（ただし、リーマンが破綻しなければ）債券ですよ」と売りつけた。そして「9・15」でリーマンは見事に破綻した。すると、その2000億円とかの「リーマンの心臓代」を、CDSの保有者である農林中金は、AIGに払わなければならなくなったのである。これの連

CDSの取引残高（世界の残高上位1000銘柄より）

（単位／億ドル、2008年10月末現在）

対象となる国・会社			ネット取引額（最大損失額）	総取引額（想定元本）
国内会社	【金融】	みずほコーポレート銀行	84	10
		三菱東京UFJ銀行	80	6
		三井住友銀行	62	8
		りそな銀行	34	6
		野村證券	23	3
		オリックス	72	8
		アイフル	173	12
		武富士	138	15
		アコム	68	6
	【電機】	ソニー	103	17
		東芝	50	9
		富士通	40	6
		NEC	31	2
		日立製作所	22	2
	【自動車】	日産自動車	47	9
		トヨタ自動車	32	10
		ホンダ	29	14
	【商社】	三菱商事	29	5
		伊藤忠商事	29	5
		三井物産	21	4
		住友商事	20	3
	【その他】	日本たばこ産業	40	11
		ソフトバンク	38	11
		新日鉄	34	5
	日本24銘柄の小計		1,305	187
海外会社	〈リーマン・ブラザーズ〉		〈4,000〉	〈60～80〉
	モルガン・スタンレー		919	83
	ドイツ銀行		687	124
	シティグループ		656	60
	GMAC（GMの金融子会社）		1,005	44
国	トルコ		1,886	75
	イタリア		1,486	226
	日本		72	17
世界1000銘柄の合計			336,000	——

（注）①米国のCDSの登録決済機関DTCC（デポジトリー・トラスト・アンド・クリアリング・コーポレーション）調べ。　②リーマン・ブラザーズはこの1000銘柄に入っておらず、参考までに清算時の数字を〈　〉で示した。破綻したリーマン・ブラザーズは、世界最大のCDSの取引銘柄だったのである。

出所：2008年11月7日　『日本経済新聞』記事より

鎖が起きた。世界の大銀行すべてが関与する連鎖倒産の危機がまさしく世界中を凍り付かせたのである。それがあの「9・15のリーマン・ショック」の恐怖の真の顔であった。

このCDS《シーディエス》という「企業の臓器売買（死亡）保険」の総額は、ピーク時に62兆ドル（7200兆円）もあった。この特殊な仕組み債の債券は、ウォーレン・バフェットによって「金融核爆弾が製造された」と言われていた。そしてリーマン・ショックで破裂した時に、ジョージ・ソロスによって「ニューヨークで金融核爆弾が破裂した」と言われたのだ。

もともとは融資先の会社が倒れる危険性を防御・分散するために、貸付先企業の死亡保険に入っていただけなのに、その保険を証券化して（セキュリタイゼーションして）、別の銀行たちだけで、勝手に臓器売買し合うようなことをやったのが「クレジット・デリヴァティブ」（CDSの別名）というものの恐ろしさというか、ばからしさである。

このように、金融工学を駆使したデリヴァティブ商品は突き詰めるとすべて保険商品である。そしてその多くは相対《あいたい》取引ではある。それらの大本《おおもと》は、すべてシカゴ・マーカンタイル取引所（CME《シーエムイー》）である。すべての金融商品は、今では先物化している。すべての「リスク商品」にはデリヴァティブが組み込まれていて、先物市場で取引される際に、**「投資結果を決定づける指標（インデックス）」**という数字（数値）が、恣意的（作為的、計略的）に入れ込まれている。このことを指して「仕組み債は（投資した）元本の確定（確保）の条件が発行体（債券販

日本の証券会社が09年2～3月(直近)に売り出した非常に危険な仕組み債投信

	証券会社	償還期限 期間	申込時の通貨 償還時の通貨	投資成果を左右する指数	利率(年率、税引き前)
1	野村	2012/2/23 3年	円 円か豪ドル	円豪ドル相場など	3.5%
2	大和	2012/3/8 3年	米ドル 米ドル	日経平均株価	7.0%か0.1%
3	大和	2010/3/18 1年	豪ドル 豪ドル	日経平均株価	4.5%
4	大和	2010/3/18 1年	NZドル NZドル	日経平均株価	5.1%
5	日興コーディアル	2012/2/23 3年	円 円か豪ドル	円豪ドル相場	4.3%
6	日興コーディアル	2010/3/26 1年	円 円	日経平均株価	8.2%
7	日興コーディアル	2014/3/26 5年	円 円	日経平均株価	6.2%か3.0%
8	三菱UFJ	2010/3/18 約1年	円 円	日経平均株価	6.95%
9	三菱UFJ	2010/3/18 約1年	米ドル 米ドル	日経平均株価	5.3%
10	三菱UFJ	2010/3/24 約1年	円 円か豪ドル	円豪ドル相場	7.0%

出所:日経新聞2009年3月22日

売会社）によって自由に商品設計できる」と言う。「金利（利回り、配当）の高い商品ほど元本確定（元本確保）の可能性（割合）が低くなります」と言われて「元本割れ」（大損）のリスクを正当化する。

デリヴァティブ（金融バクチ商品）には、日本国内であれば「日経平均先物《さきもの》」や「円ドル相場の先物価格」での「投資結果を左右する指数」という、市場側、発行体（取り組み銀行）側による、人騙《だま》しの値決めがある。リスクは先物市場における先物価格という指標《しひょう》（インデックス、期待値）によって予めバクチ（ギャンブル）化している。そのように始めから仕組まれている。だからまず「元本割れする価格」を決める。

日経新聞の２００９年3月22日付けの「高金利の裏に高いリスク。複雑な金融商品、仕組み債の注意点は？」という見出しの一般人向けの投資知識のお勉強ページで、それとなくこの真実をバラしてしまっている。これは私も勉強になった。日経新聞は〝日経野村新聞〟とも呼ばれていて、野村證券の悪口は絶対に書かないことになっている、日本を代表する金融・経済のハイクオリティ（高品質）新聞と言われている。それが、ここまで来ると流石《さすが》にそんなことも言っておられなくなって、良心的な記者たちが何食わぬ顔をして「野村米国ハイ・イールド債券投信（通貨選択型、デジタルクーポン型ではない）」の危険さを具体的に例示しながら、説明してくれていた。「ノックイン債」と言う。

このおもしろい記事では、「（このハイ・イールド債の）購入時の日経平均を７５００円とする」と**「元本確定条件の外れる価格が購入時の60％とすると４５００円が基準になる」**と説明**している。ということは、これから日経平均は、４５００円を一瞬割る、ということだ。**しかもそれは、「償還期限・期間」として「２０１２年2月23日」となっている。だから、これからの3年間のうちに、日経平均は、理論株価としても、４５００円を割る、ということだ。「発行体」である野村證券は、この新たに組み立てて商品として売り出したこの「ハイ・イールド（本当はハイリスク。高危険）債（券）」で大損をさせるということだ。既に２５００億円分の買いを入れた客たちに、元本割れ、あるいは元本（投資総額）そのものの吹き飛ばし（1円も償還《リデンプション》されない）の商品をわざと売っている、ということだ。こんなバクチをこの2月から始めた。

これらの「ハイ・イールド債」は、米国に出回っている不良債権の債券であるディストレスド・ボンド（distressed bond、大暴落したボンド）への投資だ。ディストレスド・ボンドは、既にこの2年間、サブプライム崩れからこっちで大暴落して、ボロクズ債（ジャンク債）やボロクズ値段になっている債券《ボンド》だ。「今こそこれらの暴落した超安値の株と、債券を買え〈これらを組み込んだ投信《ファンド》を買え〈買うべきだ〉〉」と煽動しているのである。ハイ・イールド債（高利回り債）投信《とうしん》とは、だから高危険債《ハイリスクボンド》をたくさん組み入れた distressed bond fund である。

やがて日経平均は4500円を割って大損することが必定である詐欺商品である。ノックイン債とはノックアウト債である。

この「野村米国ハイ・イールド債投信」の利率（利回り）は、3・5％である。こんなに利回りのいい金融商品は今時そんなにない。元本保証型の、定期預金並みに安全な金融商品は、だいたい年率1％である。それに比べれば、今時高利回りである。しかし、だからこそ、これらの**ハイ・イールド債投信は、本当に高危険（ハイ・リスク）なのである。やがて元本割れしてゆく（元本確定＝元本確保をしない）のである。**1億円をこの債券（や為替の）投信に投資（買い付け）したら、まさしくそのまま3年以内には元本吹き飛ばしになるだろう。

そうなることが分かっていて、野村證券や他の大手証券たちは、このような、ほぼ確実に大損すると予め分かっている（「分からない」と彼らは言うだろう）金融工学の手法から生まれる高リスクの金融商品を、驚くべきことに今の今でも売って回っているのである。三菱UFJ銀行であれば三菱UFJ証券を使って、全く同様のハイ・リスク（高金利）債の投信を、今やなりふり構わず売って回っている。断末魔の叫び声のような状態である。金融大崩壊が既に起きてしまい、目下、進行しつつあるこの期に及んで、まだ、こんな危険なほぼ大損すると分かっている金利商品を、騙《だま》されて買う人々が全国にたくさんいるのである。「地獄への道は善意の絨毯で敷き詰められている」というコトバを何度でも私は書くしかない。

ハイ・イールド債券投信のリスク

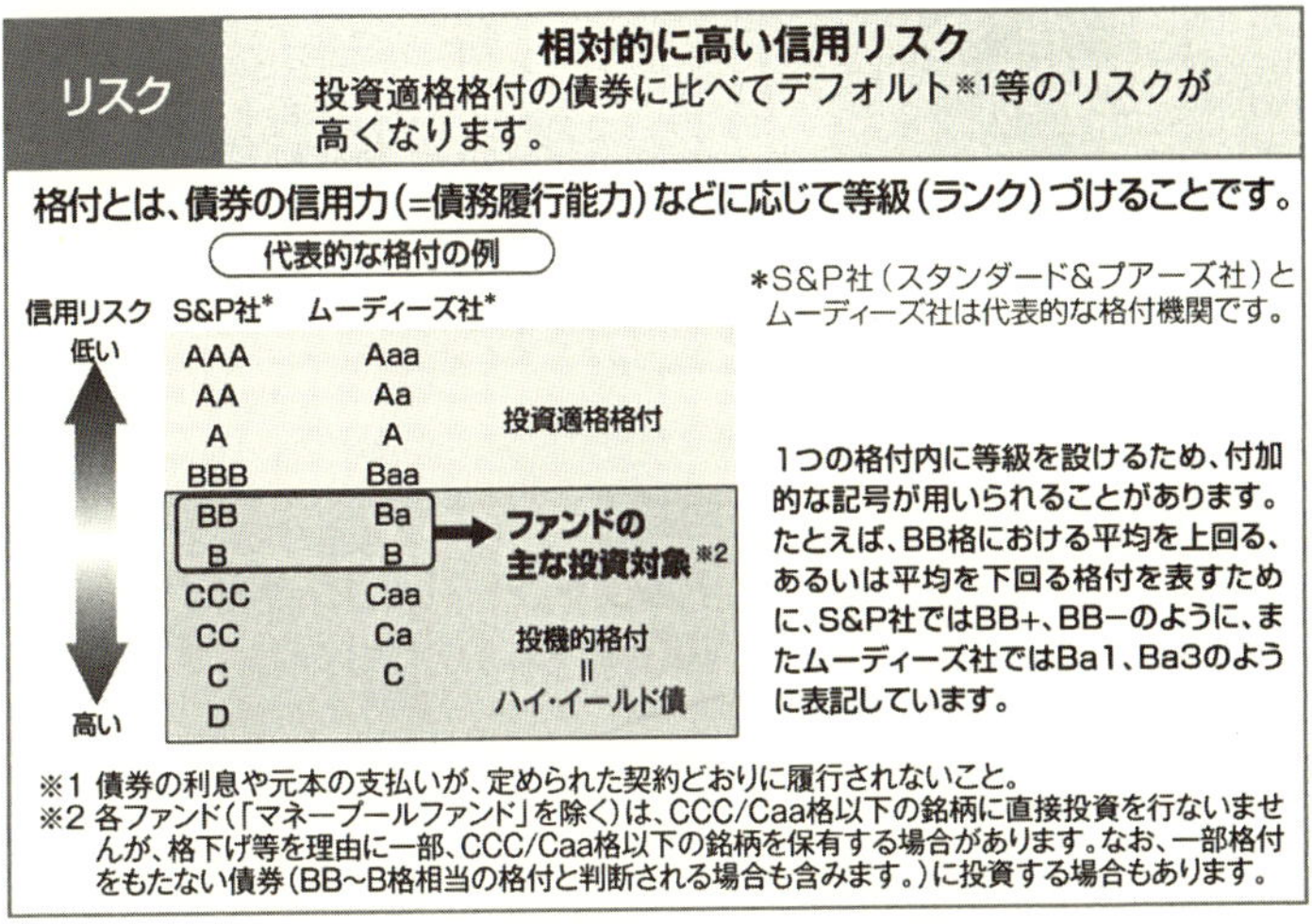
リスク
相対的に高い信用リスク
投資適格格付の債券に比べてデフォルト※1等のリスクが高くなります。
格付とは、債券の信用力（=債務履行能力）などに応じて等級（ランク）づけることです。
代表的な格付の例
信用リスク
S&P社*
ムーディーズ社*
低い
高い
AAA
AA
A
BBB
BB
B
CCC
CC
C
D
Aaa
Aa
A
Baa
Ba
B
Caa
Ca
C
投資適格格付
ファンドの主な投資対象※2
投機的格付
=
ハイ・イールド債
*S&P社（スタンダード&プアーズ社）とムーディーズ社は代表的な格付機関です。
1つの格付内に等級を設けるため、付加的な記号が用いられることがあります。たとえば、BB格における平均を上回る、あるいは平均を下回る格付を表すために、S&P社ではBB+、BB−のように、またムーディーズ社ではBa1、Ba3のように表記しています。
※1 債券の利息や元本の支払いが、定められた契約どおりに履行されないこと。
※2 各ファンド（「マネープールファンド」を除く）は、CCC/Caa格以下の銘柄に直接投資を行ないませんが、格下げ等を理由に一部、CCC/Caa格以下の銘柄を保有する場合があります。なお、一部格付をもたない債券（BB〜B格相当の格付と判断される場合も含みます。）に投資する場合もあります。

（「野村米国ハイ・イールド債券投信」のパンフレットより）

格付け会社のムーディーズはAaa、Aa2という表記をするが、スタンダード&プアーズ（S&P）ではAAA、AA⁻という表記をする。BBBとかCというような不適格債（ボロクズ債券）に投資する投資信託を堂々と野村證券が販売していること自体が、現在の金融危機の深刻さを表わしている。注意しよう。

「投資成果を左右する指数《インデックス》」である「円豪ドル（1豪ドルは69円まで下がっている）相場」や「（今の）日経平均株価」などを指数《インデックス》にしているこれら指数債《インデックスさい》（仕組み債）がどれほど恐ろしいバクチ商品であるか。このことを大銀行・大証券自身が客に説明しない。売りつけてまんまと買わせて、そして客に大損させてしまえば、日本の大銀行・大証券自身が、自分が巨額に抱えてしまっている巨額の含み損（評価損）をきっと一般国民（お客）につけ回しできるのであろう。自分が抱えている大損を日本国民（と政府）に肩代わりさせて、自分はなんとか逃げたい（生き延びたい）という腹である。この**「投資成果を左右する指数《インデックス》」**を外国通貨（為替取引）への投資（投機）に使って、いわゆるＦＸ（外国為替の先物市場）での通貨デリヴァティブを売り買いする手法もよく使われた。今もやっているだろう。２００5年ぐらいから世界的に有名になった「ミセス・ワタナベ」とか「着物《キモノ》（和服のこと）トレーダー」と呼ばれる外為バクチに参入した日本人女性客層のことである。

「奥様、１ドル１００円を割ることは絶対にありません。米ドルは１４０円、１６０円、２００円を目指して上昇してゆきます（円安になります）。ですからここで一儲けしましょう。レバレッジ（投資倍率）は5倍ですから安心です。１ドル１００円（という理論上あり得ない価格）を割らなければ、大きな利益を手にできますよ。うまく行けば年率60％ぐらいの利益が出ますよ」と言って、銀行員が「通貨スワップ」というＦＸデリヴァティブ商品を顧客に勧誘したのである。そして、絶対に割らないはずの１００円は割れた。Ｐ89の為替の表を参照。90円も割れた。

この時、これらのＦＸバクチ商品を客に売りつけた銀行員たちは青ざめた。本当に青ざめた。「絶対に1ドル90円を割ることはあり得ません。金融と為替のプロである私たちを信用して下さい。誰ですか。その『1ドルは80円どころか60円台になる』などと大ボラを吹いている、いかがわしい三流評論家は。許せませんね。そんな虚言を撒き散らすなんて」と彼らは言っていた。ここで、上記の虚言を自著で撒き散らしていたのは私である。そして私の方が未来予測を的中させ、一流銀行の銀行員たちの方が沈んだ、と同時に1ドル90円（という理論上あり得ない）「投資結果（成果）を左右する指数」でドル円の為替デリヴァティブを買っていた「ミセス・ワタナベ」たちは、悲鳴を上げて、泣き叫んだ。が、もう投資元本は一円ももどって来ない。全額吹き飛ばしである。この金融商品を売った銀行員はどこか別の支店に飛ばされたろう。「支店長はこの件は何も知りませんでした」と言い訳する。

大損して泣き叫んでいる女性客たちの中には、銀行や証券や生保を相手に「詐欺」を理由に裁判所に訴えている人々もいる。しかし、「身から出たサビ」と「騙された自分が悪い」の「自業自得」でもあるから、自分もみっともないから大騒ぎはできない。こういう裁判沙汰（訴訟ケース）を銀行、証券、生保は一社あたり何百件も抱えている。しかし、そういうことは社会の表面には出ないし、新聞記事になることはない。申し合わせたように絶対に出さないと言ってもいい。社会の表面からはキレイに消される。

金融バクチ、先物・スワップ・ポジション取引というのは元々こういうものなのだ。

そして今の今でも、彼らメガバンク、メガ証券たちは、こんな浅ましいことを実行している。なぜなら自分たち自身が、破綻（倒産）しそうな手負い狼だからである。手負いの猛獣は見境なく、周囲に襲いかかる。本当は自分たちが大切に扱わなくてはいけないはずの顧客たちに、平気で襲いかかって、損のつけ回しをしようとする。メガ証券の社員たちも、自分たちがいつ勤め先を解雇（クビ）されて失職するか分からない危機の中で、毎日をビクビク脅えながら生きているから、またしても客に大損させることがほぼ確実に分かっているのに、それでもこのような「ハメ込み」商品を売って回っている。

「奥様。前回はずいぶん損をなさいましたね。うちの投信も買値の6割減に落ちています。残念です。しかし奥様。今度こそは大丈夫です。このハイ・イールド債投信は既に暴落している株価や新興国通貨（ブラジルレアルやトルコリラ等）に投資して、それの値上がり益を待機して行う高利回り商品ですから、大丈夫ですよ。『確実に儲かる』とはお約束しませんが、大丈夫ですよ。今度こそこれまでの損を取り戻しましょう。今度こそはリカバリー・ショットで、ホールインワンを出して、大きく儲けましょう」

ハイ・イールド債券投信のとんでもない仕組み

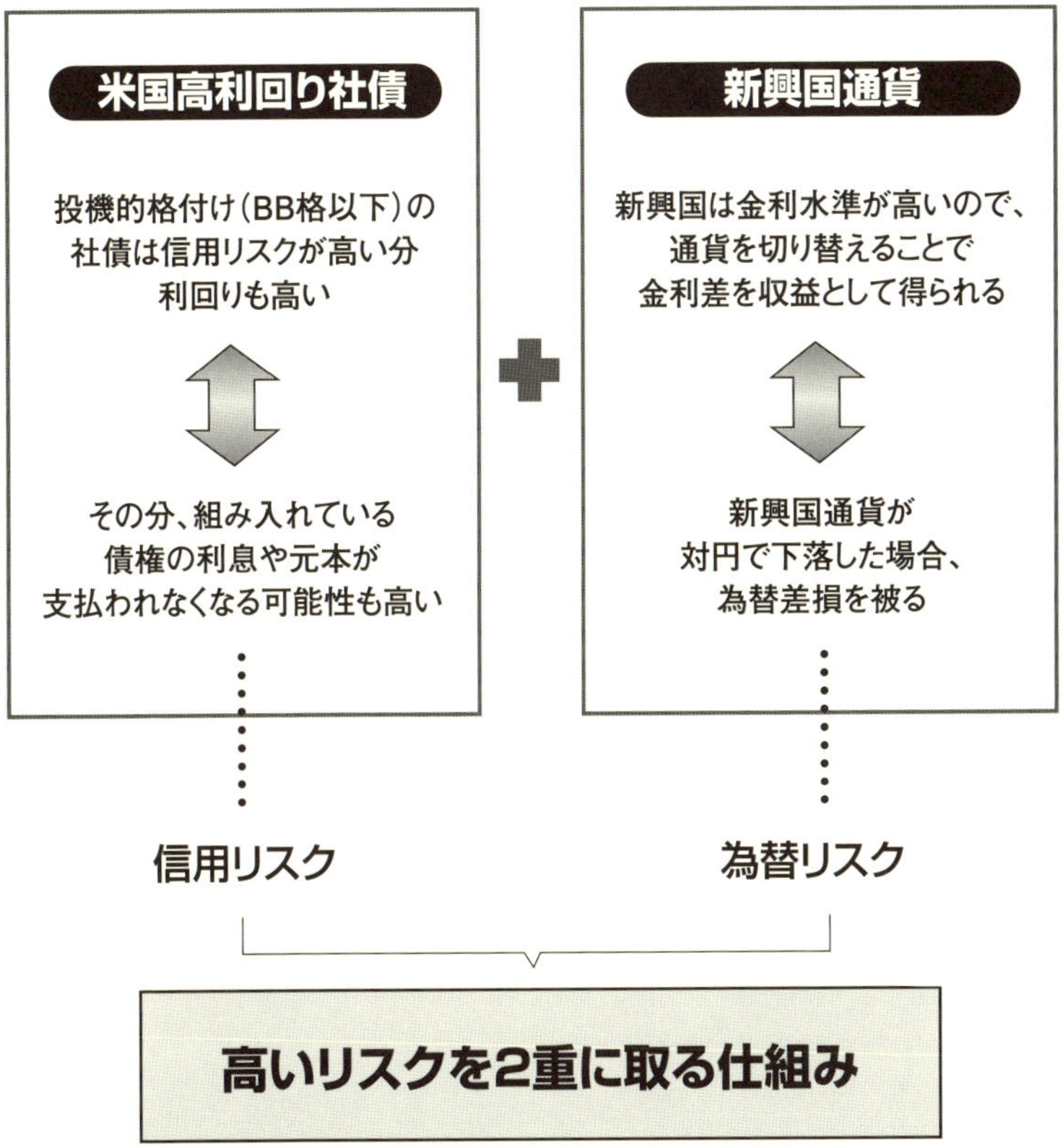
米国高利回り社債
投機的格付け（BB格以下）の
社債は信用リスクが高い分
利回りも高い
その分、組み入れている
債権の利息や元本が
支払われなくなる可能性も高い
信用リスク
新興国通貨
新興国は金利水準が高いので、
通貨を切り替えることで
金利差を収益として得られる
新興国通貨が
対円で下落した場合、
為替差損を被る
為替リスク
高いリスクを2重に取る仕組み

出所：日経新聞2009年３月22日

ボロクズ債に投資し、かつトルコ・リラなどの危険（だが高金利）な通貨を買って、高利益を上げようなどという危険きわまりない商品を売り始めたことが、野村證券自身の経営危機を表わしている。

「ホントなの？　ホントに大丈夫なのね。ホントに儲かるのね」

「え。ええ……。大丈夫ですよ」

と証券マンたちは売って回っている。これが現代の地獄絵図だ。現代の鬼たちが、血に飢えて巷《ちまた》を何喰わぬ顔をして徘徊《はいかい》して回っている姿である。**この世に鬼《おに》はいるものだ。人々が着ているものをはぎ取り、人間を喰らう鬼たちという金融業界の詐欺師たちの世界だ。**「自分の人生はこんなハズではなかった。こんなにひどい人騙しの詐欺師（結果的に多くの客に大損させた）の人生を歩むことになろうとは。この世は本当に地獄だ」と本心は悲嘆にくれているだろう。しかも、この地獄は、まだまだこのあと4年間ぐらい続くのである。何とも悲惨な話である。

私（副島隆彦）は、もう6年前から『やがてアメリカ発の世界恐慌が襲い来る』（2003年刊、ビジネス社）を始めとして日本国民（とりわけ資産家層と経営者たち）に向かって「危ないですよ。気をつけて下さい」という警告の本をたくさん書いて来た。だから、私は何もウソを書いていない。人々を騙すようなことを書いていない。私が書いて来たことのほとんどは的中して、まさにそのとおりになっている。だから私は現にあちこちで予言者だと言われている。ウソばかり書いた他の金融評論家やアナリストたちは人々の恨みを買っているだろう。私はそういうことをしていない。しかし、私は今もちっとも嬉しくない。私自身は何の損もしていないし、誰にも迷惑をかけていない。私が本に書いたことでハズレたことはほとんどない。ただし、欧州統一通貨のユーロと豪ドルがここまで下落するとは予想しなかった。これには私も驚いた。だがユーロと豪ドルは今から持ち直す。これから値段を回復するだろう。どうせ米ドルが下落し崩落し、アメリカ合衆国の国力と信用が地に墜ちるからだ。米ドル（米国債）の下落と比較相対的（comparatively《コンパラティブリー》）に、ユーロと豪ドルは回復してゆく。言い訳ではなく私はこのように考える。

先の日経新聞の記事では、「野村ハイ・イールド債券投信（通貨選択型）は、……1月発売で2500億円を集めました……二重にリスクをとることで高い利回りを上げる仕組みに……一つは、格付けはダブルB、シングルB格など安全性が相対的に低い『投機的格付け』の債券（ハイ・イールド債）に投資していること。……金融危機で（これらの）投機的格付けの債券は売り込まれ、2月末時点で利回りは約15％まで上昇しています。投資適格社債より利回りは高い代わり、それだけ債務不履行になる可能性が高いと言えます」と書いてある。

あーあ。こんなことまで日経新聞のお客様（読者）教育係の記者たちに書かれて、「注意しましょう」と名指しで野村證券の仕組み債は警告されているのである。「高利回り狙いだが、債務不履行になる可能性が高い」と書かれている。

ここでの債務不履行（デフォルト）とは、どう考えても、この投信の組み立てそのものよりも、日本の子分である野村證券にハメ込みで売らせている、（実は）シティバンクそのものが、倒産（破綻）する可能性がある、ということだ。私にはこのようにしか読めない。この投信そのものの解散とか清算《せいさん》という手続き（残りの資産を皆で分け合って投資額の3割ぐらいは返ってくるとか）ということではなくて、シティバンク（株価は3月5日についに97セントになった。97ドルではない）そのものが破綻し、大崩壊して、その一部である投信部門も消えてなくなる。だからこの「野村ハイ・イールド債券投信」を買った人には、1ドル（1円）も返済（償還）されない、ということである。債務不履行とはそういうことなのである。だから、「それでもなお、お客様が大損を覚悟で、こんなゴミクズ債（ジャンク債）への投資を組み込んだ投信をお買いになりたいなら、どうぞお好きなように。すべては買い手責任で、自己責任です。売り手責任や製造物責任はこちらでは負いません」と言って売っている盗人猛々《ぬすっとたけだけ》しい説明文である。「リスクはお客様ご自身がお引き受け下さい」というコトバにすべてが表われている。

バブルの崩壊がもっと進んで、仕組み債の機能不全状態がこのあとさらに進行していけば、やがてCME《シーエムイー》（シカゴ・マーカンタイル取引所）での金融先物の取引自体も全般的に強制的に「解け合い」（契約解消）をさせられる。取引所自体が機能停止状態になる。取引所の停止、崩壊ということになっていくだろう。

その時、それらのクレジット・デリヴァティブの仕組み債の「証券」は、〝紙屑〟になる途中で手数料が抜かれながらも、これまでの取引が〝リワインド（逆回転）〟していき、全プロセスが元に戻っていくはずだ。

そして、ここで何よりも大事なことは、この「2年もの」の「野村ハイ・イールド債券投信」は、「元本確定条件の外《はず》れる価格は4500円が基準となる」と記事に書いてあることだ。だから日経平均株価は今から2年以内（来年末まで）に4500円を割るのである。

ところで、日本の法律学では、契約の「解約」と「解除」とは異なるものだ。「解約」とは「契約を打ち切る新たな契約」であり、これまで行われてきた取引については有効であるとする。これに対して「解除」では、日本では民法540条で、「原状回復する」と定められている。だから契約自体を最初からなかったことにする。つまりそれまでのすべての取引も遡《リコース》って無効にするということであり、「解約」よりもずっと強い概念である。それだけに取引が「解除」される場合には、その原因のところで詐欺、脅迫や恐喝その他、契約原因（約因、コンシダレーション）に瑕疵《かし》（キズ）があったとする問題になる。契約解除の場合は、原状回復義務が生じるので懲罰を伴うことが多い。

これから米国で起こるであろう事態は、それらの積み上げた巨額の8京円（800兆ドル）にも及ぶ金融取引の解除である。だから、いくら大手金融機関が集まって、必死の談合で、「解け合い」による契約解消を画策しても、すべてが単なる解約（契約の合意による終了）では、とても済まない。必然的にこれまで積み上げた利益は失うだけでなく、やはり巨額の損失を出さざるを得ないという懲罰の段階になる。それはまさしく「金融大破綻国アメリカの処分案《ディソルーション》」"America《アメリカ》 Dissolved《ディソルヴド》"となるだろう。

シティグループは実質的に破綻した

いよいよシティグループ（シティバンク）の破綻・解体への動きが始まった。これから2年を経ずしてシティは潰れることになるだろう。かつての世界最大銀行の消滅への動きはアメリカの信用の失墜と同じであるから、ドル暴落へ向かうシナリオと共に確実に進行してゆく。アメリカ政府（FRBと米財務省）が、どれほど救済策を講じても、もうシティを助けることはできない。

3月5日には、遂にシティの株は一株1ドルを割って97セントにまで落ちた。ボロクズ株である。ほんの2年前まで世界最大企業であり、一株100ドル近くした超優良企業の末路がこれである。「おごれる者（デイヴィッド・ロックフェラー）は久しからず。ただ春の夜の夢のごとし」である。

昨年の11月26日に、バラク・オバマ政権の閣僚人事が根回しされている最中に、シティ救済が、突如発表された。ヒラリーが国務長官に決まったのも同時だ。三大自動車メーカー〝ビッグ３〟の救済金の１・５兆円の話などそっちのけでシティに救済資金２兆円が投入され、この他に30兆円分の政府保証がシティの保有する不良債権に付けられた。まさしく、シティの真のオーナーであるデイヴィッド・ロックフェラーに対する直接の巨額のボーナスである。オバマ政権を操るのは、デイヴィッド本人であることが証明されたに等しい。金融閣僚の中心の新財務長官のティモシー・ガイトナーも、ＮＥＣ《エヌイーシー》（国家経済委員会）委員長のラリー・サマーズ（かつての財務長官）も、長老格のポール・ボルカー（かつてのＦＲＢ議長）も三人ともまさしくデイヴィッドの直臣であり忠実な家来である。シティが開けてしまっている２００兆円（２兆ドル）の穴を埋めるためにこそオバマ政権は使われるのだ。

「シティ株最大36％保有　米政府合意実質管理下に」

米財務省は２月27日、経営再建中の米大手銀行シティグループへの追加支援策を発表した。公的資金注入の見返りとして政府が現在保有するシティの優先株《プリファード・ストック》のうち、最大２５０億ドル（約２兆４０００億円）を議決権のある普通株《コモン・ストック》に転換。シティ株の最大36％を保有する。政府は筆頭株主となる見通しで、米金融安定化策は事実上の政府管理で個別銀行の再建を図る新たな段階に入る。

（２００９年２月28日　日本経済新聞）

「シティグループ　株価37％急落」

2月27日のニューヨーク株式市場で、事実上の政府管理下での再建が決まったシティグループ株が急落した。一時、前日終値比37％安の1・55ドルまで売り込まれた。市場では、厳格な資産査定を経てシティが国有化されるとの懸念が強まっている。同様に経営不安を抱えるバンク・オブ・アメリカも一時同20％安の4・25ドルまで下落するなど、金融関連株の値下がりが目立っている。

（２００９年２月28日　毎日新聞）

シティグループは世界中に2億個の口座を持っている。まさしく国際決済送金制度の実際面を受け持っており、米ドルによる世界覇権の実用、実質面である。この2億口座の預金を払い戻し（引き出し）不能にして、債務不履行（デフォルト）にすることはできない。それはまさしく世界恐慌である。シティを丸ごとこのまま破綻（破産）させることはできない。だから、ひとまず、シティの全発行株式の36％をアメリカ政府が握ることにして、実質的に国有化した。ナショナライゼーション（nationalization　国有化）というコトバをアメリカ国民はひどく嫌う。だが実際上は既に、政府管理銀行であり、合計4・5兆円（と30兆円の保証）もの政府資金が投入されているのだから国有化されている。それを日本のりそな銀行に対してやった（2003年4月）のと全く同じ、「破綻前処理」という人工的なやり方で行ったのである。このまま株式を上場させ続け、経営陣をそのままにしたまま、薄氷を踏む思いで、シティの生き残り、生存に賭けている。しかしそれでも無理である。いくら政府が救《たす》けても破綻消滅への流れは変えようがない。だから2012年までの3年間でシティは徐々に解体されてゆくのである。

アメリカの「ゼロ金利」と「量的緩和」でもドル暴落は防げない

オバマ新政権の経済政策が始動し、景気対策としての大型の公共事業《パブリック・ワーク》であるグリーン・ニューディール計画が始まった。総額約80兆円でその主眼は、老朽化してボロボロの全土のgrid《グリッド》（送電線）を全面、光ファイバーに取り替える工事をする。それには日本の住友電工の製品を大量に使うことが決まっている。それと電気自動車と太陽光発電の開発推進である。これらが実施され軌道に乗れば、財政出動による有効需要《イフェクティブ・ディマンド》が創出され、GDPが押し上げられる。それでアメリカの景気が一時的にわずかに持ち直す。それには最低でも2年はかかる。財政出動（大型の公共事業）の政策効果がそのあと切れてしまえば景気下支え要因が失われる。このケインズ政策である財政出動（積極財政）のための資金は、米国債の増刷に頼る。ただでさえ巨額の財政赤字がさらに飛躍的に膨張する。するとやはり、対外的にはアメリカの国家としての信用が落ちてドル危機が現実味を帯びてくる。

読者の皆さんは、ここで、「大きく一国の経済政策《エコノミックポリシー》というのには金融政策《マネタリー・ポリシー》と財政政策《フィスカル・ポリシー》があ る」ということを理解して下さい。そして「金融政策は、物価を安定させるために（インフレ阻止）行い、そのためには金利政策（金利の決定）と通貨（量）政策（マネーの量の調節）の二つがある」と知って下さい。他方、「財政政策の方は、減税と積極財政（財政出動、ケインズ政策）か、消極財政（財政引き締め、小泉・竹中路線）に分かれる」のだと知って下さい。

「2009会計年度、米財政赤字、最大の171兆円、大統領予算方針。金融安定化資金追加も」

オバマ米大統領は2月26日、中期の財政見通しと2010会計年度（09年10月―10年9月）予算の基本方針を発表した。財政見通しの中で、景気対策などに伴い、09年度の財政赤字が史上最大の1兆7520億ドル（約171兆円）に拡大すると明らかにした。2010年度も1兆ドル超の赤字となる。金融安定化の公的資金枠（7000億ドル）を必要に応じ2500億ドル（約25兆5000億円）追加する。
オバマ大統領は同日の演説で「私はブッシュ政権から1兆ドル超の財政赤字を引き継いだ。経済の進展に資する分野に財政資金を集中的に投入する必要がある」と語った。09年度の財政赤字は国内総生産（GDP、14兆ドル）比で12・3％になる。過去最大だった08年度（4590億ドル）の3・8倍に急拡大する。2010年度は、これまで聖域扱いだった国防予算が、4％増の5337億ドルで、7・5％増だった09年度予算よりも伸びを抑制した。

（2009年2月27日　日本経済新聞）

このように、アメリカの財政赤字は、2009年度の単年度で171兆円（1・7兆ドル）に膨らんだ。前年の2008年度が50兆円（5000億ドル）であったから、一気に3・8倍になった。これはあくまで単年度の財政赤字である。これらの赤字が年々たまって返済されないままに滞税している累積の米財政赤字は、4000兆円（40兆ドル）であろう。日本の1300兆円の3倍はあるから、4000兆円ある、と私はこの本でもずっと書いてきた。この重みにアメリカは耐えなければ済まないのである。それらは、米ドル紙幣と米国債の形で世界中に既に分散し、分担されている。これからもアメリカの銀行システム安定のための「量的緩和」（お札のジャブジャブの増刷。これはあくまで金融政策《マネタリー・ポリシー》である）も緊急に何回も行われるだろう。これらは、景気回復のためにオバマ政権が行う実のある政策である財政出動（公共事業。グリーン・ニューディール計画の実行）とは別である。似ているが別である。この二つは「ポリシー・ミックス（政策融合）」されているので金融政策（金利とマネーの量の操作）と財政政策《フィスカル・ポリシー》（減税と財政出動）はごっちゃになっている。アメリカ帝国の危機はものすごく深いのである。

だから、どの道、米ドルの急激な下落は起きるし、それはこれから何度となく繰り返される。ドルの独歩安《やす》が始まる〝種〟はこのようにして埋め込まれている。始まりはＦＲＢが〝ゼロ金利〟への踏み込みという、日本を除けば前代未聞の「これまでの常識では信じられないような」金融政策を採ったことだ。遂に昨年（２００８年）12月15〜16日のＦ《エフ》Ｏ《オー》Ｍ《エム》Ｃ《シー》（連邦公開市場委員会）会合で、ＦＲＢはＦＦ《エフエフ》金利（政策金利）の誘導目標を、０・75%〜１%引き下げて、０・25%〜０・０%にした。文字どおりのゼロ金利だ。

その次に「量的緩和」（ジャブジャブ）政策の実施を公式に決定した。ＦＲＢの量的緩和は実質的にはその前から実施されていた。ＦＲＢは、ベア・スターンズが破綻した２００８年〝3月危機〟の際に「国債貸出制度」を開始した。ボロクズ債（不良債権）になっている住宅ローン担保証券（Ｒ《アール》Ｍ《エム》Ｂ《ビー》Ｓ《エス》）を担保に取って、それと交換する形で米国債を融資していた。

リーマン破綻後、急膨張したFRB資産

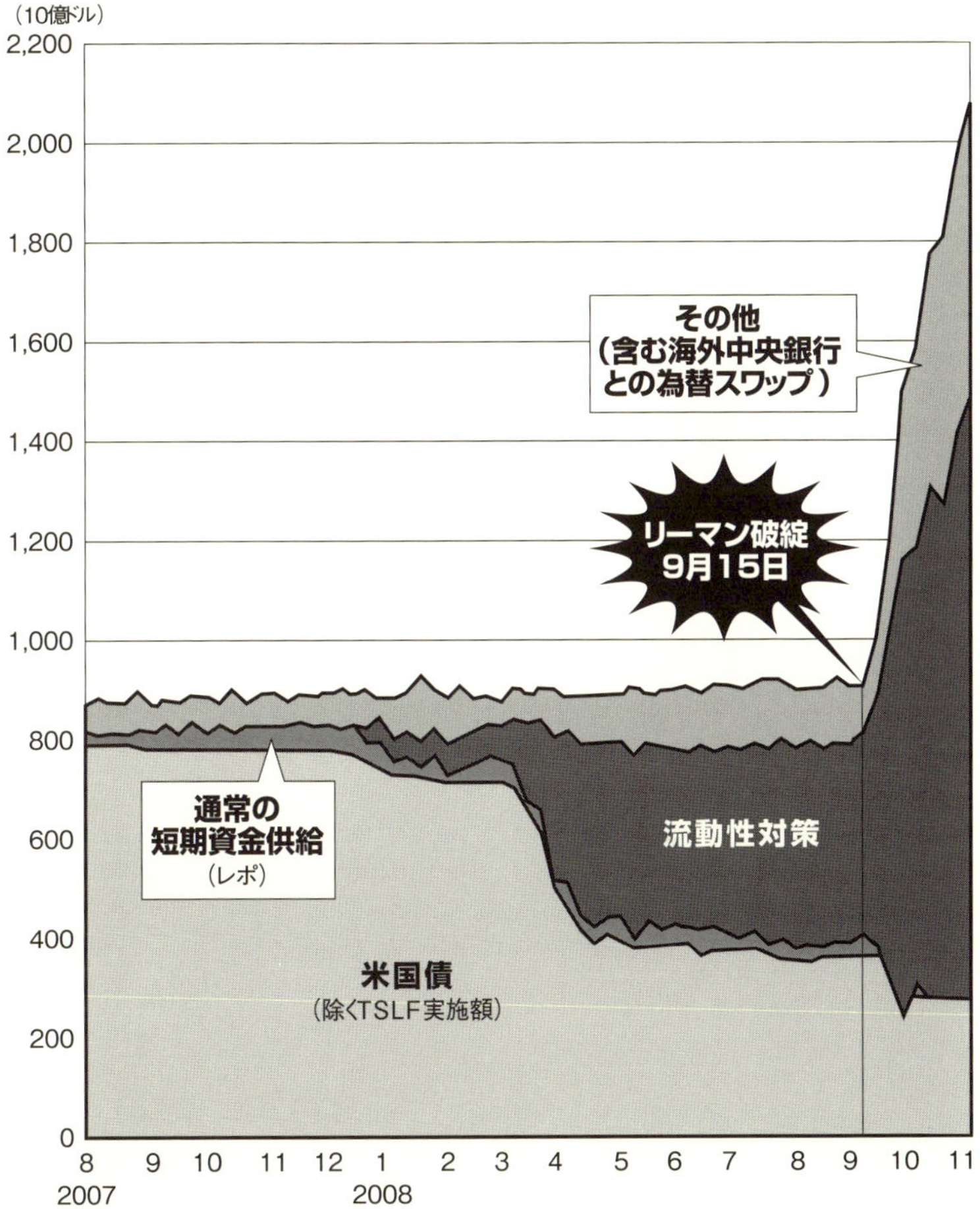

出所：東短リサーチ

FRB（アメリカの中央銀行）の資産（資本金）は民間銀行から買い取ったボロクズ債券やボロ株式やただの企業振り出し約束手形でできている。ということは、FRB自身の破綻（債務超過）の可能性があるということだ。

米国債を受け取った銀行はこれを国債（の中古）市場で売却して資金を手に入れる。それを企業に貸す。アメリカ版の「貸し渋り対策」である。

さらに2008年11月には、「CP《シー・ピー》（コマーシャル・ペーパー）購入制度」を創設した。この「CPの買い取り」というのは、FRBが、無担保で上場企業クラスの大企業が発行する、ただの約束手形（プロミッサリー・ノート）を受け取って、それを証拠にして資金を貸し出す制度である。全くの無担保融資である。融通手形《ゆうづうてがた》である。とにかく資金を市中（世の中）に流せ、金づまりを起こさせるなというみっともない政策である。この他に経営破綻した巨大保険会社のAIG（アメリカン・インターナショナル・グループ）の優先株を引き受けることもした。これらの強力な流動性《リクイディティ》供給策を推進した。

こうした際限のない「（証券類の）買い切りオペ」（お金をたくさん流通させる）によって、そのかわりにFRB（米中央銀行）の資産規模（バランスシート上の「資本の部」）は既に2兆ドルを優に超えて間もなく3兆ドル（300兆円）に達するまでに膨らんでいる。日本の日銀も100兆円を超える「資本の部」になっている。それでも表向きは短期金利がちゃんと存在していたので、量的緩和策（ジャブジャブ政策）は採用されていなかったことになっていた。昨年末のゼロ金利の決定を受けて、これで名実ともにこうした金融緩和政策の実施を〝宣言〟したことになる。

これらの、いわば「非伝統的な政策」を実施することに踏み切ったのは、米国の金融システムがひどく悪化しているからだ。米国内の一部のエコノミストからは、「ゼロ金利にしてしまうと、資本超過国（たとえば日本や中国のような貿易黒字大国）から資金がアメリカに円滑に流入しなくなる恐れがある。彼らがアメリカに資金を移す理由がなくなる。それよりは流動性（お金）をしっかりＦＲＢが供給すれば、金融システムが動揺することはない。だから金利をゼロにすることまでは必要はないのではないか」という指摘があった。

米国はデフレ経済に突入したのである。インフレへの目先の警戒は必要なくなった。米国の税収は景気後退で大幅に減少している。かつ金融危機対策、景気対策で、ものすごい勢いで財政赤字が増大している。さらにこれが膨張するのは避けられない。極限まで金利を下げなければ米国債の利払い費がどんどん増えてしまう。だからどうしてもゼロ金利を導入せざるを得なかった。ベン・バーナンキＦＲＢ議長の金利の急激な下げ政策は、２００７年からずっと後手に回って失敗した。バーナンキに対するアメリカの政・財の指導者たちからの信頼は地に堕ちている。前のグリーンスパンが金利政策ですばらしい成果を上げたのに比べて、後任のバーナンキは、金利とマネーの量の両方を上手に操《あやつ》ることができずに失敗した。アメリカの金融危機は一段と深まった。どこから見てもこのような評価になる。

バーナンキは２００８年に入ってから慌てて下手くそに短期金利（政策誘導金利）の利下げ

を推進した。にもかかわらず、長期金利の方は動かず、連動しなかった。財政赤字の増大が警戒されたことで、米国債の信用力が低下して安値が続いたので新発10年債の利回り（長期金利）は年3％前後で高止まりしたままだ。それでも、FRBが昨年11月半ばに「長期国債を買い取る」と宣言すると長期金利は少し下がった。FOMCの金利決定会合で正式に決めたのだが、実際にはFRBはこの時から密かに既発《きはつ》（中古の）国債を買い入れていた。それで長期金利も一気に2％台前半に急落（国債の値段は上昇）している。4月9日現在では、2・92％である。

「米長期金利　終値3％台　3カ月ぶり」

【ニューヨーク＝山下茂行】2月27日のニューヨーク証券取引所では10年物国債が4日続落となり、長期金利の指標となる同利回りは、前日比0・02％高い（国債価格は安い）3・01％で取引を終えた。10年物国債利回りが終値で3％台に乗せるのは、08年11月25日以来、約3カ月ぶり。株安など本来なら国債買いを促す材料が相次いだ。しかし景気・金融対策に伴う国債大量発行による需給悪化懸念が響いたためだ。

10年債の利回りは一時2・91％台まで低下したが、その後需給悪化を見越した売りが優勢（金利は上昇）となった。

注目すべきは米国の長期金利の動向

（2009年2月28日　日本経済新聞）

オバマ大統領は、就任前の昨年12月8日に、経済対策を発表し、大型公共事業の実政策を打ち出した。過去1年間で失業した者たちは250万人（その後、100万人上乗せして350万人）になった。この350万人の失業者への雇用を創出することを約束した。実際にはこの2月13日にようやく80兆円（7870億ドル）の景気対策法を成立させた。いくらアメリカ帝国でも真水《まみず》での政府資金（財政出動）はこれぐらいが限度である。それでもその6倍の5兆ドル（500兆円）規模の超大型の公共事業を打ち出さないと、現状の実体経済の悪化を食い止めることは出来ない。

米国は高速道路や橋梁といった社会インフラの老朽化が非常に深刻な状態にある。公共設備がボロボロなのである。発電所も限界的に旧式だ。大型の公共事業を行うには事欠かない。原子力発電所もスリーマイル島事件（1979年）以来建設できなくなっている。しかしそのための財政資金は、と言えば、やはり、唯一、米国債（国の借金証書）の増刷以外にはない。増税をしたい、と言うと国民の猛反発をくらう。オバマ政権は民主党政権だから、「社会福祉のための増税」はどんどん行っていい思想で動ける。とくに富裕層への増税は歓迎される。しかし税金の形で国民のお金を奪い取ると、消費に回って景気を維持する力がその分だけ落ちる。増税（消費税＝売上税の値上げ）は国民の志気をくじく。だからやっぱり米国債の乱発に向かう。これは歴史の法則である。

米国経済は、08年7―9月期の実質GDP成長率が、前期比年率マイナス0・5％とついにマイナス成長に転落した。そのあとの10―12月期には、さらにかなり大幅なマイナス成長(negative《ネガティブ》 grouth《グロウス》)であるマイナス6・2％に落ち込んだ。

「米GDP、年6・2％減　10―12月改定値」

【ワシントン＝大隅隆】米商務省が2月27日発表した2008年10―12月期の実質国内総生産（GDP）改定値は、季節調整済みの年率換算で、前期比6・2％減った。1月末に発表した速報値より2・4ポイントの下方修正だった。市場予測の平均下落率（5・4％減）を大幅に上回り、ほぼ27年ぶりの落ち込みとなった。

GDPの7割を占める個人消費支出は4・3％減。速報値を0・8ポイント下回った。民間設備投資も21・1％減で3・9ポイントの下方改定となった。

（2009年2月28日　日本経済新聞）

アメリカの一国の実需の生産高（消費額）であるＧＤＰの成長率は遂にマイナス６・２％という数字になった。このマイナス６・２％という数字は、今後の重要な指標になるだろう。日本の成長率も２００９年はマイナス６・６％になるという。先進国は軒並み似たような感じだ。このマイナス成長が２０１２年まであと３年間は続くと見なければ済まないと私は予測している。

アメリカはオバマ政権によって大型の公共事業が打ち出されたことや、これまでの流動性対策（不良債権の政府による買取り）が一応の効果を発揮することで、とりあえずこのあと半年から１年程度は持ち直してわずかにプラス成長に浮上する。だから２００９年中は２回ぐらいの株式と為替の暴落があるだろうが、それでも小康状態が続く。本格的に米国債が売り込まれる（金利が高騰する）のは、来年２０１０年の終わりからで、その原因は、やはり中国が作るだろう。中国政府が米国債を公然と売り始めるだろう。

今のところは、ＦＲＢが「米国債を（民間部門から）買い取る（即ち、資金を放出する）」と表明するとすぐに長期金利が急低下（債券相場が急上昇）する。長期金利の低下（現在２・９％ぐらい）とは米国債の価格がしっかりすることだ。発行時の額面を割らずに中古の国債が売り買いされるということだ。だから米国債は依然として国際的に信任されている。だから今すぐにドル危機（米国債暴落）が到来することはない。オバマ政権は、大規模な景気対策や、緊急の〝バンド・エイド・ポリシー〟（出血を止める政策）で次に起きる銀行破綻を阻止する（金融機関の救済、金融システムの安定）ために飛躍的に米国債を増発することだ。ＦＲＢが、それを歯止めを失って無制限に引き受けることでドル紙幣への信任が薄れていくことだ。そのためにリパトリエーション（repatriation　諸外国がアメリカから資金を引きあげて自国に取り戻すこと）が引き起こされてドル危機になりやすくなるだろう。

足元では「資産デフレ圧力」（「逆資産効果」）が強まっている。アメリカの住宅や商業ビルの下落は今も続いている。ついに高級住宅の値下がりも始まった。景気がやや持ち直すことで需要は回復することもあるだろうが、コモディティ市況（石油や金《きん》やその他の鉱物資源、穀物）が再上昇を始めている。石油（原油）も１バレル50ドルを3月から超えてきた。他の鉱物資源（基本物資）も再び値上がりを始めている。コスト・プッシュによるインフレ圧力が出てくる。これらの理由からも長期金利が上がりやすくなる。

アメリカは「緊急の新ドル切り替え」を必ず強行する

低所得者層向けの住宅ローン（サブプライム・ローン）ではなくて、米国で安定した収入を持つ堅実な層向けの住宅ローンであるプライム・ローンが焦げ付き始めている。金融恐慌が深刻になると、失業と企業倒産が増大して、理論的には大多数の米国民が住宅ローンを支払えなくなって家を失うことになる。特に「モーゲッジ（ホーム）・エクイティ・ローン」（P189でも説明した）という、上層サラリーマン層が各々保有する数軒の住宅やコンドミニアム（賃貸用マンション、投資用）を担保にして極限まで借り増した住宅ローンがあって、これが壊れ始める。住宅価格の下落は現在は、全米平均でピーク時からまだ30％の下落である。これがもっとひどくなってローン担保価値が逆回転を始めている。すると銀行からの担保価値割れを理由とする返済要求（貸し渋り・貸し剝がし）が厳しくなってゆく。中堅のサラリーマン層が失業して、失業による住宅ローンの不払いが起きる。このようなプライム住宅ローンの危機に至りつくと、米国は国民レベルでの、下からの金融恐慌突入である。

　それは、世界史（人類の歴史）の基準では、金融制度の問題を超えてしまうことである。実際問題としては、ローンの支払いが滞って理論上は家を失う（差し押え《フォークロージャー》される）ことになるはずの多くの米国国民は、居直って退去を拒絶して居すわってしまうだろう。すなわちここで「当然の（自然な）お金の返済の流れ」が遮断される。おそらく、この時に米政府は、国内での「通貨の単位を変える」だろう。その前に激しい物価の値上がりであるハイパーインフレが、アメリカ全土を襲い始めるだろう。だから、ここで**従来の10ドルを1ドルにする、という通貨**

単位の変更を断行するだろう。すなわちデノミネーションである。これが2012年には起きるだろう。時を同じくして現在の世界通貨体制（IMF・世銀体制、金《きん》ドル体制）が終焉する。

しかもGDP（アメリカは現在14兆ドル。1400兆円）の3倍もの規模にまで膨れ上がった政府部門の不良債務にアメリカ政府が耐えられるはずがない。P54で前述したとおり、政府財政赤字は、累積の長期の政府負債だが、これに地方政府の分も入れると概算で40兆ドル（4000兆円）以上ある。これをなんとかゴマカシ繰り延べして金融システムの危機の絶頂期《ピーク》を越すにはあと5年間ぐらいを要する。さらに膨大な財政負担（国家の大借金）を伴う。米国のような累積債務国（アメリカは対外的な大借金国家である）では、貨幣価値はハイパーインフレによって10分の1ぐらいにすぐに下落する。だから「1ドル10円」でもおかしくはないのだ。そうすると「緊急の新ドル切り替え」（デノミネーション込み）を実施して、〝徳政令〟に踏み切る以外の手はない。窮極の（対外）借金踏み倒しである。アメリカ人はこれをやる。それはもう一般国民も暗黙の合意の上でのことだ。米国の対外的な負債（外国からの借金、外国の米国債その他への投資）で、米国内に流入している「ネズミ講」の資金は総計で同じく4000兆円ぐらいある。これはP176で前述した米政府部門が抱える債務総額とピタリと見合っている。このうちの700兆円（いや、800兆円）が日本からの分である。

「緊急の新ドル切り替え、および米国内でのデノミネーション」の導入は、まさしく緊急の金

融統制である。この時、各種の統制令（法律群）が緊急立法の形で一気に発動される。これには必ず「預金封鎖」を伴うことになる。日本であれば、「ひと家族で一カ月に５００万円の生活費分しか銀行から引き下ろせない」となるだろう。アメリカなら同じく5万ドル（５００万円）であろう。しかし一般の米国人は預金などほとんどしていない。なんでもかんでも大型ショッピングはカードかローンである。それでもアメリカの富裕層にとっては預金封鎖は大きな打撃となる。それで、金融安定化法案で、銀行の破綻の際の政府保証の預金払い戻しの上限額（ペイオフ）を、ひとり10万ドル（１０００万円）から25万ドル（２５００万円）に値上げした。アメリカ国民の通常感覚からすれば、「銀行が銀行強盗にあったら預金者の預金は、破綻したその銀行から3分の1も戻ってくれば御《おん》の字だ」である。これがアメリカ人の共通感覚（コモンセンス）である。だから25万ドルを政府が返済保証してくれるのならそれで十分だ。

実際に昨年7月に取り付け騒ぎを起こして破綻したインディマックという住宅ローン専門銀行（地銀レベル）では、預金者の預金は本当に約3分の1しか連邦預金保険公社（ＦＤＩＣ《エフディーアイシー》）から償還されなかったのである。アメリカ人はこれで我慢するのだ。

GMを始めビッグ3は消えてなくなる

金融機関の破綻危機と並んでアメリカでずっと焦点となっているのが〝ビッグ3《スリー》〟問題である。米国のかつての主力産業である自動車業界の最大手のゼネラル・モーターズ（GM《ジーエム》）とフォードとクライスラーの3社の救済問題だ。

シティ・グループには30兆円の政府保証が行われることになった。それに対して、ビッグ3のGMとフォードとクライスラーに対しては、たった2・5兆円のお金も投入できず、最終的に連邦議会が救済を否決した。この救済法案《ベイルアウト・ビル》が2008年12月12日に否決された。するとアメリカ政府（ホワイトハウス）がGMやクライスラーを救済すると言い出した。議会が蹴ったものをどうやって政府だけで救済などできるか。結局、米政府は12月19日に、「GMに134億ドル、クライスラーに40億ドルの計174億ドルの公的資金による緊急融資」を実施した。さらにGMの自動車ローンを扱っている金融子会社のGMAC《ジーマック》をどさくさで銀行扱いにして公的資金を注入することが決まった。

この支援問題の真実は、単に自動車メーカーを救済することではない。それよりは自動車ローンを必ず抱えている、ほとんどのアメリカ国民の救済なのである。アメリカ人は自動車を買

GM《ジーエム》の株価推移

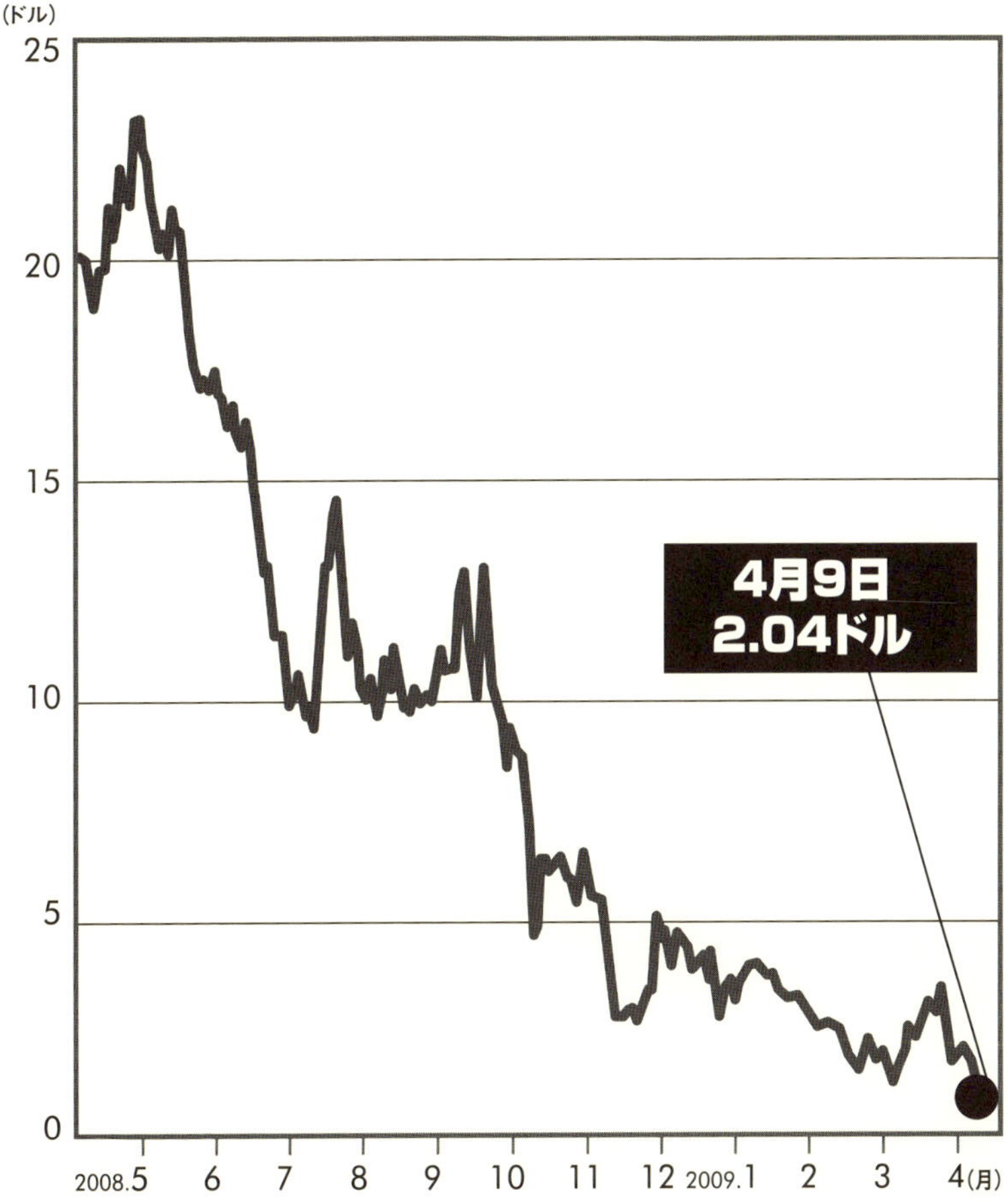

ニューヨーク証券取引所(NYSE)での価格
出所:Bloomberg

う時には、頭金もたいして払わずに全額自動車ローンで買ってしまう。だからP173で説明した自動車ローンの危機はビッグ3問題と重なるのである。自動車ローンの残高は200兆円ぐらいあり、これを救済することが本当の目標である。だから自動車メーカーのビッグ3本体の方は潰れてもいいのである。クライスラーが持っている戦車や装甲車などの軍需用の部門だけは何とか残すだろうが、もはや存在する必要がないものは存在しなくていいのである。ビッグ3はどんどん厳しくなっている排気ガス規制をクリアする自動車を作れなくなっている。電気自動車《エレクトリックカー》の開発でももう手遅れの状態だ。日本とドイツのカーメーカーには勝てない。だからビッグ3は潰れてしまうのだ。

アメリカでピッツバーグの鉄冷えの次に、デトロイトやオハイオ州の自動車産業が火が消えたようになり、そのためアメリカ経済が激しく沈滞しても、要らないものは消えてなくなる。それが自然の法則（ナチュラル・ラー　natural law）だ。効率の悪い大型の自動車をつくって競争力もなにもないのに、いつまでも生き残っていけると思っているほうがおかしい。さっさと清算して、日本の民事再生法にあたる米連邦破産法11条（チャプター11《イレブン》）どころか、完全なる破産処理である連邦破産法7条（チャプター7《セブン》）で清算手続きに入ったほうがいい。

昨年末の12月にビッグ3問題でばたばたしたのは、「プリパッケージ」方式という破産法処理以前の、民事再生法以前の、現状の経営陣を残したままで債務片付け（借金の踏み倒し）をしようという見え透いた現実味のない処理案であったからだ。本当の問題点は、ビッグ３の労働組合であるＵＡＷ《ユーエーダブリュー》（全米自動車労組）の存亡の問題である。ＵＡＷが、経営側と長年交渉して獲得して来た（別段で積んである）総額２兆円ぐらいある従業員（組合員）たちの年金《アニュイティ》の積立金やその他の共済金《アローワンス》（退職一時金とか）の処理の問題なのである。現在は、ビッグ３の経営のための目先の足りないお金の１５０億ドル（１兆５０００億円）だけを突っ込んで一息ついただけだ。こんな額でアメリカの巨大になりすぎた恐竜のような自動車会社３つが生き残っていけるわけはない。騒がれるだけまだましで、そのうち３つとも破綻処理して、バラバラに工場ごと外国の資本に買い取られてゆくしかない。

　すでにアメリカの自動車の市場占有率がビッグ3で42％を割っている。これが30％、20％となるのはこのあとすぐだ。アメリカの自動車会社は政府の支援がなければ自動車自体を作れない状態になっている。それよりはさっさとインドのタタや中国の上海汽車などに工場ごとに分けて売り払って、身軽になったほうがいい。フォードは日本のマツダが逆買収で買えばいい。本当にそうなるかもしれない。いらないものは誰も買わない。誰も買わないものは売れない。売れないものを作り続けても意味はない。競争力のないものがいつまでも生き残っていけるわけがない。アメリカ国内で自動車産業界から３００万人を超える失業者が出ても、いらないものはもういらない。もうすぐ破産して清算手続きに入るだろう。

アメリカのネズミ講体制（ポンツィ・スキーム）は崩壊するしかない

米国は、第二次世界大戦直後には圧倒的な経済大国だった。戦勝国であり、国内の生産設備は全く破壊されていないから、1945年には世界GDPの90％はアメリカが占めていた。50年代の繁栄を謳歌したアメリカの全盛期は60年代だった。それでもジョン・F・ケネディ、リンドン・ジョンソン政権期の「黄金の60年代」には早くも、製造業では日本や西ドイツの追い上げを受けるようになった。国民生活の水準はものすごく高まったのだが、米国内の資金は不足し始めた。60年代末には凋落《ちょうらく》傾向が顕著になっていた。結局、71年8月15日のニクソン・ショック（ドル・ショック）で金《きん》とドル紙幣との兌換《だかん》停止が発表された。このあと1973年から、「石油を裏付けとするドル基軸通貨体制」に移行した。それ以降、米国は80年代のロナルド・レーガン政権期に規制撤廃（ディレギュレーション）や金融の証券化（セキュリタイゼーション）を推進して、金融業を興隆させた。アメリカは金融資本主義の国となったのである。

アメリカは、毎年経常赤字（貿易赤字）を増大させて、累積債務を膨張させながらも、金融業が圧倒的な競争力を誇っていた。そのことで、海外に大量に流出したドル資金を、米国内に安全な投資先として還流させることで、経済成長を続けた。この経済繁栄は、ビル・クリントン政権期の90年代後半に財政は黒字化し、「ＩＴバブル」としてピークを迎えた。直後の２０００年２月に新興株バブル（ＩＴ《アイティー》バブル）の崩壊が起き、過熱経済は一時中断したものの、その後は、06年まで住宅資産バブルを膨らませて好景気を持続させてきた。このようにして米国の金融主導の経済繁栄というのは、外国から流入して来る資金に頼って借りた資金そのものから配当金や金利を支払い続けることで、さらに資金を借り受けることを繰り返すことで成り立ってきた。まさに「ネズミ講資本主義（ポンツィ・スキーム・キャピタリズム）」に他ならない。

米国は米国人が最も嫌う国家統制に向かう

２００７年８月のサブプライム崩れ以降、銀行や証券（投資銀行）が、過剰に証券化した金融市場での危険なバクチ（高レバレッジ商品投資）をやったので危機的な状況に陥った。米政府は、２００９年３月から政策転換をした。それまでの市場原理重視、自由競争型の方針を大転換した。その代わりに、マクロモデルとしてのジョン・メイナード・ケインズの思想であるケインズ政策体系に、なし崩しに戻りつつある。国家による干渉政策である、民間金融部門の「国家による併合」（Government Take-over　ガヴァメント・テイクオーヴァー）をやりだした。

その真実は、すでに「国有化」(nationalization ナショナライゼーション)である。国有化とは、社会主義国家化であるから、本能的に米国人たちはこれを非常に嫌う。さらにこれが進むと、かつて米国で1回だけ行ったことがある「連邦化」(federalization フェデラライゼーション)にまで至る。これはまさに国家非常事態での共産主義国家化である。完全なる独裁体制化である。完全なる金融統制体制である。それは「政府直接支配」(direct governmental control ダイレクト・ガヴァメント・コントロール)になる。まさしく共産主義(communism コミュニズム)だ。

あるいは、1930年代のイタリアで生まれたコーポラティズム(corporatism 全産業部門を国家に集中し統合する体制)である。〝イル・ドゥーチェ(我らが総統)〟と国民に歓呼で呼ばれたムッソリーニのイタリア・ファシズムである。それと同じものがアメリカでネオ・コーポラティズム(neo-corporatism)として実現しつつある。まさしく金融部門の統制から始まる国民生活への直接的管理統制である。それは、オバマを追い落としたあとの、ヒラリー・ロダム・クリントンによる〝ヒラリー・ファシズム〟への道である。

破綻した銀行(シティバンクを含めて)の実質国有化の手法の本態は、「政府による支払いの保証」(government mandate ガヴァメント・マンデイト)を宣言することだ。ファニーメイとフレディマック発行の機関債には「暗黙の政府保証」があるとされている。昨年10月3日に、連邦議会で7000億ドル（70兆円）の金融安定化法案（ファイナンシャル・スタビライゼイション・アクト。別名は金融救済法、バンク・ベイルアウト・ビル）が「多数の下院議員たちの叛乱」を押さえ込んで可決した。それで、何とか「政府の保証」策が適用されて、「暗黙」ではなく「名実ともに」政府保証されたことになる。

これで両公社の機関債やそこが保証しているRMBS債の世界的な〝取り付け騒ぎ〟が一旦は収まった。欧州勢と日本、中国、サウジアラビアといった大口の債権者も一応、納得した。しかし実態は既に両住宅公社は破綻している。実際には公表されたとおり5兆3000億ドル（530兆円）にも及ぶ機関債やRMBSはもはや償還されることはないと見るべきだ。アメリカは国家として破産するのである。

2008年7月13日にヘンリー・ポールソン前財務長官によって公表されている分だけで、日本勢はそのうちの23兆円分を引き受けていた。本当は40兆円ある。中国やサウジアラビアも同じく40兆円ほどある。英国は10兆円程度保有していたことが明らかになったが、同国の規模から考えるとかなり巨額なものであった。これで国内が騒然となり、ゴードン・ブラウン政権が崩壊しかかった。この時、英フィナンシャルタイムズ紙の一面に、「世界金融恐慌に突入」という言葉が躍った。

ブッシュ前政権が、２００８年の政権末期の機能停止《レイムダック》の中でも、大規模な景気対策を打ち出し、さらに不良債権の買い取りや両公社及び金融機関の救済にかなりの公的資金投入策を発動した。即座に大銀行に25兆円の投入を決定した。この時にも米国の財政赤字はかなり膨張した。米国では会計年度が9月末で終わり、10月1日に次年度に入る。だからこの危機を２００９年中は何とか乗り切っても、２０１０年10月以降になると、米国債に対する信用の失墜という形で危機が再燃、再表面化するだろう。

「米財政赤字、「数年間は1兆ドル規模」オバマ次期大統領」

【ワシントン＝米山雄介】オバマ次期米大統領は1月6日、２００９会計年度（08年10月―09年9月）の米財政赤字が、１兆ドル（約１００兆円）規模に膨らむとの見通しを明らかにした。08会計年度に比べ（単年度の財政赤字は）ほぼ倍増することになる。景気対策で財政出動が膨らむ結果、「景気が回復しても数年間は、（毎年）１兆ドル規模の赤字になる」と指摘した。財政規律強化のための監視組織を新設し、景気対策や予算編成で利益誘導型の歳出を禁止すると言明した。

オバマ氏は「行政改革を議論から実行に移す」と強調。2年間で最大７７５０億ドル（約80兆円）とされる景気対策の編成に当たり「説明責任や透明性を重視する」と述べた。

（2009年1月7日　日経ネット）

アメリカの単年度の一年間の財政赤字は、1兆ドルを軽く超えて1・7兆ドル（170兆円）である。この規模をこのあと4年間、毎年続けるならば、アメリカは金融システムを守ることはできない。

米国政府が現在抱えていると思われる不良債権の規模（連邦政府分だけで20兆ドル、2000兆円ぐらいある）を考えると、2008年10月の金融安定化法で決まった7000億ドル（70兆円）では焼け石に水で、全く不足している。どうせこの20倍の金融救援資金14兆ドル（1400兆円）が必要となるだろう。このようにして際限なくアメリカの政府部門の不良債務が膨れ上がっていくことになる。金融システム維持（銀行救済と貸し渋り対策）とは別個に実需である景気対策（財政出動）としての「グリーン・ニューディール計画」の実施のために決まった「2年間で7870億ドル（80兆円）」も、すぐに膨脹して10倍の公共事業費800兆円（8兆ドル）ぐらいはどうせ4年間でかかってしまう。その資金もドル紙幣と米国債の増刷で作り出すしか他に手はない。行きつく果ては米ドルの大暴落であり、「ドル覇権の崩壊」である。

第4章

日本はアメリカ帝国の洗脳から脱却せよ

日本から60兆円を貢がせようと策動するアメリカ

オバマ政権の金融閣僚であるティモシー・ガイトナー（財務長官）、ラリー・サマーズ（NEC委員長）、長老格のポール・ボルカー顧問の〝トライアングル〟は、〝実質の世界皇帝〟デイヴィッド・ロックフェラーが後ろ楯になっている。日本の金融官僚と親米派政治家たちも、彼らの命令に忠実に動くように育てられている。日本からさらに60兆円を新たに貢ぐ計画がある。日本の郵便貯金と簡保の合計300兆円のうちの60兆円をアメリカは狙っているのである。

そのために西川善文《よしふみ》日本郵政ホールディングズ社長は、6月には退任させられる。全国2000万人の老人たちが1000万円ずつ預けている郵貯と、簡保を彼が守ってきた。西川善文のあとに社長の座を、郵政官僚（総務省官僚）上がりの団浩明《だんひろあき》にすげ替えるらしい。この300兆円の郵貯・簡保の資金は、これからも徐々にアメリカに流出させられるように動き出している。旧郵政官僚たちが、特定郵便局長たちの会（旧大樹会《だいじゅかい》）と団結して、自分たちの利権である郵貯・簡保の外国への流失を防ぎきれるか。どうも小泉・竹中（路線）をアメリカは投げ捨てて、日本の官僚の主流派（守旧派）と手を結んだようである。大きな路線変更が起きている。だから「埋蔵金発掘」の高橋洋一氏が「温泉銭湯窃盗スキャンダル」（3月30日）で追放されたのだろう。

鳩山邦夫《くにお》総務大臣が、1月8日から「かんぽの湯、合計79施設の売却停止」を言いだした。もともと２４００億円かかったものを、たったの１０９億円でオリックスに一括で売り払う計画があった。それを土壇場で印鑑をつかなかった。担当者の総務大臣が最後に署名しなければ「国有財産の払い下げ」はできない。これは〝疑獄《ぎごく》〟である。古来、「国有財産の払い下げ問題」は疑獄を生む。鳩山邦夫が「待った」の異議を唱えたので、契約当事者の双方に契約を解除させる方向に向かった。

このこと自体は喜ぶべきことだ。しかし、鳩山邦夫の追及はどうも契約の相手方である宮内《みやうち》義彦《よしひこ》オリックス社長を狙った攻撃ではない。なぜなら宮内義彦は今もぴんぴんしている。オリックスという会社の裏側はサーベラスという得体の知れない巨大外資（ハゲタカ・ファンド）であり、サーベラスは多くの日本のリゾート施設（ゴルフ場も）や流通業を乗っ取った。悪どいリース業、サラ金業を今も営業しているオリックスの宮内義彦はまだ追い落とされる気配がない。

どうやらこの**「かんぽの湯、一括売却事件」は日本郵政の西川善文社長の首を狙ったものである。愛国者である西川善文（住友銀行の生え抜きの人物だ）の責任問題となるように追いつめて、辞任を促そうというものだ。**西川の後釜に総務省（郵政省）官僚をつけて再び、〝郵政官僚＝郵政ファミリーの支配〟に戻そうという動きだとも観測できる。旧郵政官僚たちはアメリカによって〝八つ裂き〟にされたから、決してアメリカに資産をやすやすとは貢がないはずだ、という見方もある。今後の進展を見守るしかない。厚生官僚、金融庁官僚、財務省官僚の中の旧竹中平蔵派（アメリカの手先たち）が頑丈に生き残ってまだ「改革なければ成長なし。緊縮財政推進」と、上野山《うえのやま》に立て籠もって抵抗する彰義隊のようなことを言って、財政出動（積極、公共事業の推進）に反対している。

日本国民の〝最後のトラの子〟である203兆円の郵便貯金を必死で守ってきたのが西川善文である。おそらくゴールドマン・サックスを運用係として、既にこのうちの20兆円ぐらいはニューヨークに流れ出しているだろう。しかし、残りの8割はまだしっかりと日本国内にある。簡易保険の158兆円の方は、堅実に国内に積まれている。外債での運用はできないはずだ。これらの大切な国民のお金をなんとしても守らなければならない。

私は、前著『恐慌前夜』で「西川善文は愛国者である」と書いた。

この5月に、日本郵政株式会社の西川善文社長（取締役兼代表執行役社長・CEO）が逮捕されるという噂が新聞記者たちの間を駆けめぐったのだ。

それはその1カ月前に、竹中平蔵氏が西川氏に向かって「西川さん。郵貯と簡保合計

> ３００兆円すべてを使って米国債か他の米公債を買ってください」と強要したからだという。それに対して西川は横を向いて知らん顔をしたそうである。それで怒ったアメリカの日本対策班《ジャパン・ハンドラーズ》が、西川義文を逮捕させようという策動に出たのであろう。西川義文は真の愛国者である。
>
> 西川義文を守ったのは、母体の三井住友銀行ごときではない。この三井住友銀行の実質筆頭株主であり、デイヴィッドの甥のジェイ・ロックフェラー（ゴールドマン・サックスのオーナー）である。ジェイは自分の叔父であるデイヴィッドとの闘いにおいて容赦がない。徹底的に最後までシティバンクをたたきのめすところまで行くだろう。叔父と甥の相続争いが、今の世界を揺るがしている対立構造なのである。
>
> 『恐慌前夜』（２００８年９月刊Ｐ１７１、祥伝社）

私ははっきりとこのように書いた。日本国内の一部の見方は、西川善文氏を、宮内義彦氏と内通している悪人のように考えている。私はそのようには思わない。西川は自分の知力の限りを尽くして郵貯・簡保を守り抜いたのである。「かんぽの湯の一括売却（払い下げ）」は、オリックスの不正な商行為である。売却方法には、外資（アメリカ政府）の汚い手口がたくさん使われていた。それは、竹中平蔵総務大臣と彼の取り巻きたちが〝日本郵政そのものの乗っ取り〟のために、2001年から内部に深く埋め込んださまざまの仕掛《しか》け（決議事項）のためである。売却（乗っ取られ）反対の愛国的な抵抗が内部で続いていた。だから鳩山邦夫大臣への直訴の形で明るみに出たのである。

オリックスがこれらの「かんぽの湯」の建物を一括で買ったあとすぐにバラバラに転売して巨利を得る計画だったことは明らかだ。109億円で一括売却（落札）が決まっていたが、課税価格（これが最低限度の不動産評価額である）でさえ合計で856億円することが明らかになった。売却は阻止された。それでもオリックスという悪質サラ金（リース）会社の宮内義彦会長のこれまでの悪行《あくぎょう》の数々のあぶり出しにまでは至っていない。今も激しいアメリカ外資勢力と愛国派（抵抗勢力）の暗闘が政・官・財の中で続いている。

アメリカは横柄な態度で日本に政治謀略を仕掛ける

若手実力派政治家の中川秀直《ひでなお》らは自民党をいつでも割って出ようとしている。中川秀直の「上げ潮」政策のモデルは、ローレンス・クライン（イェール大学教授、ノーベル経済学賞受賞）の経済成長理論の日本への導入である。彼が官僚たちの権限を奪い取って政治家主導の体制に変えようとする改革案は筋が通っている。消費税値上げにも強く反対しているのも正しい。

しかし中川秀直のグループは小泉純一郎・竹中平蔵らと連携して動いているから警戒されている。彼らは、瓦解しつつある自民党の旧態依然たる体質を嫌っていつでも脱党しようと構えている。それに対して、たとえ何があっても自民党に居残ると決めている旧弊保守の人々との自民党内の内部抗争になっている。

この中川秀直、小池百合子たちの受け皿となり、民主党内で待ち受けて合体して、（新しい）民主党にしようとしているのが、民主党内の反小沢派の前原誠司と枝野幸男たちである。小沢一郎代表の健康（体力、心臓）が持《も》たなくなるのを待ち構えている。小沢一郎が倒れるのを待って、この計画を実行に移そうとしている。そして、自民党分裂派と、自分たち民主党内のアメリカの手先派が執行部を乗っ取ることで民主党を自分たちのものにしようとしている。そして、このアメリカの思いどおりに動くようになる新しい日本民主党と、旧来の自民党（残留組）の2つで、めでたく日本にも「二大政党政権交替体制」（two party system トゥー・パーティー・システム）が完成したことにしたいのである。そのようにアメリカが企画している。米民主党のヒラリー派（デイヴィッド・ロックフェラー直系）は、このような画策を日本に対して行っている。日本国民からしてみれば、とんでもないことである。中川秀直と小池百合子たちが、自民党を脱党して新しい民主党の顔になろうとしている。そして、この先も日本の政権をアメリカがいいように操ろうとしている。そのようになってほしいなどとは国民は思っていない。

アメリカは強引に上から圧力をかけてくる。帝国（エムパイア）というものは、属国（トリビュータリィ・ステイト、朝貢国《ちょうこうこく》）にどんなことでも押しつけてくる。彼らは日本を自分たちの思いどおりに動かせるとまだ信じている。中国に対しては、自分たちと対等の「戦略的《ストラテジック》パートナーシップ」という位置づけで非常に気を使う。だがアメリカは日本に対してはきわめて横柄《おうへい》である。ヘイコラして何でも言うことを聞くと思っている。言うことを聞かなければ平気で政治謀略を仕掛けてくる。自分たちのニューヨークの金融業界が、金融取引で大失敗をして、強欲な行動の涯《はて》に、大爆発を起こして世界恐慌に突入しそうだ。すべて自分たち自身の責任なのに責任を認めようとしない。それでも次々と金融危機が起きるから慌てふためいて、また外国の資金を当てにする。何の反省もなく属国群から資金を奪おうとする。

日本国民の本当の願いは、安定した国民生活と今のままの平和国家であることだ。戦争や動乱などまっぴら御免である。「日本も核保有（核武装）すべきである」などという考えは、自分たちは現実主義（リアリズム）に立脚した大人の考えだ、と信じ込んでいるだけの愚か者の考えだ。本当に知恵のある人間のとる態度ではない。日本の保守言論人というのは、たいして思慮深い人たちではない。ただの「アメリカべったり」派だ。アメリカは日本国民の願いに何も配慮しない。大事なのは自分たち帝国のことだ。アメリカの最高権力者たちでも、「属国を自分たちの思い通りにこれまで同様に動かして、資金を貢がせる」という、その程度の日本理解、日本分析しかしていない。世界中の200カ国（実質192カ国）を平等に分けへだてなくきちんと管理しようとしている。それでもアメリカ合衆国は今、世界帝国《ワールド・エムパイア》の地位から滑《すべ》り落ちようとしている。それなのにまだ支配者然とした習性と感覚が抜けない。強引に上から圧力をかければ、日本の政・官・財など全部思いどおりに動かせると思い込んでいる。日本国民の側からすれば、とんでもない傲慢な態度である。

日本国民は今のアメリカの上層部の動きをよく見据えて、団結してこの難局を上手に乗り切らなければならない。アメリカとの不必要なトラブルは避けるのが賢明である。麻生太郎首相でさえも、「もうこれ以上、アメリカに日本の資金を貢ぎたくない。これ以上お金をふんだくられるのはいやだ」と考えている。ドイツ人とフランス人が、それとなく日本人指導者たちに知恵をつけてくれる。麻生首相は大金持ちで三代目のボンボン育ちだから、優れた頭脳はしていない。受験勉強もしなかったろうから学校勉強用の難しい漢字は読めない。それで少し恥をかいた。しかし難しい漢字なんか読めなくても生活には何の支障もない。一般国民はそう思っている。

「麻生たたき」は、麻生首相と中川昭一大臣が、昨年11月から「これ以上はアメリカ国債を不必要に買わない」と決めた時から始まった。アメリカが日本のメディア（テレビ・新聞10社）

を使って始めさせたものだ。前ブッシュ大統領と麻生首相はよく似ている。アメリカの大企業創業者一族のボンクラ三代目たちの代表であるから、彼らから愛される人だ。どちらも発言は正直であけすけで、つねに単純愛国的である。経営者階級の習性をよく身につけた人々である。麻生首相は、アメリカの逆鱗《げきりん》に触れて謀略で失脚させられた中川昭一を、同僚としてはかわいそうだと思いながらも、中川昭一が示した抵抗の果実（結果）を自分のものにして、あと少しは政権にしがみつく。オバマ大統領に直接会って2兆円を払った（2月23日）。外国首相としてオバマと初会談した。しかしたった1時間会っただけで、国賓としてのパーティーもなしで麻生は追い返された。

中川昭一はイタリアのローマG7のあとの記者会見の席で、酒に酔ったまま応答したとして醜態をさらしたことになっている（2009年2月14日）。そして帰国後追い詰められて辞任した（17日）。このローマでのG7で、彼はワイングラスの中にクスリを盛られたのである。ロバート・ゼーリック世銀総裁との会談のあとだったようだ。怪しい日本人女記者たちとの30分の食事の時に、ワインに特殊な薬を入れられたようである。それで記者会見でろれつが回らなくなり、ひどい体調不良を示した。日本人の記者団相手の記者会見だったのに、なぜか即座に世界中に放映された。これにはアメリカの意を体現する日本の財務官僚たち（の一部）も噛《か》んでいる。

中川昭一財務相はクスリを盛られて大臣の座から引きずり降ろされた

この事件への私の分析をまとめると次のようになる。まず、新聞記事を載せる。

「中川氏自らワイン注文　同行の財務省局長明かす」

中川昭一前財務相が（2月14日）先進七カ国財務相・中央銀行総裁会議（Ｇ７）後、ろれつが回らない状態で記者会見し辞任したことに関し、財務省の玉木《たまき》林《りん》太郎《たろう》国際局長は十九日の衆院予算委員会で、「中川氏が会見前に同省関係者や読売新聞記者一人と昼食を取り、自らワインを注文した」ことを明らかにした。玉木氏はＧ７で中川氏に同行した。ただ玉木氏は「（中川氏は）口を付けた程度の飲み方しかしていない」と述べ、原因は深酒ではないとの見方も示した。

また玉木氏は、中川氏が十三日夜にも一部同行記者と懇親会を開き、読売新聞記者一人を含む男二人、女二人の計四人の記者らが同席したことを明らかにした。読売新聞以外の二社は「社名の公表を控えてほしい」と要望、残り一社は未回答だという。当社の記者は同行していない。

（２００９年2月19日　共同通信）

中川大臣のワインの中に何らかの薬物がこの席で入れられた。直接、手を下したのは、財務省国際局長の、玉木林太郎であり、この官僚と「特別に親しい関係」の読売新聞経済部の越前《えちぜん》谷知子《やともこ》という女性記者（36歳）だという。そういう記事が、インターネット内で激しく飛び交い、タブロイド新聞に載った（19日）。この女性記者は、その後雲隠れして行方不明である。読売新聞社は説明責任《アカウンタビリティ》を果たすべきだ。

同席した他の二人の女性記者は、日本テレビの原聡子《さとこ》氏とブルームバーグの下井戸京子《しもいどきょうこ》氏である。このあと日本テレビの社長や幹部たちが3月に入ってから、意味不明のささいな事で責任をとって辞任している（3月16日）。読売・日本テレビというのは、敗戦後米ＣＩＡに育てられてできた日本の大手メディアである。実力者正力松太郎《しょうりきまつたろう》氏が率いた。彼らはアメリカ親分のためだったら、直接、政治謀略にまで手を染める。正力氏の後継者となったのがナベツネ（渡辺恒雄氏）と日本テレビ会長の氏家斉一郎《うじいえせいいちろう》氏である。政治家（国民に選ばれた代表たち）ではないのに、政治をやっている。許されないことである。もうすぐ天罰が落ちるだろう。

財務官僚というお奉行さま階級（勘定奉行）が、上司である幕閣《ばっかく》（老中、譜代の大名）である大臣に手をかけたのだから、成敗されるべきである。断じて許されないことである。市中引

（AFP＝時事）

Ｇ７での記者会見――篠《しの》原《はら》尚《なお》之《ゆき》財務官、中川前大臣、白川方《まさ》明《あき》日銀総裁。この篠原尚之という財務官僚の、顔つきの異様さと表情の悪さに、すべてが露見している。このアメリカの手先官僚たちが、中川昭一大臣を陥れたのである。白川総裁は、三井、日銀、ロスチャイルド系の生え抜きの温厚で賢明な人物である。

（毎日新聞社）

２月19日の衆院予算委員会で答える玉木林太郎国際局長。

（「就職ウォーカー」より）

玉木氏と「特別に親しい関係」の読売新聞記者・越前谷知子氏。日本の新聞記者たちは、時に日本国民の代表である大切な政治家を刺し殺す。自ら恐ろしい道具となって使われる。

き回しの上、獄門晒し首である。
これら、アメリカの手先の財務省（大蔵省）人脈の総帥は、大場智満《おおばともみち》（元国金局長《こっきんきょくちょう》、財務官）である。大場氏が、皇帝デイヴィッド様の差し金で、日本の資金奪い取りの実行部隊の最高責任者をやっているのだろう。財務省の中でも国際局というのは、かつての国際金融局（国金局《こっきんきょく》）であり、ここは、財務省の中でアメリカにお金を貢ぐ係である。それのトップを財務官《ざいむかん》と言う。財務官は財務事務次官（官僚のトップ）と同格の扱いであり、英語ではヴァイス・ミニスター（事務方の副大臣）である。
現在の財務官は、P251写真のとおり中川昭一大臣の横に座って、何食わぬ顔をしてしかし本心が見事に顔に表われている篠原尚之《しのはらなおゆき》氏だ。アメリカの指図で、中川昭一大臣を罠《わな》に嵌《は》めた。

「中川財務相　辞任、世界各国の主要メディアが速報」

中川昭一前財務・金融担当相の辞意表明（17日）は、……世界中に速報された。聯合ニュースは「中川氏は内閣の核心閣僚であり、辞意表明は支持率急落で苦戦している麻生政権に決定的な打撃となりそうだ」と指摘。「景気が急激に悪化しているなか、景気対策を陣頭指揮する重要閣僚の辞任で、経済に与える余波が憂慮されている」と伝えた。

（２００９年２月18日　毎日新聞）

14日のローマでの記者会見での出来事について、「（その食事の席には）当社の記者は同席しなかった」と書いて結んだ毎日新聞の記事が一番、冴えていた。最近は毎日新聞が国民のための真実の報道をしてくれる。

私は中川昭一大臣と話したことがある。父親（中川一郎。１９８３年にホテルの一室で自殺。しかし本当は殺されただろう）を継いだ、立派な若手政治家だ。能力も人格もしっかりした政治家だ。中曽根康弘系の後継のホープなのだが、政界の妖怪である中曽根康弘とはちっとも似ていない。中川昭一は立派な男だ。酒を毎晩、浴びるように飲んで失禁することも多い、と中傷を浴びていた。やっぱりアメリカは弱点を突いてくる。

中川大臣は、昨年10月13日前後から、アメリカに逆らいだした。「もうこれ以上は日本は米国債は買い増したくない」と、公式の数回のＧ７《ジーセブン》の席で公然と発言したらしい。「ニューヨークで起きた金融破綻で世界中の金融機関と政府が大変迷惑している。アメリカがまず責任を感じてほしい」と中川昭一は堂々と言ったという。この態度を昨年の11月からずっと、金融危機対策での各国協調のＧ７の緊急会議で中川昭一はアメリカに苦言を呈した。アメリカは日本の中川昭一に手を焼いた。だから彼を失脚させることに決めた。その様子を欧州勢は、深く日本に同情しながら見つめていたことだろう。ヨーロッパ人たちの態度は「日本の発言は正しい。しかし日本はどうせアメリカに屈服させられるだろう」という冷ややかなものである。

この世の中で、大事なことは、カネを出すか、出さないか、である。お金の払いの問題が一番大事なのである。ある人がいい人《グッド》であるか、悪い人《バッド》か。とか、ものごとの正義《ジャスティス》・悪《フォールス》（不正）も、ある考え（意見）が正しい《ライト》か間違い《ロング》かも、判定は難しい。善《グッド》・悪《バッド》の判定は、立場が違えばどうにでも変化する。

しかし、日本国民のために、日本の資金を奪われないように必死に抵抗するのが、日本国にとっての正義であり、善である。それが愛国であり、いい人のすることだ。この原理は変えられない。今はアメリカに抵抗して、なるべくお金を毟《むし》り取られないように行動する政治家が、いい国民指導者だ。アメリカの手先ではないということだ。それに対して、日頃、「自分はほんものの保守で、民族派で、愛国派だ」と公言している人々ほど、いざとなると奇怪な動きをする。日本の富《ウエルス》をアメリカにどんどん貢いで平気である。

アメリカは、だから麻生政権潰しに公然と動き出した。麻生らはヨーロッパ人（とりわけフランス人）たちからそれとなく知恵を授けられながら、「アメリカの、ニューヨークの金融業界が大きな不始末を起こして、そのせいで各国の銀行が連鎖倒産した。この金融不始末（世界恐慌入り）の責任を感じて、世界に向かって謝罪せよ、話し合いはそれからだ」という態度に出た。それも実に遠慮がちに控え目にだ。この態度の取り方はきわめて正しい。まっとうな行動である。アメリカ政府はまだこれまで一度も公式の謝罪をしていない。

このあと麻生が、「オレは郵政民営化（の4分社化）には賛成ではなかった」（2月5日）と、発言した。これは思い余っての本音で正直な発言だ。事実、麻生は郵政の「4分社化」には最後まで難色を示していた。すると、13日に小泉純一郎元首相が「怒るというよりも笑っちゃうしかない」と言って、麻生政権打倒の火柱をあげた。

小泉にしてみれば、自分の後継首相の座を狙って、あれほどまでに自分に卑屈に接して、自分の座る椅子を引いたりしていた麻生が、今ごろになって反旗を翻したと感じた。この話を私は閣僚経験者の自民党政治家から直接聞いた。

郵政民営化賛成派の世耕弘成《せこうひろしげ》や山本一太《いちた》議員たちのブログの文を、小泉は首相官邸に抗議の気持ちを込めて送りつけた。麻生首相の方は憮然とした。麻生は明らかに小泉と敵対している。その日に、小泉はモスクワに立った。アメリカが、小泉を特使（使い走り。メッセンジャー・ボーイ、仲介人間）に立ててロシアに送ったのだ。小泉のモスクワ行きは、郵政民営化でアメリカの手先として立ち回った田中直毅《たなかなおき》氏（21世紀政策研究所理事長、経済評論家）の主催するシンクタンクの企画である。

原油価格を下落させられて苦しくなったロシア

ロシア政府の台所は目下苦しい。石油（原油）の値段を、ニューヨークの石油市場で、1バーレル（159リットル）33ドルまで下げられて（4月9日現在、52・24ドル）財政が厳しくなっている。多くの建設工事が途中で止まっていて職をなくした労働者たちがモスクワでもデモをしている。

このままでは、いくら豪腕の独裁者型（イワン雷帝が理想）政治家プーチンとメドヴェージェフでも、国家運営資金が足りなくて困っている。ひとまずはアメリカとのデタント（対立緩和、「撃ち方やめ」）である。アメリカのロシアへの要求は、「原油の市場値段を再び少しずつ上げてやるから、その代わり、売り払った米国債をもう一度、買いなおせ」である。アメリカは日本（小泉）を使ってロシアと交渉させた、ということだ。ロシアは日本に資金援助を求めてきた。

ニューヨークの石油の先物市場《フューチャー・マーケット》である、NYMEX（ナイメックス）で原油の値段は決まる。このナイメックス市場で、アメリカ政府とロックフェラー財閥は石油価格をさんざん操《あやつ》ってきた。商品《コモディティ》市場でも金融市場でも、世界の最高権力者たちはどうにでも操作できる。

原油価格（直近）の推移

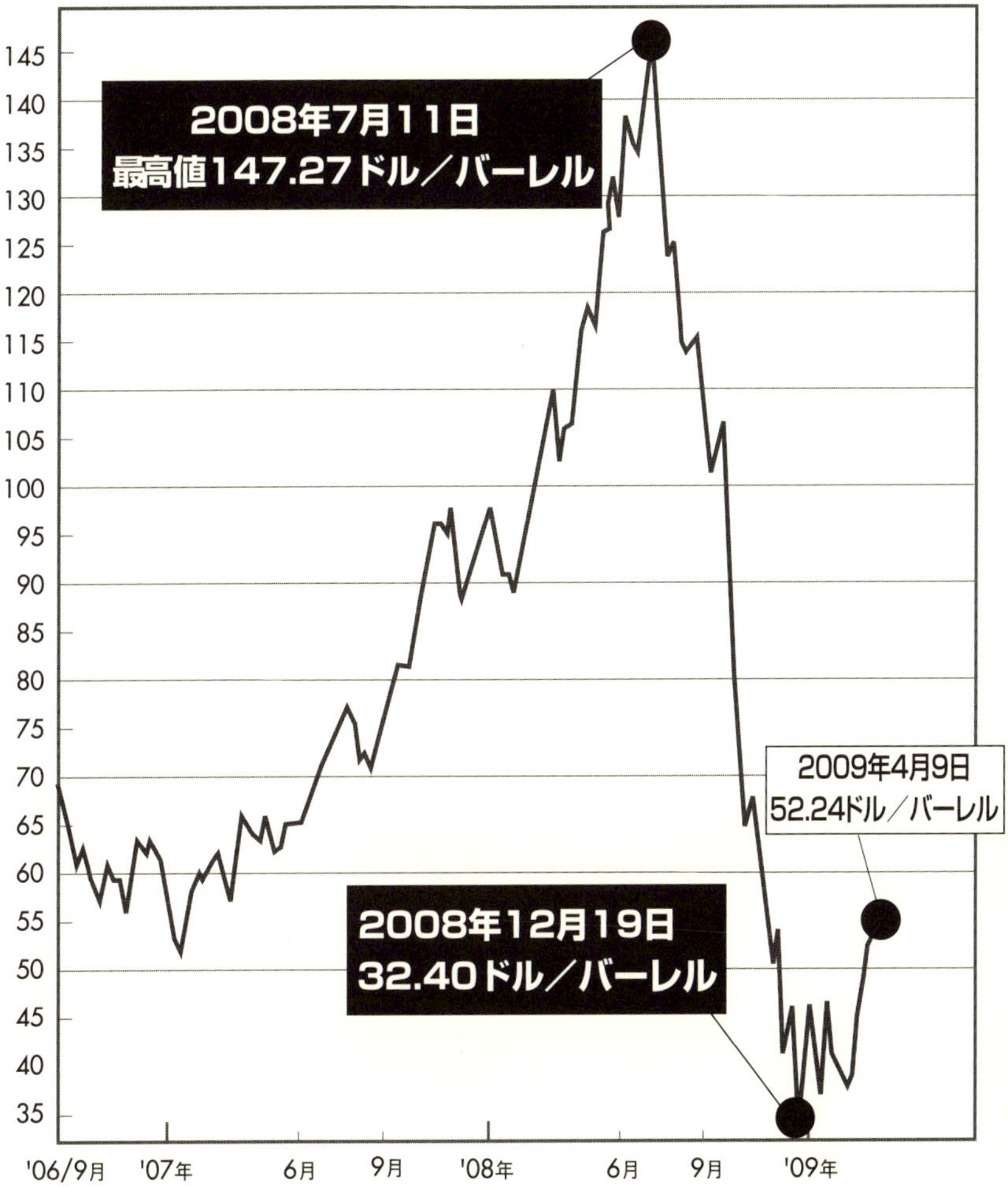

出所：WTI原油(NYMEX)期近価格

このことを皆が分からない。市場の値段は、短期では為政者たちに操られるのである。市場原理に従った公正な価格競争による自由市場経済というのは、それ自体も宗教であり、洗脳かもしれないのである。私たちは「すべてを疑え」（若い頃のカール・マルクスの言葉）を身につけた方がいい。この世の中の一切のことを、一度は疑い直してみた方がいいのである。それが、騙されない、ということであり、真に賢いということだ。原油価格がここまで安くなると、一方でアメリカの主要な家来（同盟国）である大産油国のサウジアラビアが悲鳴を上げる。もうこれ以上の原油の安値は、アメリカも耐えられない。だから**このあと原油は、再び70ドル、80ドルと上昇していく。再び戦争の危機が煽られる時が来たら、その時は、原油価格は、1バーレル２００ドルを目指すだろう。**２００８年７月につけた１バーレル１４７ドルの史上最高値を抜いてゆくだろう。

原油価格はなぜ暴落したのか？　その理由は、大産油国であり、かつ〝反米国家〟であるロシアと、イランと、ベネズエラ（チャベス大統領）の３つを痛めつけるためのアメリカ政府の作戦だ。そのためにゴールドマン・サックスなどのニューヨークの投資銀行（証券会社）を使って、原油の値段も市場操作させる。この作戦の総帥（最高司令官）は、やっぱりシカゴにいて世界中の先物市場を牛耳るＣＭＥ《シーエムイー》（シカゴ・マーカンタイル取引所）のレオ・メラメッド名誉会長である。この男が、世界中の商品（コモディティ、石油や貴金属などの戦略物資。穀物、農産物も含む）だけでなく、株式や債券や為替（通貨）などあらゆる金融商品の価格までも先物市場を使って操《あやつ》る総元締めである。

小沢一郎こそが本当の日本国王である

2月のヒラリー来日とちょうど期を同じくして中川昭一失脚事件が起きた。ところが3月に入ると今度は、アメリカのＣＩＡの謀略部隊は日本の検察庁を道具に使って直接、小沢一郎・民主党代表に対する攻撃を仕掛けてきた。3月3日に小沢一郎の秘書の大久保隆規《たかのり》秘書を政治資金規正法違反という〝ひっかけ〟でいきなり逮捕するという暴挙に出た。小沢一郎の不屈の闘いが今も続いている。

小沢一郎は偉い。私は、ずっとそのように書いて来た。小沢一郎が本当の日本国王（ただし、世俗《セキュラー》の王。神聖な王は天皇陛下）だ。この20年間は、小沢が私たち日本国民の本当の王だった。ただし、王位無き〝流浪の王子様（大公《アーチデユーク》）〟をもう15年もやっている。

小沢一郎は、アメリカ帝国の力があまりに強くて、どう抵抗してみても日本側の主張が通らないときはさっさと身を退いた。小沢は45歳で自民党幹事長になった男だから、首相になんかいつでもなれた男だ。彼にはつまらない出世欲などない。彼はひたすら日本国民の利益を考える国民政治家（民族指導者《ナショナリスト》 nationalist）だ。彼を育てた田中角栄の、真の愛国者としての血を引いている。私は日本の政治（政界）を40年間ずっと見てきて、やはりこのように思う。

ナショナリストというのは、そこらの民族派とか愛国派を気取る人間たち（彼らの実態はアメリカの手先であることが多い）のことではない。ナショナリストとは、実は、歴史学上は、帝国（覇権国）の皇帝（エムペラー）と交渉して、属国（周辺国）の代表が、必死に自国の利益を守ろうとする。このことを言う。だから、ナショナリストというのは国王のことであり、民族指導者のことなのだ。

小沢一郎はアメリカと交渉しても、どうにもならないと分かった時は、いつも野《や》にいた。自分に危険が及ぶ時には在野で野山を駆け巡った。国民と対話、全国行脚をずっと今もやっている。そうするしか、他に自分を守ることができないからだ。国民だけが指導者を守ることができる。そのせいで小沢にずっと忠実であった若い立派な志の者たちをたくさん失った。1993、4年の〝自民党大分裂〟を敢行した小沢革命（小沢動乱とも言う）の時に、一度は国会議員になった者たちが、このあとたくさん政治的に討ち死にした。山野《さんや》に政治的に屍《しかばね》をさらした。ほんとうにかわいそうだった。あれから15年である。再び小沢の悲願である政権交代、日本に民主政治（デモクラシー）を実現する日が近づいた。

小沢は、はっきりと「来日するヒラリーとは会わない」と言っていた。まず相手と会う・会わない、の態度を決めることが人間関係で一番、大事なことだ。

「小沢氏、クリントン長官とは会談せず」

民主党の小沢一郎代表は12日、16日に日本を訪問するヒラリー・クリントン米国務長官と会談しない方向となった。同党関係者は「別の日程が入っているため」としている。米国政府は、クリントン氏の訪日にあわせ、同党サイドに会談を打診していた。

（２００９年２月12日　産経新聞）

「クリントン米国務長官　民主・小沢代表に会談打診」

米国政府がヒラリー・クリントン国務長官の16日からの初の日本訪問に際し、民主党の小沢一郎代表との会談を同党サイドに打診している……。小沢氏は会談に応じる方向で調整している。実現すれば米国務長官と日本の野党党首による個別会談は初めてとなる。

９月までに行われる次期衆院選での政権交代が現実味を帯び始めており、オバマ米政権には有力な次期首相候補である小沢氏とのパイプを構築しておく狙いがありそうだ。

（２００９年２月11日　産経新聞）

小沢が、「ヒラリーには会わない、会いたくない」と言ったことの意味が分かる人から上が、この国で本当の知識人である。ただの無自覚な親米《しんべい》保守派の人々の単純な脳（頭）では、どうせ分からない。職業的な情報人間である新聞記者、雑誌記者たちレベルでも駄目である。大きく世界規模で物事《ものごと》を見る目を養わないと駄目である。常に、「世界の中の一部分としての日本」、という観点（視点）から世界基準《ワールド・ヴァリユーズ》ですべての事象をとらえる頭脳に自らなるべきだ。そうすれば小沢一郎の行動の理由が分かるし共感できる。世界の政治と金融・経済の両方の動きが分かるようになれば、そこから必ず余波《アフターマス》を受ける日本の金融・経済の動きも必然的に分かるのである。

リーマン・ショック以降、予言者という称号をいただいている私のものの見方は、実はこの「大きな流れを知って先を読む」というものである。日本国内だけでの勢力争いや内部事情に、どれだけ密着でき詳細に知っていると気取ってもたいした意味はない。ものごとの全体（像）が見えていないのだ。同じく「世界史の一部としての日本史」という歴史でものごとを見る目を養わなければいけない。

歴史学だけが人間の本当の学問（知恵）だ。経済学も法学（「パンのための学問」と言う）も政治学も社会学も、本当に近代学問《サイエンス》になりきったかというと、実に不完全なものである。どれもほとんど大失敗と言っていいような現状だ。それよりは素朴に歴史（学）に学ぶ方がいい。

過去の人間たち（人類）のあれこれの苦難の歴史から学ぶのが一番の知恵だろう。

小沢一郎は、ジェイ・ロックフェラー（P265の図を参照）という現職のウェストバージニア州選出の民主党上院議員（72歳、ロックフェラー家の正統の4世で当主）と気脈を通じている。その線での、「日本にも民主党政権の誕生を」の人である。だから、ジェイから見たら叔父（父の弟）であるデイヴィッドの直臣であり、世界を今後は、残酷な金融統制体制《コントロールド・エコノミー》に変えようとしているヒラリーとビル・クリントン（本当はウインスロップ・ロックフェラーの隠し子）の言いなりにはならない。

オバマ政権はイラクにいる16万人の米兵をどんどん撤兵（撤収《エヴァキュエーション》）させたあとは、アフガニスタンに、各国協調で派兵しようとしている。まず米兵1万7000を増派した。小沢は、政権を取ったら、国連決議があることを条件にして、「ただし平和維持部隊（停戦監視部隊）として」、日本の自衛隊をアフガニスタンに出すことに賛成している。日本に民主党政権ができたらの話だ。ただし、徹底的に、停戦・平和維持部隊としての自衛隊だ。

産経新聞が悪意を込めて書いた次の記事の中にある、次の小沢のコトバがすばらしい。

「政権交代にらむ？　小沢氏がクリントン長官と異例の会談」

小沢氏は最近、「日米同盟は大事だが、オレは米国を信用していない。米国はいろいろ負担を求めてくるだろうが、迎合してはだめだ」と周囲に語っている。（2009年2月12日収録のラジオ番組では、オバマ政権のアフガニスタンへの米軍増派の方針について「いくら兵隊を派遣したって勝てない。ベトナム（戦争の経験）で分かっている」と民生《みんせい》支援重視の持論を展開した。

（2009年2月18日　MSN産経ニュース）

この産経新聞の記事は、小沢一郎を陥れようとする連携した動きの一部だ。中の小沢の発言の「米国は（日本に）いろいろ負担を求めてくるだろうが、迎合してはだめだ」のように小沢一郎はいつもこのようにはっきりと発言している。小沢は偉い。日本国民の利益を守ることをいつも主眼に置いている。それは「国民の生活が第一」という今の民主党の政策綱領（プラットフォーム）になっている。小沢はヒラリーが沖縄駐留海兵隊のグアムへの移転費の2兆円を払うことに賛成するようにと自分に言うことを知っていた。だから「会わない」と言ったのだ。

それでも、一国の政治指導者は大人だから、会わざるを得ない。それで会った。

そして、はっきりと、**「同盟関係は、従属関係ではいけない。対等でなければならない」**と、堂々とヒラリーに言った。以下の新聞記事の通りだ。ここには副島隆彦の研究の成果が、小沢一郎にはっきりと影響を与えている。と、書いたら、「自惚れるな」と言う者たちがいるだろ

ロックフェラー家の家系図

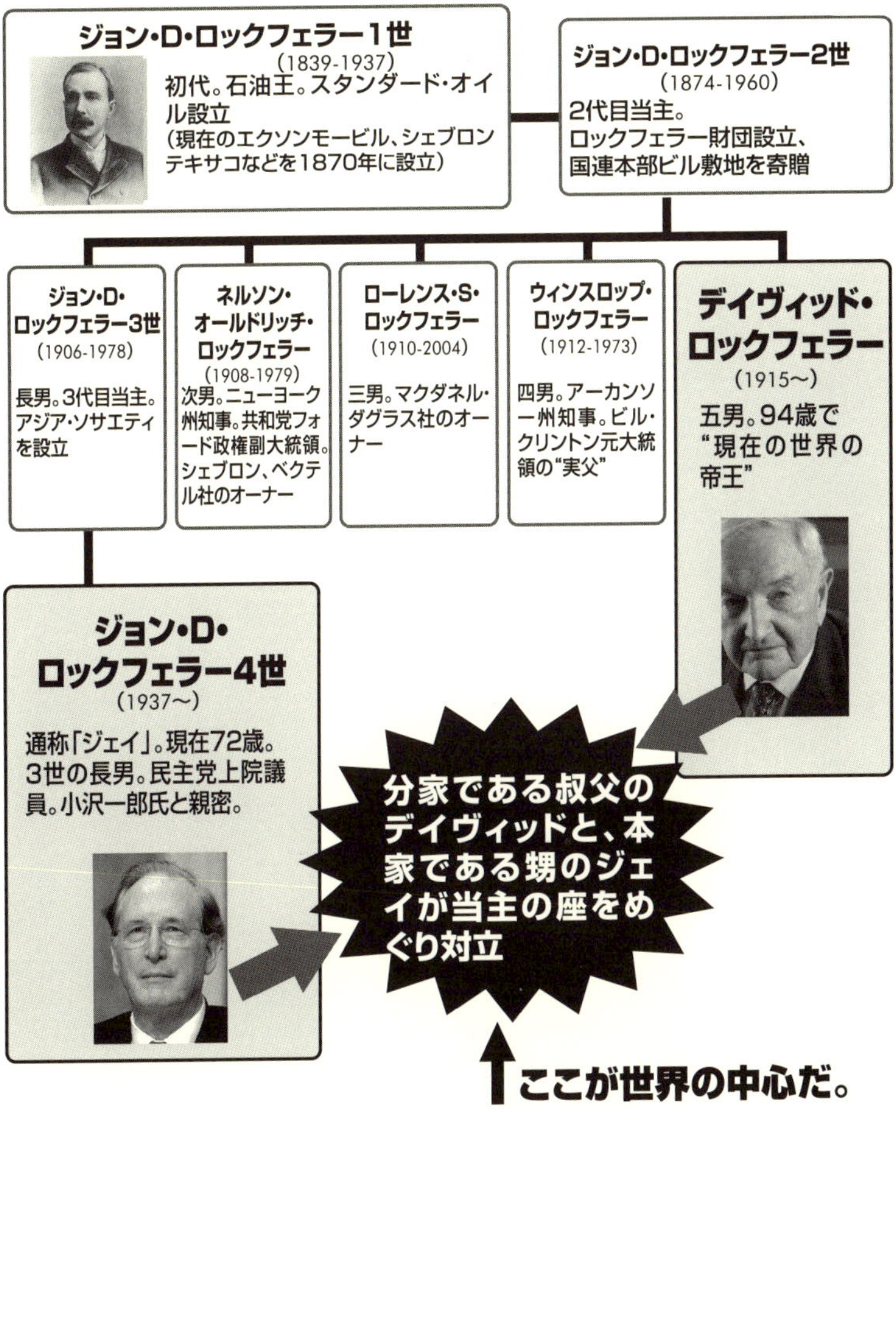
ジョン・D・ロックフェラー１世
(1839-1937)
初代。石油王。スタンダード・オイル設立
(現在のエクソンモービル、シェブロンテキサコなどを1870年に設立)
ジョン・D・ロックフェラー2世
(1874-1960)
2代目当主。
ロックフェラー財団設立、
国連本部ビル敷地を寄贈
ジョン・D・ロックフェラー3世
(1906-1978)
長男。3代目当主。アジア・ソサエティを設立
ネルソン・オールドリッチ・ロックフェラー
(1908-1979)
次男。ニューヨーク州知事。共和党フォード政権副大統領。シェブロン、ベクテル社のオーナー
ローレンス・S・ロックフェラー
(1910-2004)
三男。マクダネル・ダグラス社のオーナー
ウィンスロップ・ロックフェラー
(1912-1973)
四男。アーカンソー州知事。ビル・クリントン元大統領の“実父”
デイヴィッド・ロックフェラー
(1915〜)
五男。94歳で“現在の世界の帝王”
ジョン・D・ロックフェラー4世
(1937〜)
通称「ジェイ」。現在72歳。3世の長男。民主党上院議員。小沢一郎氏と親密。
分家である叔父のデイヴィッドと、本家である甥のジェイが当主の座をめぐり対立
ここが世界の中心だ。

うか。私はもう20年間もこの「属国・日本論」という思想を研究し発表してきた思想家、言論人である。

「小沢民主代表が米国務長官と会談、対等な日米関係の重要性強調」

民主党の小沢一郎代表は17日、来日中のクリントン米国務長官と会談し、日米関係は対等であるべきとの考えを伝えた。

代表は会談後、日米関係は従属的であってはならず、対等なパートナーシップでなくてはならないと国務長官に伝えたことを明らかにした。その上で、こうした考えを日本政府がこれまで主張してこなかったことが問題だと述べた。小沢代表はまた、日米関係が最も重要だとかねてから主張してきたと語った。

（２００９年2月18日　ロイター、傍点は引用者）

小沢一郎は「こうした日米関係は対等でなければならないという考えを、日本政府がこれまで主張してこなかったことが問題だ」と言っている。このロイターの記事ははっきりと伝えている。

それなのにである。日本の新聞各社は、この小沢の真意を故意に伝えない。ただの日米同盟重視論に論旨をすりかえてしまう。読売新聞は、中曽根康弘とナベツネが押さえている。いくら老害と非難されても権力を手放さない。正力松太郎（「ポッダム」というコード・ネームをアメリカからもらっていた）に倣《なら》って死ぬまで現役のつもりである。彼らはネルソン・ロックフェラー（Ｐ２６５の家系図参照）が育てたヘンリー・キッシンジャーの家来である。

キッシンジャーは長年、中国からお金を貰っている。世界基準では親中国派《プロウ・チャイナ》の外交戦略家ということになっている。父ブッシュも親中国派である。中曽根康弘元首相も近年は中国から金をもらっている。石原慎太郎都知事も反アメリカで反中国の闘士のような発言をするが、その実は中国ともベタベタする。石原慎太郎は皇帝デイヴィッド・ロックフェラーに取り入った人である。小沢一郎に対して「アメリカの言いなりになってきた人」と中傷するが、自分はどうなのだ、と、私のような人間が外野席からいつも大声を上げていることを忘れないほうがいい。

朝日新聞も、主筆の船橋洋一《ふなはしよういち》氏がデイヴィッドの忠実な家来で、社内で言論を統制をしている。フジ・産経の幹部たちもそうだ。日枝久《ひえだひさし》会長以下そうだ。産経新聞の第一線の記者たちには素朴でまじめな愛国派の記者たちがいるが、社内で押さえつけられている。まじめな記者たちが書く文章は、上の方で勝手に手を入れられる。それに比べて毎日新聞と東京新聞（中日新聞）と共同通信（北海道新聞、河北新報、静岡新聞、西日本新聞などの主要な地方紙＝「ブロック紙」を束ねている）がなんとかかろうじて公正そうな報道を心がけている。

アメリカは検察まで使って小沢潰しに出た

3月3日に突発的な政治事件が起きた。小沢一郎の秘書が、突然、政治資金規制法違反の容疑で東京地検特捜部に家宅捜査され、そのまま逮捕されたのである。これはアメリカが指示して、日本の検察庁までも自分の忠実な配下、手先として使って行った政治弾圧である。

「政治資金規正法違反：小沢氏公設秘書を逮捕　西松建設からの献金、違法認識の疑い」

◇西松建設からの2100万円、違法認識の疑い――東京地検

準大手ゼネコン「西松建設」（東京都港区）から違法な企業献金を受け取っていたとして、東京地検特捜部は3日、小沢一郎民主党代表の公設第1秘書、大久保隆規《たかのり》容疑者（47）ら3人を政治資金規正法違反の疑いで逮捕し、小沢氏の資金管理団体「陸山会《りくざんかい》」（港区）を家宅捜索した。大久保容疑者は否認しているとみられるが、捜査の行方は政界にも大きな影響を与えそうだ。

ほかに逮捕されたのは、西松建設前社長、国沢幹雄《くにざわみきお》（70）＝外為法違反で起訴、元同社総務部長、岡崎彰文《おかざきあきふみ》（67）両容疑者。逮捕容疑は、陸山会の会計責任者だった大久保容疑

今の“特高《とっこう》警察”たち

（毎日新聞社）

（時事）

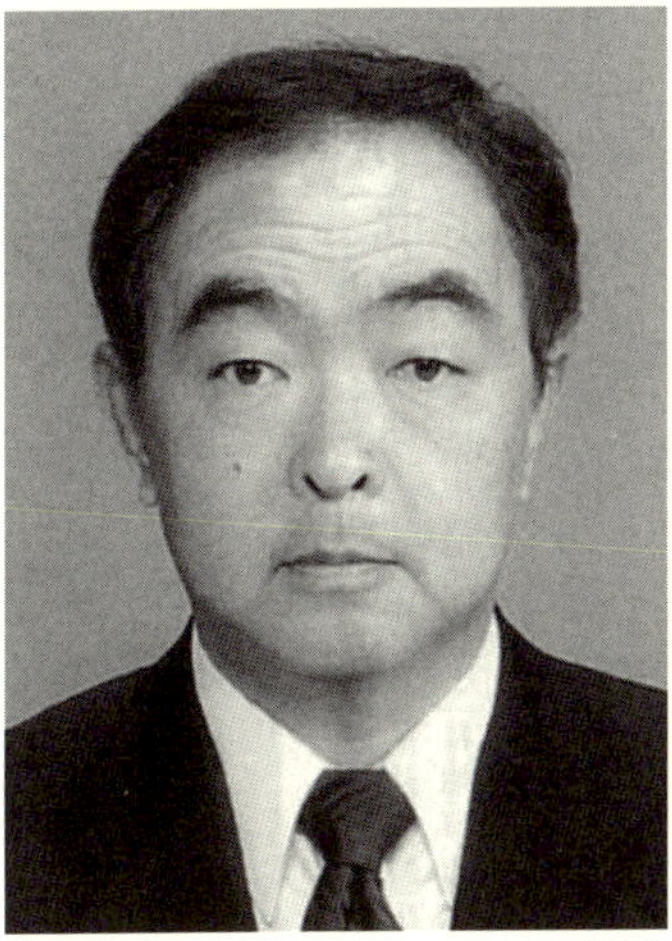

（共同）

小沢一郎秘書の逮捕に踏み切った佐久間達哉特捜部長（左上）は小沢事務所に自ら突撃して〝危ない頭のキャメルのコートの男〟として有名になった。岩村修二検事長（右上）、谷川恒太次席検事（下）は佐久間と一緒に動いている。

者が03〜06年、西松建設から計2100万円の献金を受け取りながら、政治資金収支報告書には同社OBが設立した二つの政治団体からの献金だったと虚偽の記載をしたとしている。国沢、岡崎両容疑者は西松建設の名前を隠して政治団体名義で陸山会に献金した疑いが持たれている。

政治資金規正法は2000年以降、政治家の資金管理団体への企業献金を禁止。他の名義を使った献金も禁じている。これらの規定が適用され、刑事事件に発展したのは異例だ。同社関係者によると、小沢氏側に献金していたのは同社OBが設立した政治団体「新政治問題研究会」（95年設立）と「未来産業研究会」（98年設立）の二つで、ともに06年末に解散した。この2団体の会費は、部課長クラス以上の一部社員が現金で支払い、あとで会社が賞与に上乗せする形で補てんする仕組みだったとされる。外為法違反事件で、捜査対象となった裏金は使われていないとみられる。

（2009年3月4日　産経新聞）

・これは地検特捜（佐久間達哉《たつや》特捜部長）による突然の秘書逮捕であった。これに申し合わせたようにテレビ・新聞が一斉に小沢一郎に襲いかかった。まったく見事としか言いようがないいつもの手口だ。「汚れた政治家・小沢一郎」づくりの計略である。この後、小沢は4日に記者会見をして、自分と自分の事務所の潔白を証明した。

それでも小沢民主党が受けた打撃は小さくない。ごく普通のまじめな日本国民は、これがアメリカＣＩＡ（米国務省の一部である）が仕掛けて、日本の次期首相候補者の失脚を狙った政治謀略だとは考えない。国民は一瞬、不安になった。

「小沢・民主代表　秘書逮捕　「辞任せぬ」　検察を批判」

民主党の小沢一郎代表は4日午前、公設第1秘書の大久保隆規容疑者（47）が政治資金規正法違反容疑で東京地検特捜部に逮捕されたことを受け、党本部で記者会見した。小沢氏は「私自身何らやましいことはなく、秘書の行為は適法だ」として献金の違法性を否定。「それによってどうこうとは考えていない」と述べ、代表を辞任しない考えを表明した。「衆院選が取りざたされている時期に異例の捜査が行われたのは、政治的にも法律的にも不公正な国家権力、検察権力の行使だ」と批判した。

小沢氏は会見で、「このような捜査が行われれば国民の人権を守ることができない。民主主義を危うくする」と語り、全面対決する姿勢を示した。（傍点、引用者）

会見に先立つ党の緊急役員会で、執行部は「小沢氏は間違ったことをしておらず、責任をとる必要はない」として小沢氏続投を支持する考えで一致した。党内の一部に出ていた辞任を求める声も、小沢氏の説明を受け当面は沈静化する見通し。しかし、捜査の進展や世論の反応次第では小沢氏が辞任に追い込まれる可能性もある。

小沢氏は、政党支部が企業献金を受け入れる場合は合法だと指摘。大久保容疑者が企業献金と認識していたら政党支部で受領して問題にならなかったはずだとし、「政治団体からの寄付という認識だったから政治資金管理団体として受領したと報告を受けている。しごく当たり前のことだ」と語った。また脱法的な献金ではないかとの指摘にも、「どういう形でどういう所から入っているのか知るすべもない。（お金の出所は）せんさくしない」と述べる一方で、違法性が明らかになれば、献金を返却する意向を示した。

また、ゼネコンからの多額の献金に関しては「その他の企業からも身に余る献金をいただいている。どこから受けても構わないが、収支をすべてオープンにし、国民が判断できる仕組みにするのが私の主張だ」と強調。「自民党と同じ体質」との指摘には「全く心外だ。私の『公開しろ』との主張を自民党はずっと嫌がってきた。公開していたら年金、医療、社会保険庁の問題など、もっと早く改善できていた」と反論した。

小沢氏は緊急役員会の冒頭、「国民や議員の皆さんに心配や迷惑をかけたことをおわびしたい」と述べ、今後の党運営への協力を求めた。

（2009年3月4日　産経新聞）

小沢一郎は突発的な政治弾圧の攻撃に立派に堪え抜いた。これぞ堂々たる横綱相撲《よこづなずもう》である。「総選挙を闘い、日本に政権交代が実現し、日本のデモクラシーを守ることができたら、その時は自分の進退を明らかにする」と国民に説明した。

田中眞紀子が小沢一郎を応援して、テレビで見事に発言した。要約すると「ＣＩＡとか、皆さんのような文化人（自分の目の前にいた田原総一朗たちを指し回して）がこういうことを仕掛けるのではないですか」と、断乎として言い放った。3月15日のテレビ朝日の「サンデープロジェクト」でのことだ。卑しい田原聡一朗は、田中眞紀子には一言も言い返せなかった。

今のアメリカは、財務省や金融庁、総務省の金融官僚たちだけでなく、警察や法務省官僚たち（その出先の現場の職業が検察官と裁判官）までも、アメリカに留学させて洗脳《ブレイン・ウォッシング》して送り返す。これを、重要なアメリカ政治映画のタイトルで『マンチュリアン・キャンディデット』“Manchurian Candidate”という。この映画は１９６４年作で、邦題は『影なき狙撃者』（ジョン・フランケンハイマー監督）という。原題を直訳すれば「満州共産主義洗脳志願者」という恐ろしい政治ものである。「マンチュリアン・キャンディデット」という言葉は、欧米では「政治的洗脳」の意味で使われる日常用語であり、政治問題に関心のある人なら誰でも知っている政治概念だ。１９５０年の朝鮮戦争の頃、北朝鮮・中国側に捕虜になった米兵が洗脳されて送り返されてくる、という内容である。その逆のことをアメリカ側もやった。
最近では「痴漢冤罪《ちかんえんざい》」を日本の警察・検察が計画的に仕掛けて、大企業の中の愛国者の立派な幹部（次期社長候補者とか）を電車内の痴漢に仕立て上げ、刑事事件にすることで社会的な辱めを与えて、次々に失脚させる事例《ケース》が頻発している。植草一秀《うえくさかずひで》氏の事件がまさしくこれである。アメリカが日本の官僚たちを直接、教育管理して、日本国内の各領域が徐々に統制される恐ろしい社会に向かって突き進んでいる。まさしく「暴走する国家」（外務省に嵌《は》められた佐藤優氏の書名）である。私たちは今のうちから、この官僚たちの暴走に対して警戒し、非難の声を上げなければならない。

小沢一郎はこの政治謀略の攻撃に堪えて、なんとか踏ん張って態勢を整えた。民主党の議員たちは、一丸となって小沢代表を支えている。一部のアメリカの意向（次の駐日米大使に内定しているジョゼフ・ナイ・ハーバード大学教授が最高責任者であろう）で動いている者たちを除いて。漆《うる》間巌《まいわお》氏という元警察庁長官で内閣府官房副長官（各省次官たちの集まる次官会議の議長）にまでいつの間にか成り上がっていた国家情報官で公安警察トップが、この小沢失脚のための検察捜査の計画《プロット》を記者団に対してペロリとしゃべって、表《おもて》（国会）に引きずり出された（3月9日）。ものごとを深く考える能力のある国民は、この事件の背後のうさん臭さを何となく察知した。私の本の読者たちであれば、これらの真実を大きく感じ取ってくれるはずだ。一国の政治がこのようにして次々と進んでいく。

　すると、何と、次は待ち構えていたかのように、「北朝鮮がまた、弾道ロケット（試験通信衛星ともいう）を打ち上げる模様」というニュースが報道されはじめた（2月24日から）。小沢失脚攻撃に失敗した、と考えたら、次は北朝鮮を使うのである。北朝鮮の軍事部門の№2でもある金永南《キム・ヨンナム》は、独裁者・金正日《キム・ジョンイル》に次ぐ権力者だが、彼は深くアメリカの国家情報部（CIA）とつながっていて、CIAの意思で動く人物である。何かあるとすぐに北朝鮮からの核ミサイルの脅威を計画的に煽り立てる役目だ。日本と韓国は、すぐにおびえて「やっぱりアメリカ（の軍事力）に守ってもらわないとダメだ」と感じる。すると日本の国論はガラリとアメリカへの屈従傾向に戻ってしまう。福澤諭吉先生が唱えた〝独立自尊〟の気高い気分がしぼんでしまう。これらの〝北の核〟の問題も、日本国民を脅すためにアメリカが常用する手口である。私はここまではっきりと書く。

　北朝鮮は既に核兵器《ニュークレア・ウエポン》を2発持っていると言われている。（きっとオンボロの）核弾頭は、1発は北京に照準を当てているらしい。朝鮮と韓国の、中国に対する長い歴史の積年の警戒感も強いのである。もう1発は、青森県三沢市にある米軍のF16の飛行中隊《スクアドロン》を狙っていると言われている。世界政治というものは、常にこのように奇怪なものなのである。単純な思考は禁物だ。この問題では、私はどんな言論人、知識人とも論戦をする準備ができている。

小沢一郎を、アメリカ政府（ＣＩＡ）が、日本の検察を使って失脚させようとした直接の理由（原因）は、２月24日の小沢一郎の発言であるとされる。それは、在日駐留米軍を怒らせるに十分のものだった。小沢の発言は次の記事にあるごとく「米軍は（横須賀の）第七艦隊だけでいい。（あとは、自分たち日本人が自力で国を守ります）」というまっとうなものであった。

「小沢氏　駐留は海軍だけで十分　日本の役割拡大、米軍縮小」

民主党の小沢一郎代表は24日、在日米軍再編に関連し「米国もこの時代に前線に部隊を置いておく意味はあまりない。軍事戦略的に米国の極東におけるプレゼンス（存在）は第7艦隊で十分だ」と述べ、将来的に日本に駐留する米軍は海軍関係だけで十分との認識を明らかにした。

また、「あとは日本が自らの安全保障と極東での役割をしっかり担っていくことで話がつくと思う」とし、政権交代した場合、国連活動への協力などを通じて在日米軍基地の整理、縮小に取り組む考えも示唆した。奈良県香芝市で記者団の質問に答えた。

小沢氏は「米国に唯々諾々と従うのではなく、私たちもきちんとした世界戦略を持ち、少なくとも日本に関係する事柄についてはもっと役割を分担すべきだ。そうすれば米国の役割は減る」と強調。政府が国会提出した在沖縄米海兵隊のグアム移転をめぐる米国との協定締結承認案件への賛否に関しては、「個別の話は政権を取ってからにしてほしい」と明言を避けた。

民主党は、平成19年参院選のマニフェスト（政権公約）で「アジア太平洋地域の安全保障における米軍の在り方や在日米軍基地の位置付けについて検討する」としていた。

（２００９年2月25日　産経新聞、傍点は引用者）

このように小沢ははっきりと、「日本の国は日本人が守る。できるだけのことを自分たちでする。足りない分についてでは米国に助力をお願いする」と言ったのだ。国家指導者としての当然な発言だ。日本人なら誰も非難できない。このすばらしい決断とほとんど同じことを、実は私は『属国・日本論』（１９９７年刊、五月書房）の「あとがき」に書いている。参照してみてください。

それでも小沢一郎の今の悲愴な姿は、忠臣蔵（赤穂浪士）の大石内蔵助《くらのすけ》良雄《よしお》のようである。同志たちと正面から突っ込んで「討ち入って」それで全員、切腹させられるというのでは、あまりにもの正義の人の振る舞いである。

アメリカ帝国は時々汚ないことをする。属国（同盟国とも言う）の指導者が自分たちに逆らうようだと、謀略的手段を使ってでも粉砕しようとする。当然うまくいかないことも多い。今のアメリカは金融大爆発で追い詰められて、こんなに余裕のない手口まで使うようになっている。かつてのような悠然としたアメリカではない。やっぱり帝国の衰亡 falldown《フォールダウン》は始まっている。

小泉純一郎と竹中平蔵の登場以来、竹中平蔵をこの10年間、直接日本で操《あやつ》ってきた（御養育係、指令者）のは、ロバート・フェルドマン・モルガン・スタンレー日本支社主任エコノミストと、コロンビア大学名誉教授のジェラルド・カーティス教授の2人である。この人たちが現地司令官（現場指揮官）として日本人の政・財・官界を動き回り、直接圧力をかけ暗躍している。

だから、われわれ日本国民は、民主党を中心にして、今の麻生政権を支えている自民党内の、広くは野中広務氏の系統の大臣たちの立場も理解した上で、大きく団結してアメリカによる日本からのさらなる「振～り込め～、振～り込め～」の詐欺構造を阻止しなければならない。

ところで、消費税（率）の値上げを主張しているのが、与謝野馨《よさのかおる》、谷垣貞一《たにがきさだかず》氏の2人の実力政治家である。私は2人に会わせてもらって話したことがある。ゆがみの無い立派な人格の国民政治家だ。エリートで家柄もいいサラブレッドだ。それなのに、お奉行様階級で、自分たちの部下である財務官僚たちの言いなりになって、「国の財政の責任者として、増税を国民にお願いしなければならない」という神妙な考えを公言している。自分たちは国政をあずかる、江戸時代で言えば幕閣《ばっかく》（老中、譜代の大名）クラスであるから、国民に嫌われることを重々分かった上で、重い決意で言っているのだろう。それは分かる。しかし、今のこの世界金融不安のこの時期に、消費税を上げることを言う必要はない。自分たちは国家の枢要の指導者なのに、なぜこうも、お奉行様階級である財務官僚たちに引きずられるのか。勘定奉行クラスであり、税金取り（主税《しゅぜい》）が本職にして本性《ほんせい》である財務官僚（その中のアメリカの手先派が国際局）に騙されているのだ。彼らに乗せられている。だから消費税を数年後には上げることを自分の使命にしている。

もう700兆円も日本からアメリカに流れ出している。その多くは米国債買いであり、アメリカへの貸付金の形になっている。この日本国民の大切なカネを、その半分の300兆円でいいから返してくれ、とアメリカに言うのが先である。そうしたら消費税での、年間20兆円（税率1％で2・4兆円の税収。5％上げると17兆円）とかのお金はすぐに出てくる。しかし、これを言ったら、アメリカはすぐに怒り出す。「米国債を市場で売りたい（資金を日本に少しでも持ち帰りたい）」と発言したら、日本の有力政治家は、アメリカからすぐに謀略を仕掛けられて失脚させられる。

それはそうだろう。すべてはカネの問題だ。それでも今のこの激しい〝アメリカ発の世界恐慌へ〟の緊迫した世界情勢で、消費税率の上げなど言う必要はない。官僚寄りの最悪の発想だ。

アメリカに対しては、へこへこして一言も言えないのに増税で国民いじめだけはするのか。これはお奉行様、お代官様たちの習性である。

アメリカの関与によって動かされる日本の政局

今でもまだ〝かろうじて日本の最高実力者〟のようである森喜朗《もりよしろう》元首相が、清和会（町村派）内の権力闘争で、中川秀直と激しく対立している。2月5日の派閥の総会での、〝お家騒動〟ではっきりした。日本の最高暴力団会議のような席だ。5代目派と6代目派で、どうやら6代目派の勢力が勝ちつつあるということなのか。これ以上は書けない。現実政治《リアル・ポリティックス》というのは、常にこういうものなのだ。実態を伴ったドロドロとした国内勢力間の抗争である。

汚れた土俗愛国派・土着民族派が、親米派と抗争しているという構図だ。まだ決着はつかない。こうなると他の政治家や財界人たちの動きにも変化が現れる。自己保身が何よりも大事な小物の陣笠《じんがさ》政治家や院外団《いんがいだん》（日本版ロビイスト）は、それになびいて、それまでの親分を見捨てる。とにかく強い方につこうとする。彼らにとっては日本国民の大切なお金がアメリカに奪われようがどうなろうが、それよりも大事なのは自分だ。自分だけが大事だ、という人々だ。

中川昭一の醜態を攻撃して、「あんな、国際舞台でみっともない恥をさらして」と、テレビ

（産経新聞社）

森と中川の清和会主導権争い

アメリカに近い中川秀直元幹事長
VS
日本部族共同体の大酋長の森喜朗元首相

清和会（自民党の最大派閥）の「集団指導体制」の維持を一応果たしたが、中川の土俵際勝利か？　それとも野中広務系の大臣たちと組んで麻生政権を支えている森らの勝利か？

で公言した若手政治家たちの顔触れと名前を私たちはしっかりと記憶しておくべきだ。彼らが新たなるアメリカへの屈従派だ。

小沢一郎への検察による攻撃は、経団連の御手洗《みたらい》会長（キヤノン会長）叩きの動きとも連動する。大分のブローカーのような男が、キヤノンの裏金を20億円とか扱ったというような摘発事件だ。御手洗会長は、トヨタの奥田碩《おくだひろし》前会長が実質は後見人としてコントロールしている。つまりは、奥田叩きだ。

トヨタ奥田は、密かに小沢民主党を応援している。ジェイ・ロックフェラーとも仲がいい。だから、デイヴィッド派に狙われているのだろう。トヨタが、急に昨年11月から売り上げ2割減で、営業利益もやっとのことだ、不況だ、不況だ、と騒ぎだした。売り上げが急減しているのは事実だろう。しかし、真実はもうひとつある。トヨタは潰れかかっているGM《ジーエム》の全米45ある工場（30に減る）のうち、7つぐらいを無理やり、押し付けられそうになった。それで咄嗟《とっさ》の機転を利かして、「うちも大損している。経営環境は厳しい、大変だ、大変だ」と騒ぎだした。偉い。さすが名古屋人である。大阪・難波商人よりも今は上である。トヨタと松下（パナソニック）が日本の富の1割ずつを毎年稼ぎ出している、と考えた方が分かりやすい。

麻生首相が、３月18日に、ユジノサハリンスクに飛んで、ロシアのメドヴェージェフ大統領と会談した。そこで、北方４島のうちの、２島の返還の話が出たそうだ。「それは危険だ」と、その前日に私と佐藤優氏の二人でやった新宿・紀伊國屋ホールでの対談講演で、佐藤氏が発言した。

ロシアとしては日本に、カネを出させて、まず北方領土の一部をカネで買わせようとしている。お金で交渉ごとに決着をつけるのは、このこと自体は、大人の作法だ。そのかわりに、アメリカが原油・天然ガスの世界値段の上昇を取引材料にしてロシアにアメリカの言うことを聞かせたい。日本を使ってロシアをだまさせようとしている。ユジノサハリンスク会談は、谷内《やち》正太郎《しょうたろう》元外務次官の目論見《もくろみ》だという。ロシアはこの計略にはそう簡単には乗らない。

これで前述の60兆円の、郵貯・簡保のカネでの米国債買いの話とつながる。世界政治は、このように、金融・経済そして資源、軍事（安全保障）の両方の問題を巻き込んで、泥臭く進む。それらの国内の政局（政治家たちの権力闘争）への跳ね返りとしての、アメリカによる画策・関与、ということを、私たち日本国民は、そろそろはっきりと知った方がいい。

あとがき

今年に入って米オバマ政権が出来て、政治問題が次々と起こった。日本では、小沢一郎民主党代表への、検察庁東京地検特捜部による違法・不正な弾圧捜査が3月3日から起きた。最新では高橋洋一氏（郵政民営化を推進した元官僚）への窃盗罪捏造《ねつぞう》事件（3月30日）が起きた。昨年の暮れからこっち（この4月まで）は、このように政治問題が多かった。だから私はこの金融・経済の本をなかなか書き上げられなかった。アメリカでの金融商品《ファイナンシャル・プロダクツ》の市場崩壊のドシャ降りは止《や》まないで、アメリカの出血は止《と》まらない。その余波《アフターマス》を受けて、日本も不景気が続いている。

できたばかりのオバマ政権の内情についての諸真実をこの本で書いた。

金融・経済大変動と政治事件が続いたから、私は『恐慌前夜』に続く金融本をなかなか書けなかった。今は〝戦時下の平穏〟と言うのか、〝戦場《バトルフィールド》のつかの間の静けさ〟と言うのか。やがてそのうち次の大激変が起きる。今はじっくりと次の事態に備えるしかない。大損して金融資産をたくさんなくしたとか、自分の会社がつぶれるかも、とビクビクしてばかりいないで、自分の頭を次の時代に向かってしっかりと切り替えたらいい。これからの世界が、大きくどの方向に向かっているかを鋭く察知すべきである。そのためにこの本がある。

日本の各省の官僚たちを手足、子分にして操《あやつ》ってアメリカが日本国民の大切な資金を「振～り込め～、振～り込め～」で騙して貢がせていることを書いた。アメリカで資金が消えてしまったので私たちの年金はやがて3分の1に減らされる。日本の大新聞5社とテレビ会社5社（キー局5局）の計10社がアメリカに管理・支配されている。だから日本国民に本当のことが伝わらない。小沢一郎民主党代表への悪質な失脚攻撃が仕掛けられているが、日本のメディア（テレビ、新聞、週刊誌）は、検察庁東京地検特捜部がたれ流すウソの情報をそのまま報道するだけだ。日本国民の政権交代（本当のデモクラシーの実現）への切実な願いを踏みにじっている。私は、日本国民に書いて知らせるべき、私たちの生活に関わる重要なことをひるむことなく書いた。私の言論と知識と思想への読者からの信頼を私は裏切りません。やっぱりお客様（読者）は神様です。

最後に、この本のために苦しい伴走をしてくれた徳間書店力石幸一編集長に心から感謝申しあげる。

2009年4月10日

副島隆彦

ホームページ「副島隆彦の学問道場」http://soejima.to/

ここで、私は前途のある、優秀だが貧しい若者たちを育てていますから、会員になってご支援ください。

なお、ＴＳＵＴＡＹＡにて私の講演ＤＶＤ『大恐慌時代を生き抜く個人資産防衛術』をレンタル中です。

■著者略歴

副島隆彦（そえじま・たかひこ）
1953年、福岡市生まれ。早稲田大学法学部卒業。外資系銀行員、予備校講師、常葉学園大学教授などを歴任。副島国家戦略研究所（SNSI）を主宰し、日本人初の「民間人国家戦略家」として、講演・執筆活動を続けている。日米の政界・シンクタンクに独自の情報源を持ち、金融経済からアメリカ政治思想、法制度論、英語学、歴史など幅広いジャンルで、鋭い洞察と緻密な分析に基づいた論評を展開している。主な著書に、『世界覇権国アメリカを動かす政治家と知識人たち』（講談社）、『属国・日本論』（五月書房）、『裁判の秘密』（洋泉社）、『英文法の謎を解く』（筑摩書房）、『中国　赤い資本主義は平和な帝国を目指す』（ビジネス社）、『恐慌前夜』（祥伝社）、『人類の月面着陸はなかったろう論』『次の超大国は中国だとロックフェラーが決めた』『ドル覇権の崩壊』『連鎖する大暴落』（徳間書店）などがある。

ホームページ「副島隆彦の学問道場」
URL　http : //soejima.to
e-mail　GZE03120@nifty.ne.jp

日米「振り込め詐欺」大恐慌

第1刷　2009年 4 月30日

著　者	副島隆彦
発行者	岩渕　徹
発行所	株式会社徳間書店
	〒105-8055　東京都港区芝大門2-2-1
電　話	編集（03）5403-4344／販売（048）451-5960
編集担当	力石幸一
振　替	00140-0-44392
本文印刷	本郷印刷（株）
カバー印刷	真生印刷（株）
製本所	大口製本印刷（株）

乱丁・落丁はお取り替えいたします。
©2009 SOEJIMA Takahiko
Printed in Japan
ISBN978-4-19-862672-3